杨军昌 ▌梅 编著

黔西南布依族苗族自治州卷

贵州省非物质文化遗产田野调查丛书

徐静 杨军昌 主编

丛书由知识产权出版社出版基金资助出版
本卷获得贵州省教育厅人文社科基地项目资助
贵州省高等学校人文社会科学研究基地
——贵州大学人口·社会·法制研究中心
贵州省文化厅／贵州省
非物质文化遗产保护中心

知识产权出版社
全国百佳图书出版单位

图书在版编目(CIP)数据

贵州省非物质文化遗产田野调查丛书. 黔西南布依族苗族自治州卷 / 徐静，杨军昌主编；杨军昌，周梅编著. — 北京：知识产权出版社，2018.9

ISBN 978-7-5130-5755-4

Ⅰ. ①贵… Ⅱ. ①徐… ②杨… ③周… Ⅲ. ①非物质文化遗产—介绍—黔西南布依族苗族自治州 Ⅳ. ①G127.73

中国版本图书馆 CIP 数据核字(2018)第 187171 号

内容摘要

山水长卷，非遗荣光。黔西南州素有“西南屏障”和“滇黔锁钥”之称。该州布依、苗、瑶、仡佬、回、彝等民族在漫长的历史进程中创造了多姿多彩的民族民间文化，这些文化伴随着经济社会的发展而愈发熠熠生辉。在非物质文化遗产上，黔西南州现有 12 项 18 处、78 项 90 处分别入列国家级、省级非遗代表性保护名录。这些非遗项目，涉及民间文学、传统音乐、传统舞蹈、传统戏剧、曲艺、传统美术、传统技艺，以及民俗等多个方面，具有重要的文化软实力价值。

责任编辑：王　辉　　　　**责任印制**：孙婷婷

贵州省非物质文化遗产田野调查丛书

徐静　杨军昌　主编

黔西南布依族苗族自治州卷

QIANXINAN BUYIZUMIAOZUZIZHIZHOU JUAN

杨军昌　周梅　编著

出版发行：知识产权出版社有限责任公司　　**网　址**：http://www.ipph.cn

　　http://www.laichushu.com

电　话：010-82004826

社　址：北京市海淀区气象路 50 号院　　**邮　编**：100081

责编电话：010-82000860 转 8381　　**责编邮箱**：wanghui@cnipr.com

发行电话：010-82000860 转 8101　　**发行传真**：010-82000893

印　刷：北京建宏印刷有限公司　　**经　销**：新华书店及相关销售网点

开　本：720 mm×1000 mm　1/16　　**印　张**：15.75

版　次：2018 年 9 月第 1 版　　**印　次**：2018 年 9 月第 1 次印刷

字　数：300 千字　　**定　价**：70.00 元

ISBN 978-7-5130-5755-4

《贵州省非物质文化遗产田野调查丛书》

编委会和编辑部人员名单

传承非遗　助力脱贫

——贵州省非物质文化遗产田野调查丛书

序

党的十九大报告中指出：文化是一个国家、一个民族的灵魂，文化兴国运兴、文化强民族强。没有高度的文化自信，没有文化的繁荣兴盛，就没有中华民族的伟大复兴。2017年1月，中共中央办公厅、国务院办公厅印发了《关于实施中华优秀传统文化传承发展工程的意见》，明确提出要保护传承文化遗产，实施非物质文化遗产传承发展工程。贵州是非物质文化遗产资源大省，更是脱贫攻坚主战场，如何保护好、传承好非物质文化遗产，利用好、发挥好非物质文化遗产在脱贫攻坚中的积极作用，一直是我们在理论和实践层面思考的重要课题，而《贵州省非物质文化遗产田野调查丛书》就是这一课题研究的重要成果之一。

非物质文化遗产是文化遗产的重要组成部分。非物质文化遗产是人类创造力、想象力、智慧和劳动的结晶，是人类文化多样性的生动展示，也是一个国家、一个民族兴旺发达的文明标志与精神支柱。早在2003年10月联合国教科文组织发布《保护非物质文化遗产公约》起，世界范围内的非物质文化遗产调查、整理、传承、保护、利用等工作得以迅速展开。我国也随即在2005年3月26日出台了《关于加强我国非物质文化遗产保护工作的意见》。相继全国各地按照《国家级非物质文化遗产保护名录》的类别划分，在民间文学、传统音乐、传统舞蹈、传统戏剧、曲艺，传统体育、游艺与杂技，传统美术、传统技艺、传统医药、民俗10个大类上，开展了一系列非物质文化遗产保护工作。

贵州是非物质文化遗产资源的富矿区，各民族在历史发展的长河中，创造了多姿多彩、独具特色的多元民族非物质文化遗产。截至2018年5月，列入人类非物质文化遗产代表作名录2项，国家级名录85项140处，省级名录561项708处，市、州级名录 1134 项，县级名录 4000 多项。国家级文化生态保护实验区 1 项，省级 3 项；国家级非物质文化遗产生产性保护示范基地 3 处，省级 59 处；国家级非物质文化遗产代表性传承人 96 人，省级 402 人。这些非物质文化遗产内容丰富，各具特色，是贵州各民族发展历史的真实写照，是各民族传统文化的重要载体，更是中华民族文化遗产的重要组成部分，充分体现了贵州省各民族人民的聪明才智和生存智慧，蕴含着丰富的历史价值、艺术价值、科学价值、文化价值等。保护和利用好非物质文化遗产，有利于继承和发扬民族优秀文化传统和民族精神，传递贵州文化声音，展示贵州文化风貌。如果以此为资源、资本，在生产性保护的基础上，发展文化特色产业，还可以增强乡村旅游魅力，拓宽农民脱贫致富路子，增强可持续发展能力。近年来，贵州省及时出台了《贵州省非物质文化遗产保护发展规划》等指导性文件，开展了非遗传承脱贫"十""百""千""万"培训工程，建成了国家级民族文化生态保护实验区 1 个，省级民族文化生态保护区 2 个；国家级非遗生产性保护示范基地 3 个，省级非遗生产性保护示范基地 28 个，带动了数万贫困户脱贫致富奔小康。

为了更好地保护和传承贵州省非物质文化遗产，使非物质文化遗产传承脱贫工程更有基础、更有素材、更有针对性，在中共贵州省委宣传部的指导下，在贵州大学、贵州省文化厅的支持下，贵州大学人口·社会·法制研究中心与贵州省非物质文化遗产保护中心共同实施了知识产权出版社出版资助项目、贵州省教育厅人文社科研究基地项目《贵州省非物质文化遗产田野调查丛书》，在各州市有关部门及广大非遗工作者的积极参与下，经过各卷调查与撰写专家、学者多年来的艰辛努力，终于圆满完成了项目任务并付梓出版。这是贵州省非物质文化遗产资源第一次系统而详细的收集、整理与集中展示，是外界了解贵州省悠久历史和多姿多彩民族文化的重要窗口，是贵州学者助推文化精准扶贫的辛勤耕耘的成果，必将在增强文化自觉、坚定文化自信、助推脱贫攻坚方面产生积极的现实意义。

是为序！

2018 年 5 月

概　述

山水长卷,非遗荣光。1.2 万年以前,从兴义城东北郊的“猫猫洞”内,就走出了古人类——著名的“兴义人”,他们在这块多情的土地上繁衍,创造出以布依族、苗族、侗族、彝族、回族等为代表的民族文化,为后世留下珍贵遗产,包括以物质形态为主的物质文化遗产和主要通过“口传心授”等方式传承下来、以非物质形态存在的非物质文化遗产。其中,各民族创造了具有鲜明的地域特色和民族特色的非物质文化遗产,充分展现了各多姿多彩的民族文化和民族风情,这些遗产不仅是其民族历史特征、文化特征、美学特征的集中表现,而且是其民族历史记忆的载体、民族文化具象的符号。

如今,信息化时代瞬息万变,政治、经济、文化和社会发展日新月异,珍贵的非物质文化遗产(以下简称“非遗”)面临着生存的危机和发展的挑战,各民族的传统文化更遭遇严峻的时代考验,如何在当今经济全球化和科技现代化的冲击下,留住“民族的记忆”是十分紧迫的任务。

一、黔西南布依族苗族自治州非物质文化遗产生境

黔西南布依族苗族自治州(以下简称“黔西南州”)位于滇黔桂三省(区)结合部,贵州省西南隅、云贵高原东南端,素有“西南屏障”和“滇黔锁钥”之称。东与黔南布依族苗族自治州罗甸县接壤,南与广西隆林、田林、乐业 3 个县隔江相望,西与云南省富源、罗平县和六盘水市的盘县特区毗邻。

黔西南州是贵州省三个少数民族自治州之一,因黄金资源丰富素有“中国金州”的美誉,于 1982 年 5 月 1 日建州,由原兴义地区改建,是全国 30 个自治州中最年轻的自治州之一,土地总面积 16804 平方公里,占全省面积的 9.7%。全州辖兴义市、兴仁县、安龙县、贞丰县、普安县、晴隆县、册亨县、望谟县等 8 个县(市)及义龙试验区。据第六次人口普查显示,全州常住人口为 2805857 人,各少数民族人口

为 1113895 人，占 39.7%，少数民族中又以布依族、苗族、彝族人口居多。这里有丰富的自然资源及历史文化资源。境内有国家级风景名胜区马岭河峡谷（含国家地质公园万峰林、万峰湖）1 个，省级风景名胜区 7 个，省级自然保护区 4 个，省级以下风景区 50 多个。历史文化遗址有“兴义人”古文化遗址、万屯汉墓群、兴仁交乐汉墓群、贵州龙化石、安龙招堤、明十八先生墓、兴义府试院、五省会馆、晴隆“二十四道拐”抗战文化遗址、何应钦故居、刘氏庄园等。全州现有文物藏品 5000 余件，其中国家一级文物 45 件，约占全省国家一级文物的一半。

二、黔西南州非物质文化遗产资源概况

黔西南州民族众多，风情独特，各民族的音乐、舞蹈、节日、风俗、民居、服饰等独具魅力，在民族大家庭共同繁荣、共同发展过程中，衍生了多姿多彩的民族民间文化。自 2005 年开展非遗普查及申报工作以来，经申报，全州现有 12 项 18 处入列国家级非物质文化遗产代表性保护名录，78 项 90 处入列省级非物质文化遗产代表性保护名录，169 项入列州级非物质文化遗产名录，国家级民间文化艺术之乡 3 个，省级民间文化艺术之乡 8 个。黔西南州非遗项目广泛分布于全州各县（市），且集中在少数民族聚居地区，其中兴义、贞丰、册亨、望谟等地的种类较多。总体来看，黔西南州非物质文化遗产具有如下显著特征。

一是种类繁多，形式多样。在非物质文化遗产名录的十大类别中，除传统医药外，黔西南州的非物质文化遗产涵盖民间文学、传统音乐、传统舞蹈、传统戏剧、曲艺，传统体育、游艺与杂技，传统美术、传统技艺和民俗 9 大门类，其中又以音乐、舞蹈、戏剧、传统手工技艺和民俗居多，形式多样。

二是独具民族特色，尤其在少数民族地区具有广泛的群众性和民间传承性。黔西南州是布依族的主要聚居地区，布依族是古代百越人的后裔，至今仍保持着古越人的文化习俗，古老的布依族村寨，经济上是“小而全”的社会缩影。粮食、棉花、瓜果、木材等均为当地自产，人们根据生活的需要进行采撷、渔猎和农耕，对外界的依附生存的因素很小，这是布依族先民得以自力更生的有利条件。他们自食自耕、自衣自织，形成独特的民族习俗、服饰文化和审美意识等，这些非遗深深植根于少数民族群众生产生活之中，具有鲜明的民族特色和广泛的群众基础。以彝族阿妹戚托、苗族板凳舞和布依族八音坐唱为代表的非遗项目，体现了彝族、苗族和布依族古老的历史文化信息和本土文化，这些项目深深植根于少数民族群众生产

生活之中,具有鲜明的民族特色和广泛的群众基础。

三是口传心授,原生态保持完好。黔西南州的非遗是生活在这片古老而神器的土地上各族人民数千年来的劳动与智慧的结晶,历经没有文字的漫长岁月,人们通过口传心授的方式传承民族故事传说、民族史事、民间习俗,师傅通过口传身授,手把手教习徒弟学习音乐及其器材制作、舞蹈动作规范或传统手工技艺等,各种文化在本地区、本民族内代代相传。由于受当地经济文化发展相对滞后原因,这些文化在世代传承下来时受外来艺术形式的影响极少,反而利于保持原生态艺术形式,使其能保持古老神韵,原生态保持完好。

四是原生性突出,多元性凸显。黔西南州非遗的存在形态多元性特征突出,一些非遗项目,在不同的地域其存在形态不完全相同,因而一个项目往往有多个保护点,如布依族刺绣有兴义、册亨、望谟 3 个保护点,布依族“三月三”有贞丰、望谟 2 个保护点,布依族转场舞即册亨和晴隆 2 个保护点,而且黔西南非遗与怀祖思亲、农耕生计、宗教崇拜、生境变迁等密切相关,这无疑使其形态的多样性和原生性有着深厚的土壤。

三、黔西南州非物质文化遗产的传承与保护

自 2003 年启动非遗保护工作以来,黔西南州委州政府一直高度重视民族非物质文化遗产的抢救、保护与开发工作,将非物质文化遗产保护工作纳入重要议事日程,作为一项“促进文明、功在当代、利在千秋”的大事来抓,认真执行《中国民族民间文化保护工程实施方案》《贵州省民族民间文化保护条例》和《贵州民间文化遗产抢救工程实施方案》等有关法规、条例,全州各级文化部门在全州范围内开展了摸底、调查、认证等工作,组织文化工作者深入基层、深入布依族、苗族、彝族村寨挖掘民族文化资源,认真做好非物质文化遗产普查、整理工作,明确州内非物质文化遗产保护项目的数量,并根据先易后难的原则逐步进行申报工作,加强了对布依族、苗族、彝族等少数民族非遗的抢救、保护与开发。

为了做好非遗的保护性工作,2005 年,黔西南州人民政府充分利用自身优势,发布了《黔西南州关于加强非物质文化遗产保护工作的意见》(以下简称《意见》),该《意见》明确了保护范围、保护措施及合理利用民族文化创造实际价值,维系各民族的文化传承。黔西南州认真贯彻《贵州省“十二五”少数民族事业发展专项规划》中的民族优惠政策,鼓励各类非物质文化遗产项目保护单位和项目传承人及相

关企业积极开展生产性保护工作，利用民族文化事业发展资金，充分挖掘该民族地区带有少数民族特色的传统饮食文化、生活习俗、生产工具等资源，积极扶持和壮大当地民族特需用品的生产企业，加快发展当地的旅游商品和民族特需品产业的步伐，使其成为转移该地区剩余劳动力，并以创业促就业的主要途径之一。此外，还大力实施文化惠民工程和文化保护工程，不断完善城乡公共文化服务体系，不断发展壮大文化队伍，活跃文化活动，推出体现黔西南元素的精品力作，为黔西南非物质文化遗产的保护奠定了良好的基础，极大地提高黔西南州非物质文化遗产保护的力度。

作为拥有丰富非遗资源的少数民族自治州，黔西南州在保护民族文化生态的同时，也充分利用民族文化资源，积极挖掘丰富的民族文化资源，大力发展文化旅游，打造兴义市万峰林街道办纳灰村（布依族），义龙新区顶效镇楼纳村（布依族）、郑屯镇民族村（布依族），兴仁县屯脚镇鲤鱼村（苗族）、鲁础营乡鲁础营村（回族）、李关乡鹧鸪园村（布依族），贞丰县者相镇纳孔村（布依族）、晴隆县三宝彝族乡三宝村和安龙县钱相乡打凼村（布依族）等一大批民族文化村寨，做到在保护中开发、在开发中保护，确保民族文化得到合理利用、科学发展。

此外，还积极推进民族文化进校园工作，自 2006 年开展民族文化进校园工作以来，黔西南州各县（市）利用课余尝试对学生进行布依铜鼓、苗刺绣等民间文化教育培训，将少数民族喜闻乐见的民族民间文化、音乐、舞蹈、体育等引进校园、进课堂。把国家有关民族政策、民族法规、民族风情、民族节日等编入乡土教材，专门编写了苗语、布依文贯穿于地方课堂教学中。铜鼓舞队、民间古乐队、狮子舞队、板凳舞等民族民间艺术文化引入课堂教学，民族民间艺术文化进校园活动的开展如火如荼；其中，苗族板凳舞被兴义一中、兴仁屯脚中学等多所学校作为课间操引入校园，寓教于乐，原生态彝族舞蹈《阿妹戚托》，在晴隆县多所学校用于课间操和文艺固定节目已经成为常态化，既丰富了学生精神文化生活，又极大地扩展了这些非遗项目的传承范围，使其得到较好的传承和发展。2016 年，兴义一中、贞丰县民族中学、晴隆县三宝学校等 25 所学校入选贵州省民族文化进校园示范学校。

四、黔西南州非物质文化遗产与文化扶贫

自 2013 年 11 月，习近平总书记在湖南湘西考察做出“精准扶贫”的指示后，各省市州县、各行各业围绕 2020 年实现全面小康的目标，开展了如火如荼的精准脱

贫攻坚工作。贵州是全国扶贫攻坚的主战场，伴随着“大扶贫、大数据、大生态”战略和“多彩贵州民族文化强省建设工程”的实施，文化精准扶贫也在强有力的推进。一方面，及时出台了《贵州省非物质文化遗产保护发展规划》《贵州省宣传文化系统助推扶贫攻坚行动计划》《文化产业扶贫“千村计划”实施方案》等指导性文件；另一方面，全省实施了“以大文化助推大扶贫”战略，开展了非遗传承人培训“十百千万”工程、文化产业扶贫“千村计划”、精准扶贫项目“文化+”等系列行动，在文化育民、文化励民、文化惠民、文化富民等方面产生产生了积极的影响。

在贵州文化精准扶贫上述大背景下，黔西南州利用丰富的文化资源开展了卓有成效的工作。在“十二五”时期，即建成了黔西南民族文化产业园（又名“兴义民族风情街”），是集民族民间工艺、特色餐饮、民族节庆等为一体的文化旅游综合体，在文化精准扶贫上产生了规模与示范性的影响。在全省县域文化产业发展“三个一工程”中，有兴义市万峰林街道办事处下纳灰村、晴隆县沙子镇保家村等村寨入选省文化产业示范村，特色民族服饰等被评为特色文化产品。在文化精准扶贫进程中，坚持“脱贫攻坚、文化同行”工作主题，围绕“七个搬出”（搬出渴望、搬出文化、搬出产业、搬出倍增、搬出尊严、搬出动力、搬出秩序），做好民族文化遗产、民间传统技艺等稀缺文化资源的搬迁、保护、传承和开发利用工作，使易地移民搬迁群众有文化传承、靠文化就业，有产业支撑，真正搬得出、稳得住、能发展，安居乐业奔小康。

作为第一批省级非遗生产性保护示范基地的兴义市布谷鸟民族实业发展有限公司，采取“公司+传承人+农户”模式，形成集民族服饰、演出服装设计制作，民族食品、民族饮食研究开发，民族工艺品、民族旅游产品生产经营和民族歌舞表演、民族生态农业开发为一体的综合企业，为贵州省各地、州、市、黔西南州各县市及省外的云南、广西、浙江等有关大型文艺活动设计制作了大量民族演出服饰、方队服装、嘉宾服饰及礼品，长期带动 100 多户布依族家庭编织土布，培养了众多布依族服饰制作好手，公司负责兼非遗传承人王菁还在兴义市布依族服饰刺绣传承培训班上教授布依族服饰的纯手工制作工艺，既传承了技艺，开发了民族手工产品，又促进增收致富。又如册亨的绣娘们在册亨县举办的 2016 中华布依文化年暨“首届全国少数民族刺绣艺术节”活动中，与香港民间艺术交流协会等公司签订了 600 万元订单，销售额达 800 万元。

同时，依托全州易地扶贫搬迁文化信息普查资源和全州优秀民间艺术人才，组织编制一批文化产业项目，构建文化产业项目数据库，精心推出一批影视、演艺、新闻出版等项目。其中，创作编排了族群戏《布依八音》，该戏剧以“布依八音 伴我一生”为主线，分为生养、浪哨、婚嫁、上梁、传艺、尝新、嘱咐、祭山八个章节，展现了布依八音伴随布依族人的一生、布依人对生活的热爱，得到国家非遗中心领导和专家的充分肯定和高度评价。扶持和建设了麻山记忆馆、便当园等一批乡愁馆，发挥传统文化和民族文化优势，发展民族手工技艺和民族文化产业，以产业促进就业，以就业促增收。

文化扶贫的关键是要打造可持续发展的文化产业，带动贫困地区的人民自主脱贫。守住传统，并将优秀的历史文明与当代生活贯通与融合，是当代社会的文化使命之一。2016 年 12 月，黔西南州与中国艺术研究院（中国非物质文化遗产保护中心）签订了《非物质文化遗产保护与文化扶贫合作协议》。根据协议，中国艺术研究院与黔西南州一起，在黔西南 23 万少数民族异地搬迁、精准扶贫的过程中，对搬迁地区非物质文化遗产进行深度挖掘整理，让搬迁群众把非遗带下山，使他们能在新的环境里重建自己的精神家园，从信仰、风俗到习惯的谋生方式，能依靠民族文化资源就业创业，真正实现搬得出、稳得住、能致富、住得好。形成将易地扶贫搬迁与保护、利用非遗有机结合的创新开发扶贫方式。2017 年 3 月，黔西南州与中国时装行业领军品牌依文集团签署了战略合作协议，首次将流传千年的布依文化带出大山，走上国际舞台，产生经济效益。目前，黔西南州文化产业协会，黔西南州民族文化产业园，以及黔西南古方红糖有限责任公司、兴义市布谷鸟民族实业发展有限公司、贞丰县小屯乡白绵纸开发有限公司等省级非遗保护基地已成了引领全州非遗扶贫的排头兵，在非遗引领精准脱贫致富中发挥了积极的作用。

目录 CONTENTS

卷一　民间文学

卷二　传统音乐

卷三　传统舞蹈

卷四　传统戏剧

卷五　曲　艺

卷六 传统体育、游艺与杂技

卷七 传统美术

卷八 传统技艺

卷九 民 俗

附 录

卷一 民间文学

省级非物质文化遗产

布依族摩经

在中华民族大家庭的历史发展进程中，布依族人民以其聪明才智创造了具有鲜明特色的民族文化，为博大精深、历史悠久的中华民族文化的发展做出了自己应有的贡献。正是这样一个没有自己的民族文字、又缺乏古文献记载的民族，以民间口头文学和古歌的方式把自己的传统文化流传了下来。其中，布依族摩经是布依族先民在漫长的社会发展进程中，通过与汉族文化的不断交融，逐渐形成有布依族特色的自然宗教观念，是布依族文化的灵魂。摩文化民俗又是布依族最重要的民俗活动之一。

布依族摩经，即布依族摩公（即布依族祭司布摩）在举行丧葬祭祀仪式时唱诵的经文，是摩公集体创作、改编和传承，并配合丧葬仪式进行演唱的一种带有原始性的宗教文学。布依族摩经保存完好最具代表性的村寨是贞丰县岜洁村和关岭县大盘江村布依族古寨。

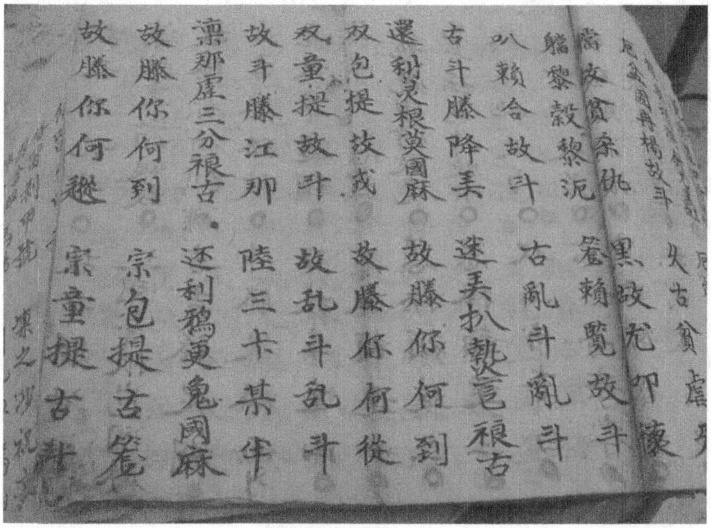

布依族摩经（一）

摩经分为“大摩经”和“小摩经”两种。大摩经主要在大场面或重要场合出现，多用于祭祀；小摩经称为“解绑经”，使用于小场合，主要是解决对象的精神痛苦。布依族对使用摩经的民俗活动，称为“打老摩”，并尊称从事摩文化职业的男性传承人为“摩公”，女性传承人叫“丫牙”。摩公、丫牙口述的经书有数十种，民间保留着很多用手抄写的“摩经”，它把布依族先民创造的自然宗教文化成果记载下来，在一代代的传承中不断丰富完善，成为布依族人们心中的原始信仰。

“摩”在布依语中有“念叨”“唠叨”“埋怨”和“诅咒”等意思。“经”则借用了汉语的“经典”和佛教的“经书”之意。据有关专家介绍，摩经是布依族用汉字和土俗字记录布依语音形成的一种规范的宗教经典文本。摩经文字主要有 3 种类型：第一种是比较抽象的符号；第二种是自创的表意文字和少量汉字；第三种是借用汉字造字法创造的方块字。

据传，摩教由远古时期的“抱老托”（Buxnangzduoz，也音译为“布囊夺”）创立，他是布依族的人文始祖，是布依族人最早、最伟大、最讲人间文明道德、重视生产劳动的老祖先。他为了教化自己的民族，创造发明布依“摩”。“抱老托”有十四个贤能弟子，七个男徒叫“七布代”，七个女弟子叫“七买摩”。十四个弟子在“抱老托”首创的摩经基础上进行发挥、补充、完善，形成十四个流派，并在布依族各个地区传教，因此，摩经又有“头不合尾合，十四个‘抱儿托’”的说法。布依摩教大约产生于旧石器晚期，摩经则与其同步，在相当长的历史时期，摩经一直以口耳相传的方式传承，唐宋时期，部分布摩开始用汉字的音记录摩经。到了明代，随着布依族地区汉文学校的推广，经文利用汉字近似音，加上部分利用汉字偏旁部首按汉字的“六书造字法”创制的方块布依字，按发音记录摩经。到了清代，才由懂汉文的布依族知识分子，用汉字和土俗字将其记录下来，成为书写的民族文化符号。

汉文典籍对布依族摩文化有不少记载。例如，清《兴义府志》载，布依族“惟神祀彭岑，空庭为庙，俗重老摩”；《安顺府志》载，仲家“丧则屠牛，执牛角灌饮。葬用棺，以伞盖墓上，期年而火，祭用枯鱼”。以上文献记载证明了布依族摩文化的悠久历史及其重要文化事象。难能可贵的是，这些记载中还保存了有关布依族丧葬活动和摩经的信息。

贞丰县布依族摩经包括《殡亡经》和一般杂经两大系统。《殡亡经》卷数各地不一，贞丰县北盘江镇岜浩村的《殡亡经》卷数最多，计十五卷。主要有《祭棺经》《入冥经》《出冥经》《歌经》（共 13 节）、《祭幡经》《挂幡经》《祭祀经》《长寿经》《下场经》（共 24 节）、《上棺旁经》《孝子祭经》《嘱咐经》《赎谷魂经》《赎头经》等。一般杂经主要有《请龙歌》《接龙经》《六月六祭祠》《访已经》《退仙经》等，每一种驱邪祛病祈福的仪式都有相应经文，可谓“卷帙浩繁”。关岭大盘江村每当逢年过节或老人辞世，都要举行一定的宗教仪式。摩经分为《读邦》（解灾祈福经）和《殡亡》（超度亡灵经）两大类。《读邦》里词句对仗押韵、内容丰富、生动形象，包括《归郎》《扫寨》《扫屋》《解帮》等22卷。《殡亡》包括《摸考》《叩引》《荣且》《恨思》等32卷，共55272字，涵盖面广，是布依族“摩教”经文中的主要部分。用于超度亡魂的《殡王》、安葬死人的《谢坟》、超度在外死者灵魂的《项王》、祈求生儿生女的《归郎》、驱鬼除邪的《扫寨扫屋》、祈福避灾的《解帮》和祭奉土地公公的《谢土》7部，每部分为若干小节。该村传承人吴瑞贤手抄本汉字记音《摩经》，共54卷，92561字，绵纸，线订册页，行书，今藏于吴瑞贤处，保存完好。“摩教”仪式活动中“布摩”（摩师）唱诵摩经时常用铜鼓、锣、鼓、铙钹、大刀等作响器，或舞具。

布依族摩经（二）

较具代表性的是《祭歌》，这是布依族先民在祭祀时唱诵的长篇歌诀之一，专用于超度亡灵和祭奠死者。它是布依族先民对人死后精神向何处去的一种最美好的祝愿，也是一种原始、纯朴与天真的设想。其中所设想的人的灵魂升天过程中所遇到的磨难，比现实要复杂得多，有的还对现实作了变形的描述——美好的东西比现实还要美，丑恶的东西比现实还要丑恶；容易的比现实还要容易，艰难的比现实还要艰难等。《祭歌》表面上看具有明显的巫文化内容和语言特点，但并不是单纯的巫文化。“我们一旦揭去其外衣，就会发现它有中华民族传统文化的内核。”

摩经以文学方式记载，体裁多样，内容丰富，涵盖面广。摩经的文学体裁有神话史诗、传说故事、诗词歌谣等，上溯几千年，纵横天地人间，描述了社会、历史、文化、经济、哲学、民俗等内容。有较多的布依族古语言及古词汇，词语丰富。大部分词句对仗整齐、押韵，采用了复沓、排比等多种文学手法。文体多为整齐的五言句式或七言句式韵文体，音韵铿锵，节奏感强，是布依族诗歌的典范。摩经以宗教祭祀为载体，以诗歌、散文、故事传说、歌谣等多种文学式样为表现形式，全面地记录了布依族的历史发展行程，展现了布依族人民的思想、语言和文化水平，涉及人类学、社会学、哲学、语言学、文学、美术、音乐、技艺等多个领域。

摩经是现今保存较为完整的布依族口头文献，对研究布依族的发展史具有极其重要的作用；摩经作为布依族诗歌的典范，它介于世俗文学和宗教文学、民间文

布依族摩经(三)

学和史传文学的文学类型之间,不仅对研究布依族文学,而且对研究整个少数民族文学和宗教艺术,都有很高的文学研究价值,如著名的古史歌《安王与祖王》及爱情叙事诗《范龙》。

摩经采用口传心授方式传承,迄今贞丰县岜浩村罗大金掌握摩经较全面,其传承谱系为:周朝元(清道光七年—光绪十七年)—罗登文(生于咸丰五年)—罗顺清(1890—1984 年)—罗大金(1932 年生);关岭北盘江流域一带的摩经大多传自小盘江伍氏家族之手抄本,上起何时年代不详,清代传至伍石公,伍石公传伍少先,伍少先无子传婿岗乌镇中心村行东组罗顺才。罗顺才招徒传授,众学徒中学得最精深的是关岭县新铺乡大盘江村吴瑞贤。代表性传承人为吴瑞贤(男,布依族,初中文化,生于 1943 年,家住关岭县新铺乡大盘江村),1958 年师从罗顺才学习摩经,从事摩展及民族文化交流,其意义现今已无人知晓。

改革开放以来,布依族地区文化建设得到了很大的发展,汉语得到广泛传播和普及,很多布依人平常都不讲民族语言了,但在一些布依族村寨里,“布摩”仍大有用武之地,摩经及布依族古文字仍彰显着顽强的生命力。

1994 年出版的望谟版《安王与祖王》是目前发现的布依族篇幅最长的叙事史诗,全诗 1700 余行,用优美的语言生动地反映了布依族原始社会末期由母系氏族社会向父系氏族社会过渡的历史状况,是一部有关布依族古代社会历史的重要文献,它对研究布依族的起源和发展,以及布依族摩经的艺术特点,都具有重要的意义。1997 年出版的《布依族摩经文学》收录了“开天辟地”“造万物”“造物与造神”“十二层天十二层海”“祖王与安王”“射日 · 洪水”“驱虫记”“转场”“开年歌”等 15 篇译自各地摩经中的宗教典籍文献。2006 年出版的《布依摩经——母祝文》,是超度母亲亡灵的一种经文。2011 年 4 月,贵州人民出版社出版的《布依嘱咐经》,是布依族摩经中最长的一部,经文有 3400 多句,这是望谟布依人黄镇邦搜集整理并翻译的,专家称赞这部“摩经”是研究布依族社会历史和经济文化发展的宝贵资料。

目前,布依族各地的摩师队伍趋于老龄化,摩教仪式活动的空间越来越小,而崇尚学习摩经的青年人也越来越少。即便摩经文学对神话、传说和故事都有描写,并且描写得很精彩，如在《安王与祖王》中，安王与祖王两兄弟的斗争就非常精彩，可以说布依族摩经文学已经具备了文学的审美需求。然而，在布依族地区，很少有人知道布摩在宗教仪式上念诵的经文竟然是一种文学，对文学里的内容更是知之甚少，这是布依族摩经文学普及不足导致的结果。摩经这一布依族口头传承文献已面临失传，亟待抢救保护。所以做好传承人的培养工作极为重要。

布依族民间故事

布依族民间系列故事是布依族民间故事的一个重要组成部分，是布依族民间文学类型的非物质文化遗产，该项目遗产是跨境项目，广泛分布于贵州省南北盘江红水河两岸20多个县，其中以望谟县最为突出。

据悉，布依族封建领主自汉魏始萌，经唐宋时期进一步发展，到了元明时代，更为成熟和典型。从1726年大规模改土归流至辛亥革命，是布依族文学发展新阶段。改土归流后，布依族地区的开发越来越深入，土官、流官、地主和高利贷者重重残酷剥削，使得布依族贫苦农民从物质生活到精神生活都处于在水深火热中。自明而后，南北盘江、红水河一带的布依族起义风起云涌，层出不穷。布依族民间文学就与当时的历史背景相关，反映那一时期的生活内容。

这一阶段的文学作品中，可以看出布依族人民的反抗意识已明显增强，虽说在性质上仍然还是自发斗争，但反抗形式却已从个人反抗转变为整个农民群体的斗争，向自觉反抗的道路迈步了。在表现手法上，这一阶段的文学创作也比以前更为成熟，特别是叙事诗取得了相当高的成就。

布依族民间故事(一)

在故事方面，布依族地区流传较多，《牡丹与竹山》是为其中之一。该故事以布依族民间叙事长诗形式出现，描绘一对布依族青年男女为爱情的自由而斗争；反动阶级和黑暗势力在劳动人民的顽强、勇敢、坚贞的意志面前，变得软弱无力。故事情节动人，有浪漫主义气息给人以优美的想象天地。望谟县布依族民间系列故事包括两个机智人物“甲金”和

"卜当"的故事、一个滑稽愚钝者"卜吾"的故事、一个大力士"小老慕"的故事。在布依族机智人物故事中数量最多、流传最广、内容最丰富、影响最大、成就最高的就是关于"甲金"和"卜当"的故事。甲金的故事在望谟县布依族地区广泛流传,家喻户晓,它是布依族人民聪明才智的艺术结晶。故事的内容相当广泛,涉及布依族现实生活中的许多方面,包含着深刻的思想意义,表达了布依族人民鲜明的爱憎情感。与机智者对应的角色是滑稽愚钝者,在文学价值和思想意义方面,关于他的故事与关于机智者的故事是一样的。与前二者不同,大力士"小老慕"的故事更加短小诙谐,妙趣横生。在甲金故事出现之前,布依族民间就有不少独立成篇、内容丰富的机智人物故事,但他们没有成为定型的机智人物形象。随着社会的发展,阶级矛盾尖锐化、复杂化,机智人物故事反映的思想内容也日趋广泛深刻,机智人物在流传中不断完善,终于形成了甲金这一机智人物形象。这四个人物系列故事用布依族语言创作并以口耳相传的方式一代又一代地流传至今。目前,布依族民间系列故事作为布依族公认的民间文学优秀作品已被编进一些书籍里。

《甲金的系列故事》

"甲金"是布依语的音译,就是"机灵的寡崽"的意思。在《甲金的系列故事》中,甲金是一个专靠卖力气吃饭的长工。他勇敢、乐观、诙谐,经常用自己过人的才智与统治阶级做斗争,为穷苦人出气。他善于抓住对手的弱点,利用对手的心理活动整治对手,让他们自落圈套,丑态百出。甲金的斗争手段极为巧妙,变化莫测,这就使他的对手防不胜防,束手无策,而广大劳苦人民却对他格外喜爱。

概括地说,甲金的斗争方法大致可以归纳为以下几类:利用财主老爷对生产知识和生活知识的无知,来整治他们;以牙还牙,让财主老爷自讨苦吃;借语言的同音,近音而不同义,整治财主;借用双关语义,无情嘲弄财主。

布依族民间故事(二)

甲金言行举止幽默、风趣,锐利的锋芒往往通过滑稽可笑的形式表现,使敌人在不知不觉中自投罗网,受到惩治。又如《四条腿的土司》中,土司骑着马,得意扬扬地戏弄甲金:"今天怎么跑不赢我了呢?"甲金说:"你四条腿,我两只脚,怎么跑得过你呢?"风趣的言辞像匕首一样锋利,土司的威风一下子被灭了下去。这也显示了劳动人民对权贵的蔑视和对胜利的信心,表现了他们乐观的生活态度。《甲金的系列故事》篇幅简短,内容丰富,它从生活的各个侧面来刻画人物，使得人物形象丰满动人，极富个性特征，生活气息浓郁。

《甲金的系列故事》真实、深刻地反映了封建统治下布依族劳动人民受剥削被奴役的生活和他们的抗争，充满了现实主义的精神。同时，故事中反映的布依族劳动人民的理想，又闪现着浪漫主义的光辉，正是这种现实主义与浪漫主义相结合的创作方法，使得《甲金的系列故事》成为布依族人民喜闻乐见、传颂不绝的作品。

甲金故事的搜集、整理工作，早在20世纪50年代就已经开始，后由贵州省民间文艺研究会刊印于《民间文学资料》第四十三集内。1982年，四川民族出版社编选出版了《甲金的故事》专集。20世纪90年代，望谟县民间文艺工作者将甲金的故事改编成布依语电视连续剧。

《卜当的故事》

卜当(boh dagt)是甲金似的定型化的机智人物，在思想意义、故事情节、艺术风格等方面，都与甲金故事相类似，但这类故事的数量、内容、流传的范围和影响都不及甲金故事。卜当是一个劳动者型的机智人物，他的故事多数以反抗压迫、剥削为内容，其中最引人注目的是故事主人公辛辣嘲讽、巧妙戏弄形形色色的财主的作品。在布依族的机智人物里面，卜当的影响仅次于甲金。

《卜当的故事》属“穷女婿斗财主丈人”类型的故事，主要作品有《公鸡望丈人》《看得见的》《船划不动》《卜当折糯谷》《卜当找银子》《卜当吟诗》等。《公鸡望丈人》是讲卜当岳母想占便宜，剥削他，全然不顾卜当穷得揭不开锅的困境，谎报老丈人生病，要卜当带上一只大公鸡去看望。卜当利用“带公鸡看望丈人”一语可能造成的淆义，于是带上一只公鸡去老丈人面前晃了晃，然后又将鸡带回，使贪心的岳母欲望落了空。故事于风趣诙谐中，嘲弄了厚颜寡情的丈母娘。

卜当是一个勤劳而又机智的农民，他对劳动群众充满了同情，对剥削阶级则以其过人的机智、特殊的方式，给予无情的鞭挞、愚弄，它对于帮助劳动人民认识剥削阶级的本来面目，无疑起着积极的作用。

《卜吾的故事》

故事是民间笑话，是布依族人民聪明才智的艺术结晶。故事的内容广泛，涉及布依族现实生活中的许多方面，包含着深刻的思想意义，表达了布依族人民鲜明的爱憎情感。“卜吾”是布依语的音译，就是“吾的爹”的意思。主人公卜吾，是一个既老实又迟钝的父亲。因此，在生活中，他常发生很多妙趣横生的故事，让人忍俊不禁。如《珍惜裤子》，说的是卜吾要出门吃酒，临行前其妻叫其爱惜裤子不要弄脏弄破裤子。卜吾接了裤子后，心想裤脚有两只，我先穿一只，破了再换一只穿，这样更节省了。于是双脚全部穿到一只裤筒内，刚出大门就跌了一跤。卜吾的妻子

布依族民间故事(三)

见后骂了卜吾,卜吾还振振有词地说:“还不是你叫我穿时要小心注意!我这样做也是珍惜它呀?”

《小老慕》

《小老慕》是“超人”的故事,“小老慕”是布依语的音译,就是“大力士”的意思。主人公小老慕是一个既老实又莽撞的力大无穷者。《小老慕》主要描述小老慕发生的许多有趣故事。

布依族民间系列故事是布依族人民千锤百炼而流传下来的集体创作的结晶,具有广泛的群众性、民间传承性和变异性,不及摩文化稳定。但布依族民间系列故事有艺术性的特征,故事大都短小精悍,妙趣横生,很富于感染力。就像所有优秀的创作一样,民间故事从生活本身出发,但又并不局限于实际情况,它们往往经过人们一次又一次宣传,被改成了各式各样的版本,表达着人们美好的愿望。布依族民间故事含义丰富,它高度概括了布依族在各个历史时期绚丽多姿的社会生活,真实地表现了布依族广大人民在各个时代的思想和愿望。布依族民间系列故事与其他民族的故事一样,具有永久的魅力。那些英雄人物,显然是布依族劳动者的化身,他们高贵的品质让我们不能忘怀。

望谟布依族民间故事在20世纪50年代达到鼎盛时期,六七十年代故事的传承开始下降,到了80年代后,特别是自90年代以来,随着会讲故事的老人相继故去,民间故事的传承面临濒危。还有,由于过去文人普遍认为民间故事低俗,难登大雅之堂,不愿去搜集记录,因此,民间故事在各种地方方志中都没有记载,而是一直由农民代代口耳相传下来。如今,许多讲故事高手已经去世,一些优秀的民间故事也因此失传,这对这笔遗产的保留增加了难度。目前,许多年轻人为了生计外出务工,使得佈依族民间故事传承人后继乏人。

布依族叙事诗

少数民族民间文学作品中,爱情题材的作品占有相当的比重。产生这一现象的原因,可以从文学艺术的创作者——劳动人民的生活去寻找。千百年来,劳动人民，特别是少数民族劳动人民的生活非常贫困，在同大自然、统治阶级做斗争的过程中，他们幻想和追求着幸福与自由。爱情不仅是他们追求的目标，也是他们生活和斗争的精神支柱。因此，在世代流传的民间故事中，对爱情的幻想、对坚贞爱情的歌颂、为爱情而不屈不挠地斗争，是最基本的主题。布依族的爱情民间故事，又主要以叙事长诗的形式并通过说唱表现出来，因此深受群众的喜爱。

布依族六大爱情叙事诗为《囊荷斑》《况德芳》《况邑沙》《樊龙和囊秀》《王玉连》和《况十柏和囊英台》，它们广泛流传于望谟县各个布依族乡村社区，上溯可以到南北盘江上游，下衍可到红水河下游。

布依族的族源告诉人们，布依族就是土著民族，布依族的民间文学也是"土著文学"，其中的爱情叙事长诗与布依族的婚姻文化息息相关。从兴义的猫猫洞到北盘江江畔的水打田，盘江文化可以追溯到旧石器时代，对应那个时代，布依族就有"兄妹结婚"的传说，现实中"姑舅表婚"的现象也视为理所当然的婚姻制度，即"舅权制"；布依族有"浪哨"的习俗，但婚姻仍是"父母之命，媒妁之言"的包办制；布依族有"回门"的习惯，这种民俗有母系社会晚期的"母居制"的遗风；布依族有短期的"坐家制"，是"父居制"向"母居制"传统的挑战。

1983 年 9 月，贵州人民出版社出版了贵州省社会科学院文学研究所编写的《布依族文学史》，该书将公元前 25 年（夜郎国灭亡）至 1726 年（改土归流）定为布依族的古代社会文学期，这期间产生了一些爱情故事和长诗、情歌。布依族爱情叙事长诗六首的产生与布依族源远流长的文化息息相关，它们大都反映不同时期的社会历史和矛盾，所有的长诗均用布依族语言创作并以口耳相传的方式一代又一代地流传至今。

目前，布依族爱情叙事长诗六首作为望谟县布依族公认的民间文学优秀作品已被翻译或编进一些书籍里，或当作戏剧搬上舞台。

《囊荷斑》

仙女囊荷斑爱慕贫穷青年姚平寨，以身相托，与姚平寨结为夫妇。姚平寨的远亲况杞楠，贪慕囊荷斑的美貌，便以外出经商、谋求富贵为由，说动姚平寨远游他方。经商途中，况杞楠引诱姚平寨到赌场、花街作客，去茶楼、酒店游玩，姚平寨因此流连忘返，而况杞楠则暗中返乡，企图谋占囊荷斑，但囊荷斑忠贞不贰、守节不移。这段时间，姚平寨生意本钞亏蚀陷入窘境，困在异地无力回乡，正好遇上敌国兵犯边关，于是他从戎征战。在战争中，姚平寨靠妻子赠予他的一件宝衣而立下战功，因此被敕封为上大将军，皇帝并要把公主娘棉许配他。姚平寨见利忘义，弃妻再娶，当了驸马。囊荷斑在家乡等候了姚平寨十年，见丈夫久久不返，便离乡寻夫。在京城寻到丈夫，而姚平寨却拒绝相认。囊荷斑出于旧日恩爱，愿意不以夫妻身份

布依族爱情叙事(一)

相认,而以奴婢身份留在宫中侍奉姚平寨。但公主娘棉却十分忌恨囊荷斑,她想方设法对囊荷斑百般折磨,最后竟假意叫囊荷斑上树摘桃,而将囊荷斑摇落在树下的一个深池中,意欲淹死。囊荷斑本是仙女,从池中出来后容貌更加鲜妍。公主娘棉感到十分惊异,便向囊荷斑求讨更换肤肌的方法,囊荷斑告诉她只需在沸水中浸洗即可,娘棉于是依法试验,身死沸水之中。姚平寨和皇帝大怒,要处死囊荷斑。刑事前,囊荷斑面不改色,她痛骂姚平寨“富贵迷本性”“忘恩负义”,并表明自己报复的决心,又痛骂了皇帝“搜罗败类作卵翼,坑害无辜穷苦人”。刑官正要处绞囊荷斑时,天突发雷霆,飞沙走石,天空中众仙女手执白帕召唤囊荷斑,顷刻间洪水滔滔而来,皇帝、姚平寨、况杞楠等均被洪水淹死,囊荷斑在众仙女牵挽下,飘然而去。

《樊龙和囊秀》

青年小伙樊龙和美丽的姑娘囊秀在桑郎河畔丢花包中相识,结下了爱情,他们依照古时习俗,在竹林里削竹明盟誓,永定终生。头人的儿子绍宋垂涎美貌聪明的囊秀,于是设下毒计,就在樊龙和囊秀新婚不久,头人以与蛮兵打仗为借口,抓走了樊龙。绍宋便乘机相继施邪法变成大官、乌鸦来传播樊龙已战死的假讯。囊秀闻讯晕死过去,绍宋趁机将她抬回家中,准备威逼成亲。幸亏桑郎河中一条好心的鲤鱼,把这个消息传达给了樊龙。樊龙骑上官长借给他的天马,腾空飞越莽莽群山,回到桑郎河边,与绍宋展开了恶斗,绍宋狗急跳墙,杀害了囊秀。樊龙在天马的协助下,战胜了绍宋。他砍下绍宋的头来祭囊秀,囊秀奇迹般复活过来。樊龙拿出记载着忠贞爱情的金竹,金竹闪现出明亮的光华,樊龙与囊秀乘着这光华冉冉升天而去。

《王玉连》

全诗分两大部分:前一部分叙述王玉连成长的经过,后一部分描写王玉连从戎报国、英勇杀敌的事迹。王玉连兄弟三人为王玉连、王金连、王银连。他们是同父不同母的三兄弟,玉连是贫穷而且双目失明的大妈生的,金连和银连各是富有的二妈和三妈生的。王玉连从小聪明伶俐、勤奋用功,凡事总比两个兄弟胜一筹。他出众的天赋引起二妈和三妈的嫉妒,于是她们商量害死王玉连,好让“二弟三弟在家管家产”。有一次,王玉连放学先回来,二妈、三妈端出放了毒药的包子让他吃,由于家中女仆向玉连暗中透露，他才免遭毒害。玉连见势不妙，只好与母亲出外讨饭度日。八九年以后，王玉连长成一个英俊壮实的后生，被选夫婿的柳小姐看中。柳小姐不顾家庭的阻挠，与穷苦的王玉联结成了眷属。后来，当“曹操来攻打皇帝”、国家出现危难时，他毅然从军入伍，并与金连、银连相遇。玉连从军报国，英勇善战，“打得曹操的人马都死光了”，受到皇帝的赏识。当他再次投入战斗，准备捉拿敌军七名女将时，不幸身陷壕沟，反被敌人擒住。七名女将对他软硬兼施，力图使他降服，玉连趁机佯降求和，骗得了七名女将的信任，然后寻机智斗，“割得了七名女将的头”，立下大功，受到皇帝重奖。

《况十柏和囊英台》

传说很早以前，望谟桑郎有个叫况十柏的后生，罗捆有个叫囊英台的姑娘。这囊英台出门总爱女扮男装，两人在歌场上相遇多次，常在一起谈心，有相见恨晚的感觉。一天，况十柏告诉囊英台，他要到广西读书。囊英台回家征求父母同意，决意跟着况十柏一起读书上学。他俩渡过红水河，投进一所学校同窗共读，日子一长，两人交情不断加深，好比亲兄弟一般。读书过程中，况十柏发现囊英台总有些与自己的性别不一样，但很多疑问都被囊英台巧妙地回答而敷衍过去，况十柏也不在意。同窗三年整，两人的感情越来越好，囊英台从心里已经爱上了况十柏，况十柏也觉得囊英台比亲兄弟还亲。在学成回家的时候，囊英台想把自己的女儿身告诉况十柏，但她很多次的暗示况十柏都没有发现。最后分手的时候，囊英台告诉况十柏，她想给况十柏提一门亲事，希望况十柏早点来，况十柏笑着答应这个约定。之后，由于况十柏公务忙，忘记了他与囊英台的约定。当他追赶囊英台时，又遇到了很多麻烦。当他来到囊英台家时，才知道囊英台是女孩，才知道“好兄弟”要他娶的人正是囊英台她本人，才知道三年来囊英台对自己的一往情深，又因为自己没有更好地关照囊英台而内疚，当得知囊英台就要许配给乐旺的马员外家时更是为自己的粗心大意懊悔不已。月光下，况十柏回到家就一病不起，不久，就相思过度而死去。

布依族爱情叙事(二)

而囊英台在迎亲的路上，路过况十柏的墓前便投进墓里，顷刻间，两人化身为一对鸳鸯向着雄伟的麻山飞去。

布依族民间爱情叙事诗得以长久流传而不衰，具有很强的艺术魅力，这与民间歌手和艺人们以他们的才能塑造了众多栩栩如生的艺术形象是分不开的。其中塑造了众多的寻求爱情和幸福的青年男女形象。这些人物身上,凝聚着布依族劳动人民的思想感情;他们的活动体现了人民的理想。因此,这些人物形象大都亲切感人,性格鲜明,具有个性特征,给人以深刻的印象。

近年来,望谟县政府就布依族的民间文学采取了如下保护措施:开展布依族文化普查,摸清布依族民间文学的文化资源;制定保护规划;建立布依族民间故事代表性传承人的档案,加强对口头文学的完整记录;通过"九合一"的方式建立民间文学档案,即"记谱、布依文记录、国际音标、布依汉语直译、汉语间译、英语、录音、录像、图片";以群众为基础的保护方式,建立文化传承和发展的草根组织;在大、中、小学开设民间文学教程,让民间文学进校园;以文化为基础,建设新农村,促进"以资本为基础和以人为主导的社区发展"。

布依族浪哨歌

布依族浪哨歌是流传于贵州省黔西南、黔南、贵阳、安顺、六盘水等地布依族聚居村寨青年男女在"浪哨"社交(汉译为交朋友谈恋爱)时用以对歌叙话、表达情感的一种传统民歌。在"浪哨"中,青年男女以歌为媒,用对歌的方式诉说真情、传递爱意。浪哨歌用赋、比、兴的修辞手法,借景物言情,按曲填词即兴而唱,且语言质朴自然,内涵丰富,涉及自然、时令节日、衣食住行、生产劳动等方面,具有文学艺术性、民族性、即兴性等特点。

布依族浪哨歌主要分布于册亨县所辖坡妹、冗渡、庆坪、威旁、者楼、丫他、巧马、秧坝、弼佑、岩架、达秧、坝赖、百口、八渡 14 个乡镇的布依族聚居村寨。被誉为"中华布依第一县"的册亨县,因大山阻隔、交通不畅等地理条件因素,至今仍保存着许多传统的布依民俗文化。其中,布依族"浪哨歌"最为典型。该项目由册亨县文化馆进行保护管理,已建有"布依族浪哨歌"文、图、音像档案。

布依族喜水,常依山傍水聚族而居,在长期的生产生活中,养成了温文尔雅、含蓄恭谦的民族性格。所以,在"浪哨"活动中,男女青年对唱浪哨歌,不会直抒情怀,而是以歌代言、借景抒怀、表情达意。布依族浪哨歌作为一种依存着"浪哨"习俗而世代口传心授的歌唱文学样式,产生于何时,现无据可考。但在布依族典籍摩经《殡亡经·温》(即超度亡灵的歌经)中就记录着关于"呼唤""兴情人""建家""孤儿""猜歌""逃婚""分离"等男女情感发展方面的"浪哨歌"内容。由此推析,

新春弼佑乡秧佑村男女青年“浪哨”对歌（韦丹　摄）

浪哨歌的产生与摩经是同步的，即产生于距今一万年前的旧石器时代晚期，只是在历史的演进中，通过布依族人世代不断的积淀、补充、完善，一直流动变化着向前发展一路走来。

在册亨县布依族聚居地，布依族青年男女常借婚丧嫁娶酒宴、逢年过节、赶场、三月三歌会等活动之机，或受邀约，或直接前往活动现场找朋友“浪哨”，历史悠久。

作为一种起源于明代的民间文学，浪哨歌依托于浪哨民俗活动而存在，主要包括内容、场合和规矩等方面。

浪哨歌有布依语、汉语两种。从对歌描述的内容来看，有《开排歌》《感谢歌》《相识歌》《赞美歌》《苦情歌》《相恋歌》《相思歌》《盘歌》《逃婚歌》《分离歌》等主题类别浪哨歌。对唱时，每一类别的每一首都可以根据演唱地点、场景、对象等的不同采用更换词句的方式衍生出许多首来。因故，浪哨歌有多少首，谁也答不上来，正如歌中唱道：我歌多，我歌好比牛毛多，唱了三天零七夜，才唱去一只牛耳朵。

册亨县威旁乡大寨村三月三歌会“浪哨”对歌（韦丹　摄）

在册亨县的威旁、坡妹、庆坪、巧马、冗渡等乡镇的布依族村寨用汉语和布依语对唱，其他乡镇对歌均用布依语演唱。汉语演唱的均为七言四句，讲究押韵，如“妹似好花在园中,叶子青来花朵红。心想上前采朵戴,可惜围墙路不通”。布依语演唱的字句长短不一,4~10句不等为一首,讲究衬词拖腔,确定是自己心仪的对象后就用“哥(娜)绕(汉译为‘我的哥〈妹〉啊’)”结尾,拖腔显得情谊绵长而韵味十足。对唱时,常用比喻、对比、夸张、拟人等修辞手法,以分节歌的方式即兴歌唱所处现实环境的自然山水、花鸟虫鱼、时令节日、衣食住行、生产劳动等内容,向对方抒发自己内心的感情。

布依族青年男女对唱浪哨歌,有很多约定俗成的规矩,包括:①已婚者不能参加青年人对歌,同村不同姓的可对歌,兄弟姊妹不能对歌,长辈和晚辈不能对歌,同性不对歌。②如有两队男生都想和一队女生对歌,则由女生选择的那一队来进行对歌。③对歌有年龄限制,年满16周岁后才能对歌。④房屋对歌只能在堂屋和火塘边对歌,不能自作主张到房间里对唱。⑤对唱中,歌者若要离席,可以提出休息或征得对方的同意才行。⑥在人家房屋里对歌,坐定后,得先唱《感谢歌》感谢主人家门神、家神、父母、兄姊等。⑦对唱时一般由男生先引唱,采取你一首我一首的方式进行。一方在歌唱时,另一方不能打断对方的歌唱。⑧对歌常有比赛的性质,对唱前会规定押韵错、接不上几次为输。⑨对歌时,要求语言文明,字句表达要谦和友好,不骂人辱人。

布依族浪哨歌,作为一种依存“浪哨”习俗而世代口传心授的诗歌体裁文学样式,灵活运用各种修辞手法以达到借景抒情之目的,内容涉及自然风物和社会活动等各个方面,其丰富的民族文化内涵反映了布依族人共同的人生观、价值观和道德观等。

目前,布依族浪哨歌传承保护工作取得一定进展,包括:册亨县已收集整理浪哨歌500余首编辑入《中国歌谣集成·册亨县卷》;在“多彩贵州歌唱大赛”“州庆”及“册亨县布依文化年”的“布依族情歌(浪哨歌)对唱”活动中进行展演宣传。现册亨县浪哨歌的主要传承人有黄贵琴、黄元菲、韦丹、王江华等。

卷二 传统音乐

国家级非物质文化遗产

铜鼓“十二调”

铜鼓“十二调”，即铜鼓演奏的十二段乐曲，是贵州省境内布依族具有代表性的铜鼓鼓乐，也是布依族民间艺术中最具神秘性和传奇色彩的传统音乐文化之一，具有久远而深厚的文化底蕴，它是布依族先民祖祖辈辈秘传的产物，至今仍然活跃于民间，具有强大的生命力和感染力。

铜鼓是我国古代南方少数民族世代相传的特殊乐器，属于珍贵的民族文化遗产，它用青铜铸造而成。贵州布依族是使用铜鼓的主要民族之一，常用唢呐、皮鼓、大镲、铙钹、锣木棍与铜鼓混合敲击演奏，基本保存着古代乐器的演奏风格，具有布依族的民族特色。

祭铜鼓

布依族最早使用铜鼓并有文献记载的可追溯至东汉、魏晋时期。《后汉书·马援传》有关铜鼓的一段记载曰：“马援好骑，善别名马，于交趾得骆铜鼓，乃铸成马式，还，上之。”在以后历代文献中，布依族使用铜鼓的记载渐多，如唐代诸谢“聚击铜鼓”，宋代的“夷僚疾病，击铜鼓、沙锣以祀鬼神”。据史书记载，布依族先民在2000多年前，就开始铸造铜鼓了，铜鼓因此被布依族人视为传家宝和氏族、宗教团结的象征而敬若神灵，年年施祭，岁岁礼拜。

关于铜鼓“十二调”的来历，民间有这样的传说：在战国时期，战鼓是布依族祖先打仗时指挥战斗的信号，但由于战鼓体积较大，不便携带，为了便于行军才逐步将鼓体改小。到战事结束、天下太平时，祖先们为了纪念战鼓，把战鼓改成“铜鼓”，另外，为了让子孙后代纪念“铜鼓”和了解铜鼓的来历，遂按一年十二个月分别创编了十二段铜鼓口诀，供整个布依族在每年春节（正月初一至十五）进行娱乐使用。布依族铜鼓“十二调”流传在扁担山、丁旗镇、大山乡、城关镇、六马乡、沙子乡、良田乡、募役乡等布依族聚居区，并辐射到关岭自治县、六枝特区、贞丰县等周边布依族地区，形成了一个覆盖几县范围的布依族民间铜鼓文化圈。明清以来，贵州方志中记述“仲家”（布依族）使用敲击的资料比比皆是。“仲家”在明清时期，喜欢在铜鼓上刻字，托名“孔明”所造，借以抬高身价。贵州的布依族“俗尚铜鼓”“岁时击铜鼓为欢”的记载也不少。《黔苗图说》之《黔记》记载：“补笼仲家，贵阳、南笼（今兴义）、安顺三府、定番、广顺二州皆有之。以十二月朔为大节，岁时击铜鼓为欢。掘地即得铜鼓，武侯南征所遗者，重价争购。”《独山县志》：“仲家好楼居……丧祭，凡亲属眷及瓜葛，本村邻舍，男妇，络绎成群，男女对击铜鼓，木鼓，鼓声相应，稍不合节，罚酒一瓢，饮至昏醉。”

上述流传地中最具代表的是贞丰县。贞丰县位于黔西南州东部，这是一个多民族聚居的地区，其中布依族聚居的自然村寨有400多个。布依族没有文字，铜鼓“十二调”以家族方式传承，一代一代通过口传心授沿袭下来。在布依族人民的心目中，铜鼓象征着财富、权力和团结。

贵州南部、中部、西部的布依族地区，每个大寨或大姓都有一面或数面铜鼓。近代以来，布依族保存的铜鼓，基本上属于“麻江型”铜鼓，“麻江型”铜鼓都是用铜制造，面径一般不超过50厘米，质量为10～15千克。鼓身分胸、足两段，其中有突棱一道，偏条耳有孔，鼓面有太阳纹芒，晕分宽、狭，主晕饰“游旗纹”，其余最常见的纹饰有“山”形纹、芒间心形纹、足部复线角形纹等。铜鼓的外形给人庄重、威严的感觉。

铜鼓有鼓调，一般是十二调。以汉字记音的十二则鼓谱，即是在敲击铜鼓时形成的十二种调子，其中，以镇宁县的铜鼓“十二调”和贞丰县的铜鼓“十二调”为主要代表。布依族铜鼓“十二调”由“喜鹊调”“散花调”“祭鼓调”“祭祖调”“三六九调”“祭祀调”“喜庆调”等组成，是在庆典、祭祖、祭祀等仪式中表达布依族特性的民族音乐。例如，“祭乐”就有一套传统曲牌，分12段，有《祭神调》《助战调》《灭火调》《送葬调》《迎客调》《丰收调》《狂欢调》等。演奏这些古老的调子，经常由铜鼓担任主奏，辅以皮鼓、锣、手镲等，曲调雄浑厚重，场面宏大，气氛热烈，亲切感

贞丰三岔河草坪上的超大铜鼓（李东军　摄）

人，充分表现了铜鼓这一独特乐器在民间打击乐队合奏中的主导地位，丰富了音乐的表现力。有铜鼓的村寨和大姓，都有人懂得鼓调并会敲击。其流传演变主要有两种方式：一是家族祖传，家族保留了较为完整的“十二调”鼓谱、鼓调、演奏方法和表达内容；二是民间流传，受地域、经济和姻亲等条件的影响，各自保留的“十二调”相互融合、补充。虽然铜鼓“十二调”适用的场合和氛围有严格限制，但在具体的演奏中，演奏者可以根据地域、场合甚至心情适当发挥。

“十二调”铜鼓乐谱是由十二段核心谱式组成，贞丰“十二调”铜鼓乐谱在整体上结构规模较短小，最短一则有 18 小节，最长一则有 38 小节，全曲共 347 小节。鼓谱音符排列较稀疏、单一，节奏舒缓，有二分音符的延音、增时。其特点是，可以清晰地分辨出“十二调”鼓谱的前段、中段、结尾三大部分。

前段：以⊙ ×× |⊙—|⊙ ××|⊙× ××|⊙—|的节奏作为开始句，敲击鼓心的重槌基本落在强拍上，节奏及敲击部位较统一，乐句划分也较明确。

中段：鼓点节奏与敲击部位变化较大，其中运用了休止、连音、十六分节奏等手法，结构上采取了减缩、扩充两种。其特点为：结构不规整，乐句长短相间，鼓点的节奏处于变化较大段落即是铜鼓“十二调”鼓点的“华彩段”。

结尾：以 |⊙△|⊙△|⊙△|△⊙|△××|⊙△|⊙× ××|△⊙|⊙—|的节奏作为结束句，整个结尾句结构规整，节奏及敲击部位较统一。

布依族村寨至今仍然保留了节日、丧葬使用铜鼓这一传统习俗。据《贞丰县志》记载：“取用铜鼓时，要用一吊谷穗去‘请’并用黑布包好不让其露面，传说以防途中蹚水过滩时，铜鼓会跃入水中与龙王打斗”。铜鼓“十二调”主要表达了一年十二个月中，布依人民劳动、生产及生活的情景，根据季节的不同，表现娱乐、春耕、种植、施肥、栽秧、割草、放牛、丰收等内容。

布依族视铜鼓为有灵性之物，两耳上系着红绸以示镇压邪恶，平时不让铜鼓“见天”，会放进谷堆中存放或是以一丈二的红布遮盖。铜鼓只在过年或“砍嘎”、送葬等隆重场合时使用。过年的时候从大年三十开始，一敲就要把正月全部敲完，每天都要把鼓挂起来，今年在这家明年就到那家，一家一家地挂，直到正月二十八那天才把鼓请回封存，到秋收或特别热闹的场合才能再请出来。动用铜鼓时，寨中的长者率领寨中所有已成家立业的男人一起进行庄严的祭鼓仪式。长者带头喊出他们祖辈相传的祭鼓词，晚辈们附和着长者，泼出碗中敬神的米酒。其中先由寨中老人打的三锤意为：第一锤敬天神，第二锤敬地神，第三锤敬神鼓。这样神鼓就会保佑风调雨顺。

作为民族文化和区域文化的一个重要组成部分，铜鼓始终与布依族的生活、文化样式联系在一起。中国历史上许多古乐器随着时代的变迁而消逝，但布依族地区的铜鼓音乐文化却传承下来,保留至今,并于 2006 年 5 月 20 日,入列第一批国家级非物质文化遗产名录。

传承人王永占在传授演奏铜鼓"十二调"技艺(毛天松　摄)

然而,因布依族铜鼓"十二调"是以家族传承的方式传承,同时受现代生产生活方式的影响,铜鼓"十二调"正面临着传承危机,主要表现在:家族中的继承者相继去世以后,由于传承的范围仅限于家族内部,传承传播面较窄,传承受限。加之,现代经济、技术的发展和外来文化的冲击导致人们的审美方式迅速改变,自古流传的布依族铜鼓调很难引起年轻人的兴趣。铜鼓乐谱"十二调"以口语方式秘传于布依族,长期散落民间,流传面狭窄,至今只有极少数的老年人还能敲击铜鼓"十二调",亟待抢救、保护。

布依族勒尤

勒尤是布依族聚居地的一种双簧直吹乐器(也有称簧管乐器),流行于贵州省黔西南州的望谟、册亨、安龙、贞丰、兴义等布依族聚居地区,这一民间乐器有木制和竹制两种,木制的称为"勒尤",竹制的称为"勒浪"。勒尤是布依语音译,"勒"作名词即"唢呐",民间也称它为"小唢呐",作动词则为"迫和选择"之意;"尤"指情人。因而"勒尤"可直译为"选择(或寻找)情人的小唢呐"。其发音清脆甜美，曲调圆润流畅、优美动听，在表现民族感情时，于民族乐器中占据主要地位，属主奏乐器。而在布依戏中是最能表达旦角、小生复杂的内心情感和潇洒浪漫性格的乐器。

乐器是人类很早就拥有的精神财产，并随着人类的进步而不断丰富，布依族乐器的发展也不例外。在历史发展的早期，人们常在生产和生活实践中，尤其劳动之余、胜利之时，用日常生活中的锅、碗、盆、瓢等敲击发出的音响，伴以狂欢、跳跃表达各种情感。后来，布依族先民们用镰刀将“呼烟树”树干的皮，旋成螺旋状，用嘴吹奏，发出单一的音阶，在用手拉长或拉短时又发出单一的不同音阶，这就萌发了布依族原始的管状器乐。后来历经布依族先民们的不断改进，将“呼烟树”的树干中心戳空，制成了可保存的长筒管状器乐，发出粗犷单一的长音，于是产生了布依族原始的管状器乐，布依语称为“把”。之后，布依族先民们又用“呼烟树”的树干，做成短的管状体，取桐子树上的虫卵壳(柔软)作哨子，并在管上戳出几个小孔，能够吹出不同的音阶，发音响亮，布依族人称这种器乐为“勒”，即布依族原始的短管器乐，它是布依族先民们在长期的艺术实践中创造的，吹奏时吸收了本民族民歌特点，用民歌的音乐韵律仿布依语说话的语气和音调吹奏出的曲调，对方一听就知其意，是布依族原始的音乐语言，像人们说话一样，布依族青年多用于感情交流，是为“勒尤”，即青年吹奏的管状器乐。到了金元时期(约 1115—1279 年)，唢呐从波斯阿拉伯一带传入中国再传入布依族后，布依人吸收了唢呐的特点，对“把”和“勒优”不断地进行改造、拓宽音域，由五音孔发展为八音孔，用“虫哨”作哨子，加音盘，形成了布依族传统的器乐“长号”和“唢呐”。布依族民间艺人再将“长号”和“唢呐”配上打击乐，便逐渐形成了布依族完整的“吹打乐”体系，沿袭至今已有上千年的历史。

勒尤之所以独特，其原因是它采用黄果树等树上的昆虫茧制作哨子。据《兴义府志》记载，兴义地区种植黄果树已有 350 年历史，是我国重要的黄果产区，当地布依族人使用黄果树上的虫茧，晒干修剪后即可用作哨子，且经久耐用不易破裂变形，音色柔和悠扬。正是材料的选用决定了勒尤拥有其

勒尤演奏(朱桂祥　摄)

他乐器无可比拟的个性鲜明而迥异的音色，如既比双簧管的音色明亮又比唢呐的音色柔和。由于它的音色明亮悠扬，音域宽，音量大，有较大的表现力，是男青年吹奏的乐器。用勒尤作伴奏而命名的歌种，称为勒尤调（即浪哨歌）。

在黔西南的贞丰、望谟、册亨和黔南的罗甸等地，在北盘江畔的布依族村寨，每当月明星稀的夜晚，就会听到由勒尤或勒浪吹奏的悠扬而甜美的曲调。这娓娓动听的乐声，就像小溪的水，在山间潺潺流淌，那富有布依族乡土气息的音调，像一首首优美的抒情诗，把初到这里的游人带入梦幻般的仙境，使人陶醉，令人赞美。流传较广的传统乐曲有《邀约歌》《我还没有成家》《想妹歌》《吹起勒尤喊妹来》《勾妹调》和《漂游调》等。

勒尤和勒浪在布依族世代相传，与青年们的恋爱、婚姻有着密切联系，是青年小伙子用来向自己心爱的姑娘表达爱情的乐器，也常常作为订婚的信物赠给女方。勒尤和勒浪常于夜间在野外吹奏，可以吹出各种情话，以乐曲代替语言。勒尤（或勒浪）调委婉如歌、悠扬动听，除首尾稍有规律外，主要旋律常不受任何拘束地即兴发挥，同一曲调，每次吹奏都会有很大变化。经过长期的流传，每首乐曲都有具体的内容和一定的含意。有一首勒浪调的意思是说："溪边泉水出岩脚，哥哥时常想着唱，金瓶打来哥不爱，单等情妹送给哥，银壶打来哥不爱，情妹手捧甜心窝，一心等妹来捧水，哪知情妹哄哥哥。"据说，这种勒尤（或勒浪）调，有几十曲之多。后来，随着简练而有寓意的歌词逐渐产生，就发展成为独具风采的布依情歌，演唱时颇富特色，由于歌词简练，有些无词的音调，还用模仿勒尤或勒浪的音响来表现，尤为别致。

勒尤能发出（a、c1、d1、e1、g1、a1）6 个音，音域为一个八度。发音清脆而甜美，类似西洋乐器双簧管的音色，有着浓郁的乡土气息。演奏技巧大致和唢呐相似，经常运用循环换气法，使吹奏的曲调圆润流畅、优美动听，富有表现力，主要用于单独演奏勒尤（或勒浪）调——布依族一种独特的情歌。

勒尤一般是单独吹奏，也有与唢呐、箫等乐器合奏等形式。勒尤调是以勒尤这一乐器作伴奏而命名的歌种，这在其他民族的民歌中是比较少见的。勒尤每首曲调都有特定的内容，曲调优美深情，缠绵悱恻。其歌词比较简练，歌词中的衬词，则是对"勒尤"这一乐器演奏时发出的音响的一种模仿。凡称"勒尤调"者可分为两类：一是勒尤经常吹奏的器乐曲；二是填上歌词演唱的声乐曲。有趣的是，"勒尤"吹奏的乐曲往往能表达男女双方都可明白知情的语意。勒尤的乐曲，吹奏者往往只根据一个固定的核心乐句或动机自由发挥。这就是乐曲的固定性，也是它的独有特征。实际上可视为相对固定的即兴曲。

勒尤调多为商调式和羽调式。其旋律，四度、五度跳进是它的特性音程；拍子

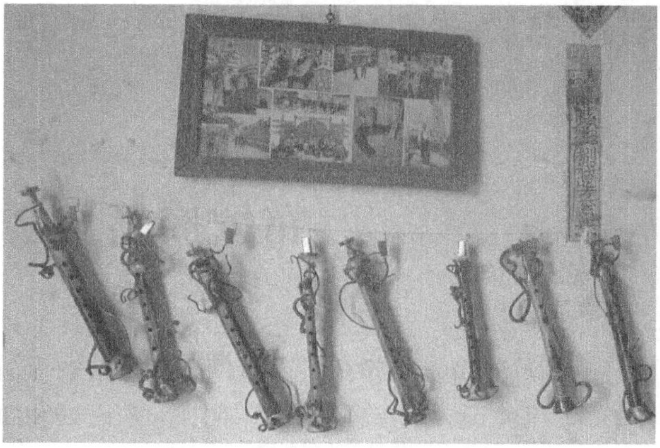
长短不一的勒尤(谭罗兴 摄)

及其节奏丰富,有长节奏,也有密集、平稳的节奏,还有富于动力的三连音节奏,节拍多为自由式。结构多为一段式和二段式,演奏时,演奏者喜在某一基本曲式的基础上,作多次大同小异的反复。勒尤调所表现的内容广泛,大多有标题,且包含的内容较为具体,从相认后的邀约,到离别后的思念,以及失恋的苦涩等,都能用勒尤乐声来表达。据说勒尤(或勒浪)调有几十曲之多。后来,随着简练而有寓意的歌词逐渐产生,就发展成为独具风采的布依情歌。

勒尤由簧哨、插管、管身和共鸣器4部分组成。簧哨是用虫茧在植物油中浸泡后晒干制成;插管竹制,用空心花椒木或桐木作管身;共鸣器用一节竹管制成。管身凿五至六个孔,插管和管身相接处有一铜箍。它可随时装拆,便于携带和保管。北盘江流域布依族勒尤,选材考究,做工精细,本身就是一件艺术品。其制作无任何测量工具,主要靠布依族长期的审美经验制作而成,勒尤的制作工艺、吹奏技艺是通过"口传心授"的传承方法,一代一代地传承下来的。

勒尤承载着布依族人民在历史变迁中对自然的亲近,对压迫的反抗,对劳动的创造,对生活的追求等情感元素和生存态度;它直奔主题的表达方式,曲调内容的相对固定,情感的专一,以及独特的乐曲风味等,传达了布依族人民对情感的理解、对人生的观照,同时让人获得一种穿越时空、超越族别的审美体验。所有这些,对民族史学、民俗学、文艺学、美学等的研究都具有重要的参考价值。

然而,城市民工潮的兴起,大批布依族青年也随之进城务工,大多数布依村寨只有老年人、妇女和儿童留守,布依族的交往方式与婚恋习俗随之发生改变,青年男女的交友与恋爱方式逐步由封闭走向开放,参加浪哨活动的年轻人越来越少,浪哨歌已渐渐远去,勒尤也被束之高阁。同时,因珠江水系治理,董箐电站等的兴建,北盘江畔许多被称为"勒尤之乡"的布依村寨已经整体搬迁或正在搬迁,生产生活环境已发生很大改变。加之社会的加速发展,各民族的融合,以及民族融合过程中其他民族文化的影响等原因,布依族勒尤演奏与制作技艺遭遇了后继乏人困境,面临消失的危险,亟待保护。

省级非物质文化遗产

布依族婚俗音乐

布依族婚俗音乐指在贞丰布依族传统婚姻缔结的各个环节中需要或应用的音乐，广泛流传于贵州省贞丰县境内中部、东南部和西北部的布依族村寨。

贞丰县属北盘江流域。据史书记载，布依族是古骆越的一支，很早就依山傍水居住在这里，是贞丰县的土著民族。布依族山歌本前言有云："山歌从唐朝起，玩要从宋朝兴"。明代弘治《贵州图经志》有"仲家婚嫁则男女聚饮、歌唱""歌唱相悦者，然后论姿色妍媸，索牛马多少为聘礼"等，充分说明了布依族婚恋音乐于500年前已在布依族婚俗中盛行，且占有重要地位。贞丰布依族婚俗音乐按其社会功能，可分为婚恋音乐和婚典音乐。

一、婚恋音乐

婚恋音乐指布依族男女青年"浪哨"（交朋友、谈恋爱）时唱或奏的山歌调、谷婉、勒尤调等。婚恋音乐曲调丰富，旋律优美。不管是演唱，还是用木叶、二胡、勒尤、月琴等演奏，每一首都有相应的语义。在"浪哨"活动中，布依青年常以歌代言对歌叙话，含蓄地表达对恋人的爱慕之情。其中用布依语演唱的"谷婉"调，是布依族历经千年的古歌音调，旋律古朴简约、委婉动听，是最具布依音乐特点古老音调。

（一）恋之序曲——唱山歌

唱山歌是布依族青年男女社交活动的方式，是正式恋爱的前奏。唱山歌一般由未婚青年男女男女对唱，通常双方各两人，多者不限。在白天，一般选择在"花园"（青年人约定俗成的社交地点，一般都是风景秀丽的地方）对唱，晚上则在户内进行。

农历正月和七月初一到十五农闲时节，青年男女成群结队地赶往"花园"进行男女山歌对唱。若有意的男女青年，就进入"浪哨"阶段，唱"谷婉"调。凡遇红白喜事、赶场天，男女青年就会利用这一机会相互交往。晚上，相邀到某家集体对唱山歌。小伙们一边，姑娘们一边，人数至少二对二以上，围坐在火坑边或分坐在堂屋中，一边一首，比歌喉、比智慧、倾感情，一般都进行到天亮才散去，有的要唱三天三夜。对唱时，寨中许多男女老少都前来观赏，整个场面非常热闹。由于在谁家对歌，说会给谁家带来好运、人丁兴旺，所以"主人家"都非常热情好客。

布依族婚俗音乐(一)

山歌歌词结构与唐诗极为相似,通常七音四句为一首。它的变体,即第一句是一字、三字或五字。一字加衬词构成一句,如:“请哎,这家老人好贤心,这家老人好贤惠,煮起宵夜待情嬢。”三字如:“星宿黄,星宿月亮住一堂,人人说是星宿小,星夜更比月亮光。”五字如:“觉得郎要来,请人挑水洗条街,请人挑水洗条路,洗条大路等郎来。”男女对唱的两段歌词,表达相同或相似的意思,仅改变一些字或词。

歌词的表现手法有直叙、比喻、对偶、并列、对比、排比、夸张、设问、反问等,一般说来,一段歌词中采用直叙的手法表达一个中心思想,并用一个或多个比喻来突出这一中心思想,如“久不唱歌忘记歌,久不打鱼忘记河,久不提笔忘写字,久不连妹无话说”。

山歌调由于以四句为一首来唱,所以人们都习惯称其为“四句歌”。虽然在民间(布依寨子)有汉文本的歌词记录,但在实际的对歌场上,歌手们都是见物生情,即兴编唱(即当地人称“见子打子”)。

从曲式上看,山歌是起承转合的单乐段分节歌,属五声性徵调式,节奏舒缓,旋律平稳,大多以大二、小三、纯四等音程级进为主。起句曲调上扬,停在主调的属音上,形成一种期待,力求往下发展而进入承句,落在主音上。由于山歌歌词常采用比兴的手法,往往在第三句才进入主题,如,“南瓜不老瓜不甜,不到十五月不圆。我俩好比圆月亮,南瓜加糖甜又甜”。歌中第三句从词义上也不再接着说前面的内容了,而转说“我俩……”。在曲式的转句上,也和歌词结合得丝丝入扣,曲调上扬引入新材料,停在下属音上。合句的歌词讲出了要说的话,从曲式上看,结合了起句与承包的材料,前后呼应,结束在主音徵音上。由于对唱的即兴性,没有固定的调高,在对唱时,歌手都是根据自己适合的音高定调。

(二)恋之情话——谷婉

谷婉是恋爱的情话,是恋爱关系双方的真情流露。对唱时语言质朴、情感真挚。由于受语言的限制,歌词结构较为自由,句子长短、数目均不确定。歌词节律为一字一拍,每句结尾爱用衬词适当延长。谷婉使用衬词有三类:一类衬词用于乐句起始,提示乐句开始,如“哎”“呃嘻”“该”等;二类用于句中,如“啰”和“嘻”,表示感叹或用于节奏的填充;三类用于句末,如“呢”“哇本加”“嘞”“呃”“嘞也”等。

谷婉歌词运用最广泛的表现手法是直抒胸臆，比喻的使用少于山歌。恋爱时，由于两人心心交映，对唱时便直接表白内心的真情，感人肺腑，如："你忘我不忘啊，情人，你像村里的椿树，你像石上的香樟树，等到竹筒它会漏，等到鼎罐会漏水，等到磨石会生根，等到锄头柄发芽，等到树缠藤，油菜高如树，绿叶当灯点，我俩才分离，你我才离别。"

谷婉曲式为重复式单乐段。词体结构相对自由，使得与之对应的乐段乐句数目不等，乐句句幅长短各异。通常，一个乐句对应一句歌词。一首歌曲大多是徵调式，但有的乐段，为了内容表达的需要，分别落在宫音、商音、羽音上。旋律轻柔舒缓，且只有宫、商、徵、羽四个音作大二、大三、纯四级进，与布依语语音相得益彰。

（三）相识之音——浪哨调

"浪哨调"是在实际的"浪哨"（交朋友）活动中用于表达情感的曲调，又称情歌调。有很多种类，用布依语演唱。由于演唱的即兴性，同一种曲调，也因受语言的长短、语调和情感等因素的影响，其旋律也发生相应的变化而出现很多同宗异体的"浪哨"调。布依人在长期的"浪哨"对歌中，通过其审美选择，能把问话的语气用民族音乐的商调式来进行表达并提炼出优美旋律且曲式如专业创作的那么规范的作品，的确是民间佳作。

（四）呼唤之乐——勒尤调

勒尤调，是用布依族特色乐器"勒尤"演奏的乐曲。"勒尤"，布依语，译为"追求、选择情人的小唢呐"。

布依族婚俗音乐（二）

通常男青年都把它带在腰间，在路途中吹奏，或消愁解闷，或表达对情人的思念，或呼唤情人。吹奏的乐曲都有一定的语意，姑娘们听到后能知道其中的意思。各地的勒尤调都各不相同。就是同一种曲调，由于演奏的即兴性及各自表达的感情不一，旋律发生了一些变化，体现了民间音乐的多变性。如《喊妹调》，以一个音群（动机）自由发挥，像变奏一样，可多次重复。姑娘只要在家或在坡上听到勒尤声响，就会停下手上的活儿来找吹奏的小伙子对歌"浪哨"。

勒尤调在流传的地方，青年们都习惯把它填上歌词演唱。唱词中，"勒、哦、咯"等象声词是模仿乐器的声音，别有情趣。

二、婚典音乐

婚典音乐主要指在婚礼庆典中以唢呐占主导的唢呐鼓吹乐。唢呐源于波斯阿拉伯，在金、元时期传入中国，到了明代已有唢呐的文字记载，而且壁画和雕像中的唢呐图像也越来越多，越来越写实。明王圻载："唢呐，其制如喇叭，七孔，首尾以铜为之，管则用木。不知起于何时代，当是军中之乐也，今民间多用之。"清代，唢呐艺术进入了一个繁荣时期，成为雅俗共赏的音乐，除了在宫廷中应用以外，更在民间呈现出一派繁荣景象，《清朝通典・乐二》载："花苗凡节序击铜鼓吹喇叭，欢聚赛神。谩且男妇作欢，吹叶吹笙，音节流畅，和以走曲，其音暗然咿然，亦可听。"明洪武至永乐年间，"调北征南""调北填南"，大批江西籍迁入贵州，军民鼓吹乐很可能就在这时传入布依族地区。

民间又称婚典音乐为"八仙乐"。它在布依婚典中具有很重要的地位和作用，婚典中特定的仪式都有相应的曲牌。演奏时主要是向族人传达婚典进行程序的信息。

1.八仙乐分类

按其曲调的社会功能，可分为仪程性曲调和非仪程性曲调。曲调分类详见表 2–1。

表 2–1　曲调类别、名称及数量表

曲调类别	曲调名称	数量
仪程性曲调	起头调（2）、出门调（2）、进门调（2）、大开门（3）、谢谢主人家（2）、拜堂调（4）、宵夜调（2）、请押礼先生或送亲客坐上席调（2）、喊喊调（6）、发亲调（2）、出阁调（2）、安席调（2）、吹席调（4）、下席调（2）	37 个
非仪程性曲调	无名散酒、平音与高声的分路调（2）、过海调、栽茶调、采茶调、仙女下凡、上摆队、下摆队等	100 余个

注：表格中括号内数字指该类曲牌包括的本体和变体曲调数量。

2.八仙乐曲目在实际婚庆中的布局

八仙乐曲目在实际婚庆中的布局可参见表 2–2。

表 2–2　八仙乐曲目在婚庆中布局表

<table>
<tr><th colspan="2">时间</th><th>地点</th><th>曲目</th><th>婚庆事件</th></tr>
<tr><td rowspan="5">首日</td><td>晨</td><td>男方家</td><td></td><td>主人备酒食。八仙师傅未到</td></tr>
<tr><td rowspan="2">上午 10:30</td><td>男方家侧屋内</td><td>《起头调》</td><td></td></tr>
<tr><td>男方家侧屋内</td><td>散调</td><td></td></tr>
<tr><td rowspan="2">下午 4:30</td><td rowspan="2">男方家侧屋内</td><td>平声与尖声的分路调</td><td></td></tr>
<tr><td>散调</td><td></td></tr>
</table>

续表

时间		地点	曲目	婚庆事件
首日	下午5:00	男方家侧屋内		八仙师傅吃晌午，主人家备接亲物品
	下午5:30	男方家门口	《出门调》	爆竹响，接亲队伍出门
		接亲路上	散调	接亲队伍走在接亲路上
		离女方家门二三十步远	《进门调》第一调	接亲队伍距女方家二三十步远
		进女方家门	《进门调》第二调	接亲队伍进女方家门
		女方家侧屋内	《大开门》	押礼先生过礼
			散调	押礼先生过礼
			谢谢主人家	押礼先生过礼的同时，厨师给八仙师傅上菜
			散调	押礼先生仍在过礼
			《拜堂调》	主人家收完礼品，开始用礼品供奉祖宗。放爆竹。同时给八仙师傅换一桌菜
			散调	
	晚10:00	女方家侧屋内	《宵夜调》	主人家摆宵夜
			《坐上席调》	请押礼先生坐上席吃宵夜
			《喊喊调》	吃宵夜
			散调	
次日	晚12:00	女方家侧屋内		首日仪程结束，八仙师傅休息
	凌晨5:00	女方家侧屋内	《发亲调》	女方家做发亲的准备
	凌晨5:20	从女方家走到院子里	《出阁调》	女方家做发亲的准备
		发亲路上	散调	父母、哥嫂、众亲友送亲娘出门，发亲
		离男方家二三十步远	《进门调》	发亲队伍走在路上
		进男方家门	《进门调》	发亲队伍距男方家二三十步远
		男方家顶楼侧屋内	《大开门》	过礼。请磨公念经将嫁妆在路上带来的邪气扫掉
			散调	
			《拜堂调》	新郎和新娘拜八仙师傅。放爆竹

续表

时间		地点	曲目	婚庆事件
次日	上午 9:00	男方家顶楼侧屋内		八仙师傅休息
	上午 9:20	男方家顶楼侧屋内	《起头调》	八仙师傅从头吹
			散调	
			《进门调》	爆竹响。有客人来祝贺
			《安席调》	主人为客人准备碗筷,准备安席
			散调	
			平声与尖声的分路调	
			散调	
	中午 12:00	男方家顶楼侧屋内	《吹席调》	主人上菜
			散调	八仙师傅边奏乐边吃菜
	下午 1:30	男方家顶楼侧屋内	《谢谢主人家》	厨师做晚饭,准备吃饭。主人给八仙师傅重换一桌菜
			散调	
	下午 3:00	男方家顶楼侧屋内	《下席调》	客人吃完饭。拆席
			散调	
	下午 3:35	男方家顶楼侧屋内	《进门调》	女方家的年轻客人到
			散调	
	下午 4:20	男方家顶楼侧屋内	散调	女方家送亲客的两位男性代表来到
			散调	堂屋内给送亲客吃的饭菜已经备好。开始摆礼,即将新娘做的鞋子、布匹送给男方家的亲人
	下午 4:50	男方家顶楼侧屋内	《坐上席调》	请送亲客吃饭
			散调	
			《出阁调》	新娘及进亲客出门回家
			散调	新娘及送亲客走后
			《出门调》	八仙师傅准备走
			《谢谢主人家》	
	下午 5:30			八仙吹奏仪程结束

3.仪程性曲调的含义

曲目布局中与仪程对应的仪程性曲调对外宣达出仪程信息,体现出一定的含义(见表 2-3)。

表 2-3 仪程性曲调含义、仪程对应表

曲目	含义	对应仪程
起头调	八仙开始演奏	首日晨、次日晨开始演奏时
出门调	出门	首日接亲队伍出门接亲、次日送亲客离开男方家及八仙准备回家时
进门调	有客人来到	首日接亲队伍抵女方家、次日有客人鸣爆竹前来贺喜时
大开门	正在过礼	过礼时
谢谢主人家	八仙师傅对主人表示感谢	首日,接亲队伍到女方家,主人给八仙师傅上菜时;次日,主人给八仙师傅换第二桌菜时
拜堂调	正在拜堂	首日,供奉祖先神灵时;次日拜堂时
宵夜调	准备吃宵夜或供奉祖先神灵	首日,主人摆上宵夜时
坐上席调	邀请押礼先生	首日,邀请押礼先生吃宵夜时;次日,请送亲客座上席时
喊喊调	模仿八仙师傅与厨师的对话,烘托热闹气氛	吃时宵夜时
发亲调	催促发亲	次日晨催促发亲时
出阁调	出门	次日发亲队伍出门时,送亲客离开男方家时
安席调	准备安席	次日,摆放碗筷、准备安席时
吹席调	主人上菜,准备吃席	次日,主人上菜,客人准备吃席时
下席调	酒席结束,拆席	次日,酒席结束,主人下席时

4.声部

八仙乐的唢呐有公母两支,组合吹奏时有八度音程出现。

布依族婚俗乐器主要有:木叶,用于谷婉叙话前演奏。箫筒,单管吹口气鸣乐器,布依语“脑叭哗”,管身竹制,截取约为一尺二长的竹子,一端留一个竹节,在竹节上削成一个鸭嘴状的吹口,中间掏空,在吹口下方竹壁上,用刀削出一个长方形出口,出气口约为1厘米宽为宜,在发音孔另一侧管壁上开有六孔,第六孔距竹节约5寸,第一孔距管底约为2寸,留5寸开孔,每孔孔距约为1寸。月琴,汉族乐器,采用五度定弦,第一、二弦定为Sol,第三、四弦定为Re。

音乐文化和婚俗贯穿于人类的发展史,表现为相对稳定的传承性。布依族婚俗音乐高度集中了布依族音乐艺术,是当地民间音乐的巨大宝库,其传承方式主要为如下两种:观摩学习,长期练习而掌握,婚恋音乐大多属于这种传承方式;师徒传承,师傅口传心授技法口诀,手把手教习,徒弟经长时刻苦练习、观摩实践,3~4年才能掌握,婚典音乐属于这种传承方式。目前,据不完全统计,谷婉、山歌、“八仙乐”等的代表传承人有14个,分别居住于必克大寨、岩鱼大寨纳蝉村、岩鱼大寨纳核村。

布依族吹打乐

布依族吹打乐是布依族传统器乐乐种，以唢呐为主体，另有长号和打击乐器，民间亦称“大调”，在布依族社会生活中流传最广，曲目最多，担当着极其重要的礼仪角色，在布依族习俗中布依族婚、丧、嫁、娶、起房盖屋、祭祖、开财门、迎送宾客等，都要进行演奏，是最为活跃的民间音乐艺术。

布依族吹打乐是布依族人民在生产和生活实践中不断创造发展出来的，其历史可上溯至金元时期（约 1115—1279 年），通过老人们的不断创造补充，逐渐形成了布依族比较完善的吹打乐体系，并以家族和师徒通过口头记谱法用口传心授的方式进行，沿袭至今已有上千年的历史。

布依族吹打乐主要流传于兴仁县新马场乡、田湾乡、屯脚镇、李关乡、巴铃镇、下山镇、新龙场镇、民建乡等布依族聚居地，并集中于北盘江流域的九盘地区和龙头大山西北地区。在这些地区的布依族重大节日活动中，不分村寨，数以千计的人集中于寨中的草坪或广场上欢歌跳跃。吹打乐起着烘托节日欢乐气氛的作用，场面非常热闹。各村寨的唢呐队，常常自发地进行比赛，看谁吹奏的曲调多，技巧高，赢者兴高采烈，败者自动将唢呐交给对方，败阵而回。平时不分场合不分时间，甚至通宵达旦，“吹打乐”有着祈福族中寨邻老幼“幸福安康，万事如意”的作用。

吹打乐的演奏习俗和演奏形式在布依族社会生活中占据着显要的位置。其曲调丰富、内容广泛，每首曲调的演奏都有它特定的内涵，乡土气息浓郁，风格古朴典雅、高昂大方、轻快流畅，表现的情感十分丰富，具有鲜明的地域性和特有的民族文化魅力。由于所蕴含内容不同，可分为如下 5 类。

一、喜事

共有 12 调，即：①接亲调，意为：以前不认识，现在已成亲，夫妻俩相爱，幸福度一生。②发亲调，意为：发亲发亲快发亲，吉时到了要出亲，敬请亲家做准备，准备好了就出门。③离娘调，意为：离父母，别兄妹，离别爹娘我伤心，爹娘嘱托我牢记，时时不忘养育恩。④过寨调，意为：离爹娘，别家乡，花轿走在大路上，爹娘不要牵挂我，孝敬公婆记心上。⑤迎亲调，意为：新娘到，新娘到，族中亲朋快迎接，全家老幼乐陶陶。⑥进亲调，意为：快扶新娘进新房，新房布置多漂亮，全家老幼心欢喜，

布依族吹打乐(一)

族中寨邻齐欢笑。⑦迎客调,意为:快迎客,客人到,客人来了心欢笑,好酒好烟招待好,喜气洋洋多荣耀。⑧上席调,意为:快上席,快上席,厨官安排好,上菜就入席。⑨换席调,意为:换席来,换席来,厨官巧安排,厨官好手艺,席满菜上来。⑩谢主调,意为:多谢了,多谢了,多谢主家好招待,主家有福儿孙孝,家庭美满乐陶陶。⑪送客调,意为:多谢朋友来贺喜,招待不周不过意,想留亲朋住一宿,亲朋有事不久留。⑫谢厨调,意为:多谢厨官好手艺,为办喜事费尽心,饭菜做得香喷喷,我们全家感谢你。

二、丧事

丧调,意为:①你去了,我们好伤心,丢下儿女无人管,丢下田地无人耕,孤儿寡崽无依靠,儿女哭泣我伤心。②你去了,你宽心了,丢下儿女我会管,丢下田地我会耕,孤儿寡母苦苦过,有你保佑我安心。

送丧调,意为:送亡灵,送亡灵,亡灵平安到天庭,保佑儿女快长大,家庭幸福谢祖恩。

三、祭祖

祭祖调,意为:祭奠祖,求祖保佑家财兴,求祖保佑儿孙福,家庭美满谢祖恩。

四、起房盖屋

起房盖屋主要有三:①立柱调,意为:主家要立柱,寨邻快醒来。人多力量大,把柱立起来。②上梁调,意为:外家欢喜送梁到,木匠吉时梁上好。立柱上梁把房建,儿子儿孙得福享。③开门调,意为:开财门,财门开,财源滚滚进屋来,主家有福金满斗,恭喜主家发大财。

五、休闲调

多曲多调,用于节日和劳动之余,自娱自乐时演奏。欢乐调,意为:庆节日,节日到,族中老幼齐欢笑,欢歌欢舞过春节,家庭美满幸福到。

吹打乐的主要乐器包括以下3种。

(1)长号:属吹奏乐器,长约105厘米,由两段组成。下段是音盘及共鸣管,管长约70厘米,音盘(扩音口)约厘米。上段音管长约40厘米,无音孔,吹奏口有一小盘,直径约2厘米,中心为吹奏孔。大号根据用气的大小,发出或深沉或高昂的不同长音。长号粗犷、庄重、严肃的演奏声,在演奏中起烘托气氛、掀起高潮的独特作用,用于曲调的前奏和间奏,特别是在祭祀活动中的作用更为突出。

布依族吹打乐(二)

(2)唢呐:属吹奏乐器,一对唢呐分“上手”和“下手”,唢呐长约40厘米,6个音孔。分音盘、音杆、音口,音盘圆形直径约13厘米,高7~8厘米,音杆长30厘米,音口及吹音哨约2厘米,制作方法和一般的唢呐一样。

(3)木鼓:属打击乐器,直径20~30厘米,鼓槌用木棒,长约20厘米,一端包裹布数层,鼓的制作,先用木头制成圆形的共鸣箱,高约20厘米,根据曲调击奏鼓心或鼓边,用于稳定曲调节奏。

布依族吹打乐通过世代传承并创新发展,得以保留至今,其传承特点为:在布依族聚居区传承;布依族乐师通过口传心授教方式传给好学之人;会吹的教不会吹的;通过观摩自学。现代表性传承人王正贵、周正富、梁隆灿等主要演奏唢呐、长号等乐器,演奏技艺精湛,能熟练地掌握吹打乐的演奏技巧,并了解其每曲调的含义,他们多次参加兴仁县的“八月八”苗族风情节、兴仁县“二月二”布依铜鼓文化节和迎接各级领导及专家学者的接待表演,深受欢迎和赞赏。

吹打乐在各种礼仪和节日活动中,多数曲谱都能填词歌唱。每首歌曲的歌谱就是吹打乐的曲调,在布依族中普遍存在。布依族历来性格沉静、温厚善良,因此,总的音乐风格倾向于典雅、平和,具有较为突出的民族性特征。

近年来,兴仁县人民政府已对布依族吹打乐及与之相关的民族民间文化开展调查、挖掘和整理等工作。同时,组织县境内各乡镇布依族吹打乐队参与各种节日、庆典演出活动,在注重保存其音乐传统原貌的基础上,开拓其更广泛的展演领域。然而,由于现代文明的冲击,人们价值观和审美观有了很大转变。传承布依族吹打乐的民间老艺人大多已不在世,有的古典曲调已失传或发生风格特点上的变化,会演奏布依古调的人越来越少。而且,由于布依族吹打乐及乐器制作没有文字记载，其传承全靠长辈口传心授。各方面因素使这一古老的古典音乐艺术受到很大冲击，使其面临着逐渐消失的危险。

布依族小打音乐

布依族小打音乐，布依语称“斗弹达吟”，它主要分布在三个区域：普安县江西坡镇的朗寨、新寨、细格、东南等布依族自然村寨，普安县窝沿乡尖岩、中寨等布依族村寨，晴隆县与兴仁县接壤的麻沙河一带布依族村寨。

据资料介绍，明洪武元年（1368 年）间，朝廷调北征南，派兵进剿普纳山（今普安、晴隆县一带）农民义军。平定后，在现江西坡镇置安南卫，辖今普安和兴仁二县及晴隆部分地区。当时，来自江西、湖广等中原地区的驻守将士不仅带来了先进的农业生产经验，还带来了中原盛行的丝竹音乐。这类音乐经当地历代布依族民间音乐人根据自己的审美观念，而将其中的部分元素融入自己民族的音乐中，并不断地对其进行完善、发展，久而久之，逐渐固定了下来，形成今天这种逢年过节、红白喜事、农闲时节自发演奏，且兼有中原丝竹礼仪音乐和布依音乐特点的器乐合奏乐种——小打音乐。

小打音乐琴师

布依族小打音乐是由箫筒、牛角琴、月琴、瓷碗、木叶等乐器合奏的布依族民间传统器乐乐种。这些乐器合奏时配合默契，相得益彰。合奏时箫筒主要演奏主旋律，声音悠扬婉转，具有很强的山乡风味。牛角琴在合奏时主要演奏主旋律、变奏和加花间奏，通过技巧在乐曲中适当领奏，润色主旋律。月琴在合奏中担任领奏，并加进密集的节奏，使旋律更加活跃。在强拍上敲击瓷碗，声音清脆。木叶吹奏主旋律，那带有布依族音调特点的滑音，让乐曲显现了浓浓的布依民族特点。

小打音乐旋律悠扬婉转，速度缓慢，完全符合布依族同胞依山傍水而居形成的含蓄且温文尔雅的民族性格。只要布依寨中人家有红白喜事，布依族乐手们都会聚在一起演奏小打音乐。室内室外、山野晒坝场都是他们的演出场所。

小打音乐通过重复和变化重复发展旋律，主要有以下几种类型："翻"，指某一乐节或乐句不断重复；"龙摆尾"，指乐句重复，只有结束音不同；"龙打滚"，指上下乐句的结束音有规律的互换；"金蝉脱壳"，指乐曲在反复时不断压缩乐句的长度；"遍地播种"，指某一特定的音型在乐曲发展中间断反复出现；以五声性调式为基础，通过"移情"变换调式调性发展旋律。

小打音乐曲曲式结构完备，有一段体、二段体、三段体及多段体几种结构，布依族乐手们对其有相应的称呼，如一枝梅、双飞燕、三春柳、乱插花等。由于演奏小打音乐的乐器都是布依族人民利用山寨特有的材料自制的，这就使得乐手们在操各种乐器演奏时，能充分琢磨演奏的技巧，让旋律听起来多姿多彩，乡土味十足。

布依族小打音乐及乐器制作没有文字记载，因而全靠长辈口传心授，即师徒传承是其主要传承方式，一般由师傅口传心授教习乐谱，然后手把手教习操作乐器，代表传承人主要有王国方、周洪光、贺登奎、梁登益、罗光恒和梁启彦等。

作为"民族音乐文化交融的典范"的布依族小打音乐，曾在2007年首届中国布依族非物质文化遗产保护论坛研讨会上被列为布依族"五宝"之一。

小打音乐旋律优美，曲式结构严谨，曲目众多，以乐队的形式演出，可以为音乐创作提供极其可贵的民族音乐素材，极具保护传承价值和开发利用价值。对于民族学、民俗学、人类学、民族音乐学等学科的研究，具有极高的学术研究价值。另外，"小打音乐"在历史发展的过程中，成为布依族精神文化生活中不可替代的重要组成部分。其文化内涵反映了布依族人民的传统习俗和生活方式，是布依族不可缺少的精神支柱和动力，与布依族的生活息息相关，是布依族民族团结的纽带，对布依族的心理学研究有其重要的研究价值。传承弘扬小打音乐，可丰富人民群众文化生活，对推动社会主义新农村建设，构建和谐社会具有很重要的现实意义。另外，布依族人民总结的旋律发展手法及曲式结构专称，对于我国民族音乐学研究具有不可低估的作用。

二胡演奏（贵州省非物质文化遗产中心提供）

小打音乐属我国珍贵的民族民间音乐乐种。乐队演奏完全是为了满足人民群众心理需要而自愿演出,受人邀请在婚丧嫁娶等民俗活动演奏从不收取报酬。但是,随着改革开放的不断深入,从 20 世纪 80 年代起,许多布依寨的青年都外出打工,小打音乐也因人员不齐而无法演奏。时间长了,许多年事已高的老艺人记忆力消退,其心中的曲调也逐渐忘却。另外,随着部分老艺人辞世,其掌握的乐器制作技艺及演奏方法也随之消失,有的布依族聚居村寨,部分古典曲调已失传或发生风格特点上的变化,会演奏布依古调的人也越来越少。据统计,现在能演奏小打音乐的传承人已不足 50 人,这些人的年龄大多超过 50 岁,而且能熟练地演奏教习的只有 10 人左右。近几年来国家对民族民间文化的重视让小打音乐参加一些大型的文艺演出展示了自己民族文化的魅力,唤起一些年轻人对家乡文化的热爱和对本民族文化的认同感,但遗憾的是由于经济利益的驱使,演出过后乐手们为了生活还是离家远行打工。小打音乐这一优秀的乐种面临无人传承而消亡的困境。

布依勒浪

布依勒浪是布依族青年男女用来谈情说爱的一种竹制双簧直吹乐器。勒浪是布依语音译,布依语“勒”是指唢呐;“浪”是坐之意,可直译为“与情人同坐的小唢呐”,民间又称之为竹唢呐。长约 15 厘米,多用“啦哩勒呢勒”方法记谱,常用循环换气法吹奏,代表曲目有《邀请调》《恋妹调》等。其演奏与制作技艺通过口传心授的方式沿袭至今,主要分布在贵州省贞丰、册亨等县的布依族村寨。

布依族勒浪依存于布依族“浪哨”习俗,长期作为青年男女情感交流的媒介,只用于独奏,它是一种赞美爱情的乐器,是充满人间情爱的令人陶醉着迷的乐器,在布依族民间世代相传。勒浪生存于布依族民间,由虫哨、侵子、管身三部分组成,外形类似笛子,哨头用薄如蝉翅的竹片做成。传说第一把苗族勒浪的哨头,就是直接用蝉翅装制的,故这种民族乐器,其音有如蝉鸣,清脆而明亮。管身以竹质与铜质为主,常套银、铜、铝等金属箍,既防止管身开裂,又使得外表美观大方。形制的独创性、演奏的随意性,以及乐曲的语意性是其显著特征,其音质清脆,悦耳动人,委婉深情,令人沉醉。

关于勒浪,北盘江沿岸布依族民间有两个传说。一种传说为:蛮荒时代,洪水滔天,人间被淹没了,只剩下一对兄妹,兄叫木育,妹叫木燕,他们是被父母装在葫芦里才幸免一死的。洪水退去后,兄妹二人相依为命,常因思念逝去的父母和乡亲而心情抑郁。终日只听到蝉的鸣叫声。有一天,寂寞难耐的木育在火塘边用火筷子捅穿了一根竹筒,正巧这时又由墙缝中传来动听的蝉鸣声,他受到启发,便在竹筒上开了几个孔,想吹出蝉鸣声来解除苦闷,可怎么吹都不像。猛然间,他发现蝉在鸣叫时翼翅不停地颤动,于是用两片薄如蝉翼的竹片插入竹筒一端,木育再拿起竹筒吹时,居然发出如蝉鸣一般的优美歌声,他尽情地抒发思念之情。从此,布依族便有了古老的民间乐器——勒浪。

另一种传说为:远古时代,地球上发生罕见的洪水灾害,人类仅剩下一个名叫勒浪的男青年。一天,孤苦伶仃的他在竹林下休息,无比抑郁地思念着逝去的亲人们,竹枝上传来阵阵蝉鸣,使他受到启发,于是找来一截竹筒管,并在上面戳了几个洞,想用吹奏这个竹筒来排解心中苦闷,却怎么也吹不出动听的蝉鸣声。碰巧这时一个虫茧掉到他的面前,他便将虫茧两端去除留其茧筒,把虫茧壳装在竹筒管上吹,竟然真的吹出了优美动听的乐声。他无比高兴,尽情地吹奏以抒发情感,其优美动听的乐声感动了天上的一位美丽仙女,这位仙女为此下凡与他结为夫妻。勒浪是布依族古代神话传说中的人物,是传说中布依人的祖先。后来,勒浪又逐渐成了布依族后生们谈情说爱的专用乐器,伴随着布依族的婚恋习俗一代接一代地传承下来。

两种传说都在民间流传,但无法判定勒浪产生的历史年代。布依族历史上无文字,勒浪演奏与制作技艺通过口传心授的方式流传在贵州省黔西南州布依族地区。据《布依族简史》记载:“在清乾隆年间(1736—1795 年)册亨州同的秧坝,开始编演布依戏。”勒浪最早被运用于布依戏乐队中,它在布依戏中最能表达旦角、小生那复杂的内心情感。20 世纪 80 年代初 90 年代末,涌现了一大批研究贵州民族民间文学艺术的专家学者,他们搜集、整理、翻译并出版了具有文学性、代表性、科学性的民族民间文学艺术著作。其中,民族音乐学家刘一丁的《布依族民间音乐研究文集》对贞丰布依族勒浪进行了专门研究;《贞丰县志》将勒浪列为布依族音乐词条。

勒浪

由于勒浪音色洪亮,音域宽广,乐曲往往能表达男女双方都可明白知情的语意,这是勒浪区别于其他乐器的显著特征。作为传情媒介,勒浪调随着简练而有寓意的歌词逐渐产生,并形成独具风格的布依族“浪哨歌”。

勒浪长约15厘米,取材方便,制作简约,可随时装拆,便于隐藏携带。杆和蕊子可随时揣在衣兜里或藏于头帕中;气盘则用红绸带系在腰间,在别人看来不过是一件护身符;哨嘴可用薄竹片、麦桔秆、虫茧来做,取材方便,不受时间地点限制。其制作极有用意,主要表达了以下几层含义:其一,勒浪是爱情乐器,如果随便拿着它走村串寨,是不知礼仪的表现,是对其他青年的挑衅行为,姑娘会敬而远之。所以,布依族使用勒浪非常谨慎,不轻易示人。其二,勒浪珍藏着对恋人的心语,是保密的,暴露勒浪就是公开隐私,使用者的自尊心会受到沉重打击。其三,勒浪作为定情信物,对象是特定的,如果被人发现就会引起竞争,情人可能离自己而去。所以,勒浪的形制结构也必须遵从民族情感,符合民族风俗。

吹奏勒浪时,管身竖置,两手扶管,左手食指、无名指按下两孔,右手食指、中指、无名指按上三孔,口含哨嘴,循环换气吹奏,常用“啦哩勒呢勒”方法记谱,吹奏者往往只根据一个固定的核心乐句或动机自由发挥,这是勒浪演奏的独有特征。

在演奏中,勒浪常以颤音、滑音、波音来舒展。其演奏颤音以音阶宫、徵的韵律为主,以右手食指在宫音孔、左手食指、中指分别放在徵、角音孔处快频率颤动,使吹奏气息在音孔的封闭交替变换中发出动人的颤音;演奏滑音时主要以音阶角、商的韵律为主,以左手中指、无名指分别放在音阶角、商音孔边,先分别在吹出角与商的长音时,中指、无名指在1~2秒内从音孔边向音孔均衡移动,直到音阶角、商音孔封口,如此发出的音为动人悦耳的商角滑音;演奏波音时,常以勒浪调的音阶角的韵律为主,左手中指在约一秒钟内从音阶角音孔边向角音孔均衡移动,直到封住角音孔的一半后,又均衡地让其左手中指移开角音孔,从而发出喜庆、欢快的特色音——波音。

随着社会的发展,勒浪所依附的布依族婚恋习俗正在发生改变,青年男女的恋爱方式逐步由封闭走向开放,用勒浪谈情说爱的年轻人越来越少,勒浪演奏与制作技艺后继乏人,濒临失传,亟待保护。现在代表性传承人有潘启仕、潘昌国等。

布依族“谷温”

“谷温”是贞丰布依族先民在生产劳动和日常生活中兴起的民歌演唱形式。布依语“谷”即“唱”,“温”即“民歌”,“谷温”意为用布依语唱的民歌。在布依族古典文学《摩经》中,有不少“谷温”的说唱内容,从歌词和曲调上看,“谷温”兴起于古代的北盘江流域,其历史相当悠久,可以上溯到几千年前,积淀也非常深厚。

中华人民共和国成立后,“谷温”发展势头良好,贞丰县布依族男女老少都喜欢唱这种民歌。其中,既有古歌竞唱,又有老歌翻唱,还有新歌演唱等。改革开放以来,随着经济条件的好转和物质生活的变化,“谷温”得到进一步发扬光大,逐渐成为当地布依族人民生活中密不可分的重要组成部分。人们习惯用“谷温”传情择偶、反映生活、叙述劳动、吟唱现实、歌咏童趣、呼唤亲情、迎送宾客、表达情绪、寄托哀思、举行仪式等。随着经济条件的好转和物质生活的变化,“谷温”迎来了发展的大好时机,而且引起了有关单位及部门领导的关注和重视。特别是近几年,当地有关单位和部门领导高度重视民族文化的保护、传承和发展,举办了数届布依族古歌大赛,“谷温”歌手极为踊跃,喜欢这种民歌的人数倍增,比赛现场人潮涌动,布依族山寨成了诗乡歌海。

“谷温”演唱形式主要如下。

(1)温友:即婚恋歌,又称“浪哨歌”,是男女青年恋爱择偶之歌。内容分为召唤、相遇、问候、初识、赞美、示爱、热恋、送别、求婚、回应、发誓、想往等。以小歌短调为主,形象鲜明。

(2)温事:即生活歌,是吟唱日常生活事项之歌。内容包括饮食、穿戴、居室、出行等,有长调、短调、大歌、小歌之分。

(3)温翁:即劳动歌,是吟唱生产劳动和抒发劳动情怀之歌。调别多样,凸显地方特色和人物风情。

(4)温时:即时政歌,是吟唱时局政事之歌。分颂扬称赞和讽喻批评两类,前者激情洋溢,后者诙谐幽默,政治抒情意味十足。

(5)温勒:即小儿歌,是吟唱少儿生活情趣之歌。多为短调小歌,语言平易,富含童趣。

(6)温假:即孤儿歌,是吟唱孤儿遭遇之歌。唱词语意凄切,曲调悲伤,中调和短调居多。

(7)温醪:即敬酒歌,是礼宾侑酒之歌。内容有迎宾、论酒、劝饮、祝福、送客等。多是小歌短调,群体对唱,结合宴饮进行。

(8)温悒:即忧愁歌,是吟唱人生烦恼和焦虑之歌。多是逆境或厄运的呻吟调,种类较多,长短不定。

(9)温呆:即哭丧歌,是女性因亲友去世而哭诉之歌。内容为追叙死者恩德,诉说人生短暂,怨叹生离死别等。小歌短调为主,言真意切,声色俱哀。

(10)温摩:即摩经歌,是摩教礼仪之歌。分“高派温摩”和“平派温摩”两种,主要由摩师独唱或领唱,配合摩教礼仪进行。

谷温(毛天松　摄)

“谷温”绝大多数褒扬真、善、美,兼以鞭挞假、恶、丑。内容和主题积极健康,没有消极颓废等思想倾向。多用赋、比、兴等表现手法,语言含蓄,韵律和谐,修辞多样,意境优美,形象鲜明,感情真挚,是雅俗相济的民间经典文学。采用布依语吟唱,选择地域风俗入歌,人、事、物、情融为一体,符合本民族审美要求,并借助视听感觉折射出民族特色。男女老少皆宜,而且适用于日常生活及社会活动的各个方面,学习人数众多,传承与普及容易成功。是人们喜闻乐见的实用文学,又是普及率很高的群众性文学。

由于布依族的信仰、语言、生活习俗、生活环境、民族性格等有别于其他民族,使得其音乐文化独具特色,呈现出个性化的、不可替代的风格特点。例如布依族多依山傍水,聚族而居,以男耕女织为主要生活方式,其性格含蓄、热情,其“谷温”也较为鲜明,曲调悠长、节奏自由,旋律平和,具有浓郁的乡村气息。

“谷温”唱词注重韵律与修辞,具有布依族语诗律学和美学研究价值,风格独特的唱腔和相对统一的曲调,对比较音乐学的研究具有极高的参考价值。另外,“谷温”中对人间万物和人生一世的长吟短唱,许多内容借助音乐的功能引起情感共鸣,对听众产生潜移默化的教育作用;许多内容含有地域风俗礼仪,对于了解和研究布依族历史,进一步挖掘民族文化,这是不可多得的参考线索;其提倡的道德伦理,可以作为究研地方历史的事实依据,其中的历史传说和典故,可为研究地方文化拓宽一定的思路。

谷温路上(毛天松　摄)

“谷温”主要是师徒之间以“口传心授”的方式传承。在贞丰县王、黄、韦、罗、蒙、余、毛、向、潘、李等布依族姓氏中,对“谷温”会唱能传者较多,但发展不均衡,了解“谷温”的种类也有所局限和偏向,能够了解多种类型的人极少。

布依族十二部古歌

布依族十二部古歌是布依族民间艺人用本民族语言以歌的形式来表述古代婚姻的乐章，是布依族婚恋习俗的历史记录，是布依族民间生活的主要娱乐形式，是古代布依族人民的生产、生活的反映。

布依族十二部古歌一般是在结婚和立新房时演唱，对唱的双方每边都是两人。女歌手坐在新娘房内，男歌手坐在堂屋的火塘边隔板壁对唱，内容是把平时男女青年谈情说爱的过程作为十二问答进行详细描述。

十二部古歌在布依族里有古典优雅的美誉，其主要分布于贵州省南北盘江红水河，特别是在望谟、册亨、贞丰、安龙、兴义、罗甸、乐业和天峨等布依族聚居地广泛流传。在望谟县主要分布于复兴镇、新屯镇、打易镇、坎边乡、岜绕乡、石屯镇、乐园镇、油迈乡、蔗香乡、昂武乡、桑郎镇、纳夜镇等 17 个乡镇。由于望谟县在布依族语言及古歌上的特殊地位，因而有“中国布依族古歌之都”之誉。

布依族十二部古歌，起源于古代社会，其歌词与篇幅较长，当地群众用布依族语言创作并以口述方式传承，其古歌内容包括布依族英雄人物的传奇故事及布依族的历史、习俗等，内容丰富，其文学特征属于长篇韵文体。演唱时，4 句或 8 句为 1 段，若干段使用同一曲调来反复歌唱。十二部古歌曲调因情景不同而特点各异。

从布依族十二部古歌的内容和演唱形式来考查，其大约出现在公元前 25 年夜郎王国被灭，布依族先民地区正式纳入封建中央集权统治下的郡县制，进入封建社会为止。其内容和演唱形式的完善应该在改土归流（1726 年）至近代 1911 年间。[1]

布依族十二部古歌在婚礼场合歌唱，它包含：

第一部《赞歌声》。即是布依族男女歌手双方相互赞颂对方的歌唱得好、嗓音特好听。歌唱环境是在室内或者主人家的大院子里开始，有大量观众围起来听唱。

第二部《询问歌》。即相互询问从哪里来等。男歌手会说女歌手的歌唱得有条理，是个有涵养的大家女子。以此说明恰似知己故交之人。

第三部《赞誉歌》。即是歌手们对主人家颂扬。颂扬主人家坐在龙头上，落在凤巢果里，是撞向好的风水宝地，让人赞不绝口。

---

[1] 田兵，等.布依族文学史［M］.南宁：广西民族出版社，1983.

古哥演唱

第四部《美的颂歌》。即是男歌手不仅赞美女歌手从服饰到仪表的华贵，还唱述女歌手那天生美丽的身材和那秋波荡漾的双眼。

第五部《问姓问名歌》。即是歌手们按布依族男女青年社交的尺度，有礼貌问对方的姓和名。然后就回家告诉父母亲，选择吉日来提亲。

第六部《信物歌》。即从问姓问名后，两人就确定恋爱关系，互相赠送信（情）物，以表示他（她）两人相爱的决心。然后约定相会的时间。

第七部《恋情歌》。即是歌手唱述女方虽然安了家，但她始终还是爱着她所爱的人。

第八部《闹婚歌》。即是唱述了一对男女青年虽然相恋，却因包办婚姻习俗不能成双引起的抗婚动举。

第九部《思亲歌》。即是男方誓言坦诚，成家立业不让女的受苦受累，上山劳动时不让女方背柴草回家，以免有损于女方的容颜。这是夫妻恩爱真实的写照。

第十部《告状歌》。即是歌手们唱述一对男女青年的婚姻一直受到阻拦，他们不得已才投诉到官府衙门。同时，又告状找遍不同级别的土目都得不到结果，最后他们只好到永丰州城（今贞丰县城）告状，一共递交十二张诉状。

第十一部《逃婚歌》。即是状告得不到解决，他们只好逃到广西乐业县境内的幼坪百安家落户，待他（她）们安定下来生活好转，再回来报答养育之恩。

第十二部《结局歌》。即是逃婚不成女方不得以以死殉情，表达她对爱情的忠贞不渝。

目前留存下来的用汉字记录的布依族说唱的文本有黄荣昌整理的布依族十二部婚俗歌和黄仁书整理的布依族十二部古歌，主要由四弦琴和二胡伴奏及木叶吹奏。

布依族古歌又被称为古史歌，布依族人将它作为信史来看待，有俗话说："前人不摆古，后人忘了谱"，因此它是布依族人民进行传统历史教育的教科书，通过它，人们明白天地产生、人类起源的知识，集中体现了布依族先民萌芽状态下的历史意识，帮助后人对本民族作全面的了解和认识。

布依族十二部古歌保存了很多布依族古代文学的内容和音乐的形式，对于我们研究布依族历史、文学、民风民俗等具有重要参考价值。然而，百姓忙于生计，年轻人外出务工、经商、分散各地，告别了田园劳动生活，也告别了古歌山歌；在家读书的学生，学习紧张、压力大，没时间学唱古歌山歌，认为唱古歌山歌也没什么前途。布依文字没有得到很好的推广，古歌山歌只能靠口耳相传，全靠背记，没有文字记录，随着老一辈的歌手相继去世，古歌山歌出现断传，年轻人未能很好地得到上辈的传授，会唱歌的人越来越少，特别是十二部古歌，会唱的人更少，很少有人能唱完十二部古歌，会唱完的人年龄都在七八十岁以上，现正面临濒危困境。

苗族山歌

苗族山歌是指世代流传于望谟麻山的苗族传统歌曲，它用麻山方言吟唱，包括了劳动歌、劝世歌、行业歌、耍歌、时政歌、仪式歌、情歌、生活歌、儿歌和猜调、小调等。曲调丰富，旋律非常优美，歌词的结构大体相同，语言生动通俗，押韵上口。

麻山苗族山歌，历史悠久，可以这样说，麻山有苗家人，就存在苗族山歌。在汉文典籍中，最早见载于《元史》，麻山通过布依族土目控制了桑州（今望谟县桑郎），以桑州为基地诏谕散居在麻山的苗族，这部分苗族称为“桑州生苗”。

麻山苗族山歌之“迎亲歌”（龙青松　摄）

在明代时，麻山的土司长官叫“康佐”，麻山的苗族叫作“康佐苗”。明弘治《贵州图经新志 · 卷之九 · 镇宁州 · 风俗》：“康佐苗者……男则束发不冠，女则服花衣，杂以五色细珠为饰。……有丧则举家以杵击臼，更迭唱和，三五日方置尸岩穴间，藏固深閟，人莫知其处。”所谓“康佐苗”，应是对康佐长官司辖区内苗族的称呼。康佐长官司，明洪武十九年（1386 年）设。据考，司治在今紫云火花，即火烘，元时置和弘州。《贵州图经新志 · 卷之九 · 镇宁州》载有“摆山洞”，在康佐司东十里，广七丈，深莫测，旁有摆山寨故名。迹在今紫云火花东面的岩脚，寨仍称“摆山”。“改土归流”后清雍正八年（1730 年）紫云置为归化厅。

麻山苗族山歌之“迁徙歌”(龙青松　摄)

2011年，望谟麻山苗族山歌“山花组合”代表黔西南州参加2011年“中天城投”杯多彩贵州歌唱大赛原生态唱法的决赛中获得“铜鼓奖”。

山歌是一种特别的民歌演唱形式，一般在山上放声歌唱，其曲调高亢，豪迈奔放，余音震山梁，非常有特点，其内容有情歌、时政歌等，演唱形式有独唱、对唱、合唱等。各种民歌形式有传统的歌词，也有即兴编唱的内容。麻山苗族山歌根据其内容可分为盘歌、红歌、伤歌、酒歌、苦歌、反歌、丧歌、劳动歌、时政歌、儿歌、谜语歌等几类，曲调各不相同，兹叙述盘歌、红歌、伤歌如下。

盘歌，是麻山苗族青年男女向对方表达心愿、显示才能的一种古老的对歌方式。麻山苗族的“盘歌”非常有趣，男青年看中了某位女青年，便带两个年龄相当的同伴，一起去到姑娘家，男女双方参加对歌的同伴，既当参谋，又为自己找对象。在盘歌中，一般是男的先唱。双方通过对唱，显示自己的才能。如果双方对答如流，唱得情投意合，还可以唱到订婚。但是如果女的盘输了，还可继续盘歌，这样的盘歌一直盘到订婚为止。订婚那天，女方的父母要及时为男方备办喜酒。酒席后人们吹起芦笙跳起舞，为这对青年人贺喜。

红歌，用在婚礼礼节上和青年男女恋爱时等演唱场合。演唱形式多种多样，曲调不同，在不同的场合所演唱的曲目表现形式也不同，各种曲调婉转动听，表现了青年男女寻找到了自己的如意郎君和渴望自己被对方深爱的情感场面。

伤歌，用在老人去世所演唱和芦笙吹奏时的曲目。用伤歌来引路，把去世的老人带到阴间天地。在不同的时间段所演唱和吹奏的曲目是不同的，曲调凄凉伤感，让人伤心流泪。

望谟麻山苗族山歌属于西部方言山歌，麻山苗歌成为苗族人民表达思想感情的重要工具，承担着重要的社会功能，具有重要的音乐、文化、历史、艺术和社会价值。目前最急迫的工作应是对苗族山歌做彻底和全面的普查与存录。因为麻山苗族文化生态环境不如从前，也因为贫穷，很多传承人离开麻山，保护望谟麻山苗族山歌刻不容缓。

卷三 传统舞蹈

国家级非物质文化遗产

布依族高台狮灯舞

布依族高台狮灯舞是一种布依族世代相传的民间杂技艺术。其由两部分组成,一是狮子表演,二是响器表演。主要流传于兴义市瓦嘎布依寨子,也在安龙、册亨等县流传。

马岭镇瓦嘎村位于兴义市东北部,距市区 13 千米,辖 5 个自然村寨,即上瓦嘎、下瓦嘎、滑石板、王家坡、邓家坡。古寨群山环抱,寨中有一块坝子,四周都是茂密的千年古榕盘根错节,似巨伞遮盖,形成瓦嘎高台狮灯舞的传统活动场所,该镇于 1994 年被命名为贵州省“布依高台狮灯艺术之乡”。

狮舞始于三国,南北朝以后逐渐盛行,元、明、清各代,舞狮活动更加广泛。佛经上说狮子是文殊菩萨的坐骑,具有镇邪的本领。带有宗教色彩的舞狮活动,很早以前就在黔西南州盛行,不少布依寨至今还保持着这一传统活动,形成具有民族特色的狮子舞。据代表传承人介绍,高台狮灯长期在瓦嘎流传,他们学舞狮子是世代承传。一般是从六七岁学玩“猴子”,而后学玩狮子的各种技法。瓦嘎狮灯代代相传,沿袭至今。

狮舞一般是“玩平地”,而瓦嘎布依高台狮灯以“上高台”著称,是一种具有高技巧的表演,由两个演员共披一张用布绘成的彩色“狮子皮”,饰成一只雄伟的狮子。表演时,先在地上跳跃翻舞,随即攀上用八九张方桌重叠而成的高台,自下而上地“圆台子”,在仅能容足的高台上猛跃而下,动作惊险,扣人心弦。

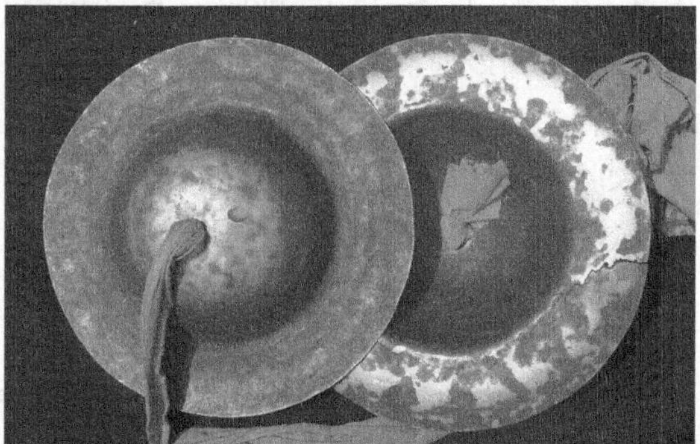
高台狮灯舞演出中的钹(谭罗兴 摄)

同时,配以狮子锣(即打击乐)表演的艺术表现形式,以“杂脸子”(唐僧取经)一套 20 余人表演和“大脸子”(沙和尚)、狮子一对、猴子一对上台表演等多种。在高台四只桌脚上表演时,其他的用“摸脚”(即慢慢摸索),而瓦嘎的狮灯艺人则用“跳脚”(即快速准确地跳过去)。没有熟练的技巧,看到两丈余高的高台就望而生畏,而演员却在高台上时而上时而下,盘旋起舞,翻滚自如。瓦嘎的狮子玩得好,深受人们欢迎,还普及各寨,连打击乐“响器”也令人叫绝。狮子锣的打击乐是由马锣、钵、堂锣、鼓等组成,打法别致,变化多端。据艺人介绍,其则数就有上百个,是为“好花离不了绿叶陪衬,狮舞则离不开锣鼓助威”。

高台舞狮的主要器具有如下。

(1)响器(即打击乐)。主要包括,马锣:铜质,系打击响器中的指挥,外径 18 厘米×2 厘米×16.5 厘米,锣捶 17 厘米×2.5 厘米。大钵(对):铜质、打击响器,起着低音的效果,尺寸:外径 35 厘米×21 厘米,凸径 13.5 厘米,凸高 8 厘米。堂锣:铜质,在打击响器中起着低音效果、押韵(响器对话),起传承响器的作用。外径 33.5 厘米×33 厘米×4 厘米;内径 33.5 厘米。

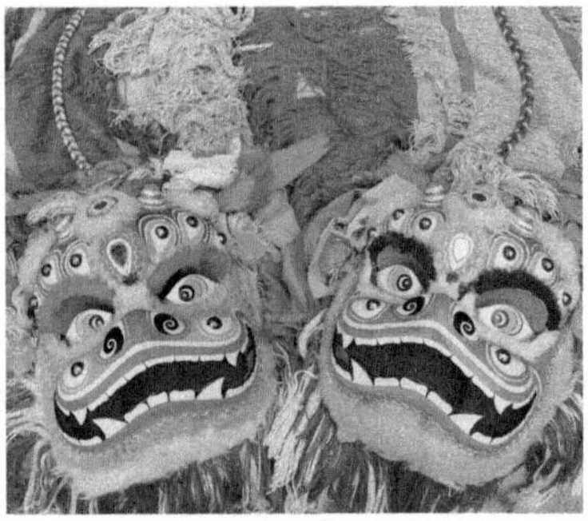

颜色绚丽的狮子(张霆　摄)

狮舞演出中的面具(张霆　摄)

(2)道具。包括:真假美猴王面具一对(头戴红纱巾为真,黄色为假,质地为白棉纸、白沙泥、竹条、兔毛、油漆及布料)、鼓(梧桐树片作鼓腔,牛皮蒙面,竹钉固定,金竹根作鼓槌。直径 38 厘米×22 厘米)、表演面具一套(唐僧、八戒、沙僧、白骨精、白骨老头、白骨老奶、铁扇公主、牛魔王、红孩儿、观音菩萨面具各一个)、猴子 1 对、大脸子、蚊刷。

(3)服装。包括:襟衣、甩裤、布鞋,上装或长或短,女装多滚花边、盘扣、布料多为缎面或绸面(颜色主要以红、黄、蓝、黑为主)。

瓦嘎的布依高台狮灯舞,1991 年应邀赴上海参加“首届中华民俗风情大型游艺会”,备受青睐。同年 10 月,日本学者慕名前往瓦嘎考察,随后,法国、英国、美国、苏格兰、荷兰、新加坡、印度、埃塞俄比亚等 17 个国家的客人也先后来到瓦嘎,观赏惊险的高台舞狮。

瓦嘎布依族高台狮灯舞是瓦嘎布依族村民在独特的自然景观和文化历史环境中，在长期生产生活中逐步形成的、别具特色的民族杂技，具有广泛的群众性和民间传承性。和其他民族、其他地域的狮灯相比，具有高、难、险，趣味性强的特点。在高台四只桌子脚上表演时，其他的用“摸脚”（即慢慢摸索），而瓦嘎的狮灯艺人则用“跳脚”（即快速准确地跳过去）。在每年的春节期间和民间“白事”时广泛活动于附近村寨，在兴义市及邻近省市具有一定的影响。

兴义高台舞狮（张霆　摄）

瓦嘎布依族高台狮灯舞体现了布依族古老的历史文化信息和布依本土文化，根植于布依族群众的生产生活中，与布依族人民生息相关，是布依族人民智慧的结晶，是布依族民族传统文化中的重要组成部分，具有巨大的发展潜力，在民族学、民俗学、美学，以及中外文化艺术交流等学术研究方面具有重要的学术研究价值。

百余年来，瓦嘎布依族高台狮灯舞一直在瓦嘎布依村寨世代传承，但由于布依族没有文字，对瓦嘎布依族高台狮灯舞没有文字记载，加上布依高台狮灯舞艺人在口传心授的时候都是传内不传外，给高台狮灯舞的传承和发展带来了人为的障碍，存在流传的局限性。随着全球化趋势的加强和现代化进程的加快，布依高台狮灯舞受到现代文化信息的影响、市场经济的冲击、社会成员流动性的增强等诸多因素的制约，很难完整保存、传承和发展。目前，瓦嘎村仅存一支高台狮灯舞表演队伍，高台狮灯舞艺术的传承和发展面临着失传的危险。

苗族芦笙舞

黔西南州苗族芦笙舞，又名苗族芦笙棒舞，是流传于普安县白沙乡莲花山等地歪梳苗族（苗族的一支）聚居村寨的一种世代相传的传统民间祭祀舞蹈。该舞蹈原始古朴、粗犷剽悍、热情奔放，集中表现了苗族先民在远古时期迁徙时围猎、搏杀、披荆斩棘开辟道路、开疆种地建设美好家园等历史场景，反映了在年年征战、长途迁徙的历史事实面前，苗族人民不畏艰难的民族性格和乐观主义精神，揭示了其对宗教信仰、人生观、世界观和审美观等态度和看法。

据普安县志记载,歪梳苗是"三苗"的后裔,明末由东方迁至普安。至于苗族芦笙棒舞起源于何时,均无文字可考,但从其传说、表演形态和伴奏音乐看,苗族芦笙棒舞是我国古代歌、舞、乐一体的艺术形态在苗族族群中的留存,属舞蹈起源中的仿生舞蹈,流传至今千年以上。

芦笙棒舞(一)(王加仁　摄)

普安苗族芦笙棒舞(苗语称"惹捱德亘"),是由十余人或数十人分别吹着芦笙、舞着木棍在皮鼓鼓点和芦笙音乐的伴奏下舞动的一种传统民间舞蹈。舞蹈动作粗犷有力、神秘诡异,步法可概括为走、移、跨、转、立、踢、别、勾、翻等。

苗族芦笙棒舞在丧葬习俗中都是在野外平地演出。是时,将装有亡人的棺材置于即将埋葬山上的平地中央,然后搭一草棚盖上棺材设为灵堂。并在棺材四角绑上竹竿,杆顶分别绑上"木刻小鸟",意为高处放哨。安排停当后,由摩师主持跳芦笙棒舞超度亡灵。其由以下四个部分组成。

(1)绞谷(亘子鼓):即吹芦笙"请灵""迎客"。在丧葬习俗中,芦笙是神器,吹奏的声音就是语言,可以和鬼神沟通。

(2)索亘(昌子飘):即狩猎。舞蹈表现古时的狩猎场面。由寻找、发现目标、围猎、搏杀等部分组成。吹奏者用头部和脚尖同时落地,背部向上,身子成弯弓形,芦笙紧贴腹部,连续翻滚,表现在迁徙中过黄河、长江时亲人溺亡的惨景。

(3)高桩德亘(港格亘):即跳芦笙舞,由三捶鼓、四捶鼓、六捶鼓 3 个部分组成。一是表达捕获猎物的喜悦心情;二是告慰亡灵。

(4)嘞干赤。即芦笙棒舞护送亡灵上路。

苗族芦笙棒舞在平时节日庆典表演时,人们都身着盛装,吹者、鼓者、舞棒者皆舞蹈。舞蹈程式严谨,在丧葬习俗中严格按照绞谷→索亘→高桩德亘→嘞干赤的顺序进行舞蹈。舞蹈动作难度大,技巧性强,但配合默契。其间的"巧喝酒""蚯蚓滚沙""滚山珠""过门坎""猴子上树""叠罗汉""牛打架""斗鸡"等舞蹈动作,需要有很高的技术技巧才能表现得生动形象。或节奏舒缓,诙谐有趣;或节奏急促,动作激烈;或节奏明快、活跃敏捷。

芦笙棒舞(二)(王加仁　摄)

苗族芦笙棒舞一般由苗族摩师(超度亡灵的先生)传授。只有想成为摩师徒弟的才有拜师仪式。其他想学的徒弟只要细心观摩、请教长者、加强练习就会了。由于历史上这支苗族没有记录其芦笙棒舞传承情况,现只推出5代,代表传承人分别为马小掌、马小华、马胜权、马德良、马兴福等。特别说明的是,该舞蹈只在普安县歪梳苗族群中流传,其表演有着特定的含义和民族情结,从不外传。

苗族芦笙棒舞舞蹈程序严谨,动作与伴奏音乐浑然一体,具有很强的观赏性和研究价值,是黔西南州普安县珍贵的非物质文化遗产,其特征主要表现如下。

其一,流传的长时性。从其传说、表演形态和伴奏音乐看,苗族芦笙棒舞是我国古代歌、舞、乐一体的艺术形态在苗族族群中的留存,属舞蹈起源中的仿生舞蹈,流传至今千年以上。

其二,流传的族别性。苗族芦笙棒舞只在普安县歪梳苗族群中流传,其表演有着特定的含义和民族情结,从不外传。

其三,综合艺术性。芦笙棒舞是我国远古时期歌、舞、乐一体的艺术形态留存。其音乐、舞蹈、服饰等方面综合起来反映出苗族深厚的历史文化内涵和精神实质。舞蹈具有很强的综合艺术性。

其四,结构的严谨性。在丧葬习俗中,苗族芦笙棒舞根据摩师超荐亡灵的规矩,严格按照由绞谷起至嘞干赤终的顺序进行表演,不能颠倒。

20世纪80年代,苗族芦笙棒舞被挖掘走上舞台,参加州、县组织的各种文艺调演,由于其舞蹈原始古朴、神秘震撼,一直以来深受观众的喜爱和好评,而且文化内涵丰富,对于舞蹈学、民族音乐学、民俗学、民族学、历史学、人类学等学科研究具有很高的学术研究价值。

阿妹戚托

彝语“阿妹”意为姑娘，“戚”意为办喜酒，“托”意为跳或舞，所以“阿妹戚托”意译为“姑娘出嫁舞”，俗称“跳脚舞”。它是彝族支系——白彝的原生态民间婚俗舞蹈，是彝族姑娘出嫁前夕举行的传统群体性舞蹈，舞蹈表现形式以脚为主要载体，踏地为节、节奏欢快、气氛热烈，用以表达对新娘的美好祝福。阿妹戚托主要分布在晴隆县三宝彝族乡境内。此外，兴仁县、普安县、盘县也有分布。

三宝彝族乡位于贵州省晴隆县境南部，历史上一直属于边远少数民族贫困山区，因自然环境处于较封闭的状态，当地民间文化艺术表现形式主要有民歌、民间故事（传说）和舞蹈。其中，民歌表现较为广泛，故事或传说少许，舞蹈极为稀罕，迄今仅发现“阿妹戚托”。该舞蹈的传承方式为言传身教，即祖母传母，母传女儿，女儿传外孙女，而且只在母系中世代相传，并以口碑传述其动作之含义和要领，再手把手教导其手之舞、足之蹈，故而令其动作规范（达到教导者的要求），使之较完整地保持了历史的、原汁原味的艺术形态。

阿妹戚托是彝族传统舞蹈，源于彝家的“姑娘酒”，俗称“盘姑娘酒”。当姑娘出嫁时，亲朋、乡里、姊妹到新娘家以跳阿妹戚托这一舞蹈的方式表达祝福。相传最早的阿妹戚托是一位彝家姑娘跟仙人学来教会了大家。几年后，姑娘要出嫁了，寨邻姐妹们商量，用姑娘教她们跳的舞蹈欢送她，于是姑娘们就在她家堂屋里跳起这支舞蹈。从此，凡彝家村寨的姑娘出嫁时，都要跳这支舞表示欢送。

彝族小姐妹

在姑娘出嫁临行前夜，按礼俗，亲戚和寨邻老幼都到姑娘家表示祝贺。老人们在屋内方桌前就座，姑娘们唱起酒礼歌向老人敬酒，老人们唱起酒礼歌、苦情歌，回忆彝族的过去。触景生情，母女难分难舍，泣不成声，姑娘们在堂屋中看到此景，也唱起喜酒歌，其意是“不要哭、不要哭、哭母也难过父也难过，姑娘办喜酒，我们跳舞来欢送”。接着姑娘们就拉起新娘，围着放在堂屋正中酒坛，手牵手翩翩起舞，边跳边喝砸酒，男女老少喜气洋洋，欢歌笑语，气氛欢腾热烈，其乐融融。深夜老人们回家了，姑娘们还在欢歌跳跃，甚至通宵达旦，这就是彝族阿妹戚托的舞蹈表演习俗。

阿妹戚托纯属无音乐伴奏的彝族婚俗舞蹈，舞者仅限女子，表演形式由 6 人、8 人、12 人或 24 人手拉手，表演者在无伴奏的情况下起舞，主要用髋关节、膝关节、踝关节的运动变化来表现整个舞蹈，舞者用脚踏地发出声响，按踏步节奏起舞，体现出古老、质朴、优美、刚健的特色，以舞者的配合默契，达到整齐、和谐。该舞蹈可以在堂屋（客厅）里跳，也可以在庭院里或是山坡上跳，以偶数组成队形，或呈直排，或呈圆状。以 8 人或 12 人或 16 人不等为一组，人员增减以偶数计，手拉手即可起舞，舞蹈分为 12 小节，即 12 段。内容如下：

（1）先由姑娘们给寨中长辈敬酒，互敬酒，然后唱两段酒礼歌送给新娘。接着，姑娘们就拉起新娘，围着放在堂屋正中的酒坛，手牵手翩翩起舞，边跳边喝咂酒。此时，男女老少喜气洋洋，欢歌笑语，气氛欢腾热烈，其乐融融。

（2）舞蹈动作。以第 1 段为例。

第 1 段“闪托”：意为欢送姑娘出嫁。

首先，姑娘们手牵手围成圈抒情缓慢地唱到：“哎！闪托闪托姆闪托闪托姆。”同时，前后甩手伴以左 4 拍四步踢出，右 4 拍四步踢出。接着，集体右脚提起落地 4 拍作预备姿势。

第一个 8 拍，1~4 拍：右脚伸直，脚掌内扣，在左脚前方拍打地上 2 次，同时，左脚在原地小跳 2 次；5~8 拍：右脚伸直，脚掌外摆，在右侧拍打地上 2 次，同样，左脚在原地小跳 2 次。

第二个 8 拍，1~4 拍：右脚伸直逆时针由后向前划弧 1 次后，抬腿屈膝，然后向前踢出。5~8 拍与 1~4 拍相同。

第三个 8 拍，第 1 拍右脚在左脚前交叉踏地，同时，左脚向后屈膝提起，并伴以“嘿”的声音；第 2 拍左脚站立，右脚伸直提起；在 3、4、5、6、7、8 拍右脚掌外摆在右侧从前向后踏地 3 次，同时，左脚小跳 3 次。

第四个 8 拍与第三个 8 拍动作相同。

第五个 8 拍，第 1 拍右脚在左脚前交叉踏地，同时，左脚向后屈膝提起，并伴以“嘿”的声音；第 2 拍左脚站立，右脚伸直提起；第 3 拍右脚在右侧落地站立；第 4 拍左脚轻踏地一次；第 5~8 拍与前 1~4 拍动作相反进行。

本段的下一步动作是用左脚做预备姿势后，同样有五个 8 拍，均以左脚踢踏为主与前面所描述的动作相同。

（3）接下来的 11 段舞蹈。表演程式与第一段相同，但各段不同的舞蹈动作均表示各种与彝族生产生活、伦理道德相关的内容。12段舞蹈的名称和意思分别为:①“闪托”意为:欢送姑娘出嫁。②“喊各”意为:向姑娘赠送镰刀。③“其兰朵”意为:向姑娘赠送粑粑。④“西托菲托母”意为:要勤俭持家。⑤“节把尖”意为:要勤劳动。⑥“其摩罗”意为:要及时栽种,不误农时。⑦“机堵”意为:要做好田间管理。⑧“默益朵”意为:交管好,养好家禽。⑨“然托”意为:要认真耕耘,锄好地,栽好秧。⑩“额托”意为:要认真收割好庄稼。⑪“密机包”意为:农闲时,要做好备耕,孝顺公婆,才能赢得公婆的欢喜。⑫“其醒然”意为:夫妻多恩爱、和睦相处、白头偕老。

阿妹戚托的内容,体现了对姑娘出嫁的欢送心情和对出嫁姑娘的一片深情厚谊。嘱咐姑娘到婆家后,要勤俭操持家务,不误农时,种好、管好庄稼。农闲时要喂好养好家禽、孝顺公婆,才能赢得公婆的欢喜。表达对出嫁姑娘的殷切希望,并祝贺夫妻恩爱、家庭和睦、白头偕老。

彝族民间流传跳好阿妹戚托的艺诀是:“节把泽阿则收”(即脚要踢得一个样);“托阿则搜”(即跳得一个样);“额母约珠然歪”(即身要柔和稍侧);“比托哈弱阿则收”(即踢踏整齐一个样)。这一民间艺诀表达的是:要求舞者在跳此舞的过程中做到和节奏、脚有力、腰灵活、踏地稳、提脚轻。舞蹈过程重在脚功和腰功,讲究脚和腰的动作协调。脚有力,踏地才稳;腰的扭动得当,提脚才轻。特别要注意招式上的整齐、干脆、利落,切忌拖泥带水。正因为舞蹈“踢和踏”的特点,因此,该舞蹈才被许多专家学者誉为“东方踢踏舞”。

阿妹戚托自身具有无可估量的审美价值。这种在彝族同胞中世代传承的舞蹈,12个基本动作全部来于生产生活,印证了“艺术源于生活”这一科学论断;它是一个婚俗舞蹈,具有原生态舞蹈中的“生命崇拜”这一显著特点。婚嫁在人们的生活中是为了传宗接代,男婚女嫁在人类生活中是一件大事;在情感表现上,这种舞蹈不温不火,娓娓表达出来的是姐妹浓情。离别是一种酸楚的情绪,但在新娘大喜的日子里,又不能让她感到太难受,于是,这种“痛并快乐着”的情感分寸把握,在这个舞蹈中要细细品味。在艺术手法上,更具有震撼心灵的特有的艺术魅力:没有音乐,也不用其他任何“响器”,跳舞的演员们全靠心灵感应,以整齐划一的舞步,完成了“以足传情”这样一种独特的情感表达方式。动手为“舞”,动脚为“蹈”,阿妹戚托只“蹈”不“舞”,放弃了最容易的“手之舞之”和最能表达情绪的肢体语言,完全凭借“脚下功夫”,前点步、踏步、勾步、踢步、提膝甩脚,变幻多样、丰富细腻,这是它的又一显著特点。舞蹈专家刀美兰在评点时感慨地说:“这个舞蹈,是我们的专业编导无论如何也想象不出来的,也是我们的专业演员很难学会的。”学动作或许并不难,难在那一种韵味和演员自己的定位——不张扬、不凸显,老老实实为整体效果尽力。

阿妹戚托源远流长，承载着浓郁的民族气息。1956 年，阿妹戚托在参加贵州省第一届工农业余艺术会演并荣获优胜奖后，曾进京在怀仁堂为中央领导演出。舞蹈演员文少卿、毛子才、文银二、车银多受到国家领导人亲切接见，周恩来总理设宴款待，并授予该舞“各民族的优秀艺术宝藏”奖旗。此后，由于生产、生活、经济贫困等因素制约，使阿妹戚托渐之匿迹。直至 1981 年，晴隆县文化馆派出群众文化工作人员前往三宝乡，在抢救阿妹戚托过程中，学习这一彝族文化艺术标本。1986 年秋，晴隆县地方志办公室在搜集整理地方民族文化艺术资料过程中，方知会跳阿妹戚托者，仅存毛台玉等几人，可谓凤毛麟角，故将阿妹戚托载入地方历史文献《晴隆县志》，使之得以承传。黔西南民族歌舞剧团亦随派遣郑刚等人深入三宝采风，将原生态阿妹戚托通过整理创作搬上舞台，受到黔西南州观众的欢迎，使创作者们深受鼓舞，进而细心加工。1992 年，时值黔西南州建州十周年庆典之际，晴隆县文化局将阿妹戚托带出深山，组成表演方队。同年 5 月 1 日，晴隆阿妹戚托原生态舞蹈首次在州府驻地兴义体育场亮相。1995 年参加意大利“世界民族民间文艺会演”，当“东方踢踏舞”的脚步叩响西方“艺术之都”舞台大门时，令西方人叹为观止。2007 年，其获得“黄果树”杯“多彩贵州”舞蹈大赛“银瀑奖”。同年，贵州省人民政府颁布文件（黔府发〔2007〕16 号）将阿妹戚托正式列入贵州省非物质文化遗产保护名录。

2007 年 11 月，三宝彝族乡学校被贵州省教育厅、省民族宗教事务委员会授予“贵州省民族民间文化教育项目学校”。之后，晴隆县三宝学校开设了民族舞蹈体育课程，从娃娃抓起，把《阿妹戚托》舞蹈作为民族民间文化珍宝进行保护、传承和推广。

2007 年，彝族姑娘参加“黄果树”杯“多彩贵州”舞蹈大赛“银瀑奖”

如今，在晴隆县三宝乡，每一个学龄女童从进校起，都要学习跳阿妹戚托，这支“东方踢踏舞”将在今后的发展中焕发新的魅力，成为中国民族民间舞蹈关注的焦点。据学校负责传授该舞蹈的柳顺方老师介绍，自 2007 年下半年以来，三宝彝族乡中心学校聘请两名民间艺人和一名教师对彝族舞蹈文化资源进行收集整合，编成歌曲，在三年级至八年级的 6 个班级中开设“地方体育课”，每周 1~2 节，舞蹈教师专门对彝族学童教授舞蹈。

阿妹戚托舞蹈反映了彝族古老的历史文化和农耕生活情况，具有浓郁的生活气息，是我国民族舞蹈艺术宝库中的瑰宝。阿妹戚托舞可与西方闻名于世的踢踏舞媲美，被誉为东方踢踏舞，蜚声国内，名扬国外。

布依族转场舞

布依转场舞就是布依族男男女女手拉着手，围着大圆圈，并随着钹、镲、锣、鼓等节奏欢快地跳起来而形成的一种舞蹈表演形式。转场舞，布依语为“勒呜”，即欢快地舞，“勒呜”属于布依族原生态舞蹈。

布依转场舞主要分布在册亨县威旁乡的大寨村。大寨村位于册亨县城的西北部，距县城50千米，平均海拔1200米以上，平均气温14~16℃，属册亨县典型的喀斯特地区，也是册亨县典型的布依族依山傍水村寨，这里的居民住房尚袭着传统建筑半干栏式瓦木结构的吊脚楼，独具民族特色。这里生态环境保护较好，民族民间文化源远流长。有《狮子舞》《板凳舞》《梭子舞》《青年交谊舞》和《转场舞》等一系列布依族舞蹈，这些舞蹈曾荣获文化部、国家体育总局和贵州省、黔西南州、册亨县的表彰和奖励。各村寨每逢大年初一至十五、三月三、六月六、七月半等节日都要举行民族文化展演活动，展示民族风情。

相传在明末清初，册亨县威旁乡大寨村有一王姓寨主（实为财主），常年压迫着当地百姓，按照寨主规定，每户百姓都要为寨主纳钱纳粮，穷苦百姓们被逼得家破人亡、走投无路。有一年，新岁将至，寨主又逼百姓为其筹备柴草，供奉纳禄，大家趁此之机，待寨主熟睡之后，一把火将寨主家化为灰烬。寨主被消灭了，穷人翻身了，寨中男男女女围着大火尽情地唱歌、跳舞，以庆祝胜利。这一独特的表现布依民族风情的舞蹈便由此而生，后称“转场舞”。为了纪念此节日，时逢每年正月十三至十五期间，大寨人不约而同地跳起转场舞，大闹新春，以作纪念。

跳转场舞前，必须有一个祭祀环节，也就是在每年正月十三清晨，几位寨老与祭师一道，先在祭桌上摆放双狮头、沙面和尚、真假孙悟空、牛魔王、小猴等脸谱、舞狮用的舞具、酒及一升米，并在祭祀过程中杀鸡以鸡血祭祀。随后把鸡煮熟，一并把刀头、糍粑、豆腐、糖食果饼、酒等供品置于一小方桌上，由寨中一个固定的祭师手持五炷点燃了的香，带上狮子队一道舞狮祭神。其祭神顺序是先祭拜山神（称“土山”）、社神（称“寨神”），水井神（称“水神”）再祭拜舞狮高台，后祭拜转场舞舞台，并念："天有刀、地有刀，师傅来保佑，上有猴子翻天应，下有保佑狮子滚绣球，转场舞起来，寨邻跳起来，平安幸福送到家，五谷丰登乐开怀"。念毕，进行烧财主房屋的表演：其表演角色寨主一人、家丁两人、背着小孩的妇女一人、年近七旬的年迈老人一人、帮寨主扛柴的村民数人；表演道具有纸房屋一栋、兵器两件、手提竹篮一个、柴草数捆。表演内容为：寨主十分霸道，凡路过寨主家门前的人都要给他下跪行礼，还要给其供奉纳禄。一个七旬老人及背着小孩的妇女因家境贫困交不起粮食，路过寨主门前便惨遭毒打，寨主的残暴终于激起民愤。村民帮寨主家扛了无数捆柴草并堆积在房屋四周，到了夜间，趁寨主在酒醉熟睡之后，悄悄地把家丁杀死，点燃柴草将寨主及房屋一起化为灰烬。表演结束，来自本寨、邻寨及远方村寨的村民随鼓声一起，他们围着大火手拉手，乐起来、跳起来，一直跳到正月十五晚上。

布依转场舞人数不限，男女青年手拉着手，在村寨里较为集中的晒坝里，以击钹镲、敲锣鼓为节奏，时而围圈狂舞、时而纵横翩跹、时而穿针走线、时而蹲着奔腾，他们舞姿奔放、自如、细腻、潇洒、大方。舞蹈象征着布依人民驱逐邪恶，丰收在望，幸福吉祥。如今，布依转场舞已经由祭祀原生态民间舞蹈发展为欢迎远方客人、庆祝丰收、祈求风调雨顺，以及男女青年依托"浪哨"的民族习俗性民间舞蹈。

册亨县一中学的学生在练习转场舞（石欣荣　摄）

其舞蹈表演的整个流程套式为：第一式：踏歌迎客（布依语"罗黑"）；第二式：并肩祈福（布依语"金协"）；第三式：罗盘定安康（布依语"下罗盘"）；第四式：挑山顶梁（布依语"先给"）；第五式：蛙步闹春（布依语"昂黑"）；第六式：穿针引线（布依语"顺金"）；第七式：龙舞凤飞（布依语"嘎外峦"）；第八式：欢庆丰收（布依语"嘞鸣"）。

布依转场舞充满着强烈的祖先崇拜、自然崇拜的寓意。它是一种民俗祭祀性民间舞蹈，也是欢迎远方客人，庆祝丰收、祈求风调雨顺及男女青年依托"浪哨"的民族习俗性民间舞蹈，它具有鲜明的民族特色。在表演过程中提倡发扬强悍、勇敢、乐观、向上的奋进精神。表演时，人数少则八九百人，多则上千人。舞蹈进行中，随着鼓、铙、小马锣、大锣的节奏变化而变化，时而舞姿韵味含蓄、质朴，时而强劲狂奔、排山倒海，给人气势磅礴、惊心动魄的感受，实为壮观。不仅能充实人们的文化娱乐生活、强健人们的体魄,更重要的是让人们在参与的过程中,愉悦身心、寓舞于乐。因此,它具有较强的娱乐性。

2012 年 11 月 21 日,8036 名身着盛装的布依族儿女跳起规模宏大的转场舞成功创造了上海大世界吉尼斯纪录(李易　摄)

布依转场舞这一传统习俗几百年来言传身教,经久不衰,从未间断,这离不开以威旁大寨村民王仕凯、王启祥、王福连为代表的传承人的努力。然而在改革开放以后,布依转场舞的发展却日趋滞后,濒危状况严重。为促进布依转场舞这一独特的民间舞蹈得以顺利传承与发展,册亨县委县政府高度重视,成立了领导小组,并制定了系列抢救与保护措施,为促进这一古老民族民间舞蹈文化的传承与发展而不懈努力。

省级非物质文化遗产

苗族板凳舞

苗族板凳舞,苗语称“卡牛档”,流传于安龙县洒雨镇科香黑苗寨子,由于联姻的关系,现流传地已扩展至该县洒雨、戈塘、龙山、海子等乡镇和兴仁县鲤鱼坝一带和贞丰部分地区的黑苗寨子,但现今流传的板凳舞在演出场合、形式和功能等上已经发生了变化，而一直在民间礼俗中表演的传统板凳舞只有在科香苗寨才有。

科香苗寨位于洒雨镇东南面，与本县戈塘镇科发村相接壤，住着杨、潘、龙、丁四姓，约380人；是高山上古朴的苗寨，海拔1434米，一年四季分明，属亚热带季风气候。水源缺乏，山高路陡，只有一条小路通往山上的寨子，运载货物仍靠人担马驮。寨中绿树成荫，虫鸣鸟叫，寨中房屋至今大多仍是传统木栅栏土墙结构的茅草房和瓦房。

苗族女子正在跳板凳舞

苗族《迁徙歌》唱道："为着何事来？为啥要搬家？居住在山上，吃的是杂粮，吃的是野蒿。年成旱象重，敌兵来干扰，天干三年整，旱象三春秋，农子若虫死，僵尸遍地铺。妇女做无收，男人白干活，编对竹箩筐，担着儿女走，挑着儿女逃。"据史料记载，清乾隆、嘉庆年间，黔东南旱象频发，粮食多年歉收。石柳邓、吴八月发动苗族人民起义，清军血腥镇压起义后，官府强迫苗族人民迁徙。嘉庆二年（1797年），南笼府（安龙）布依族反清起义遭到清军镇压，那里的布依寨十室九空，清军招苗民前来租垦荒山。此前有黔东南的苗族青年在清军当兵或差役到过南笼，见这里地广人稀且土地肥沃，于是就召唤亲戚朋友们一起迁徙到南笼，几经周折后定居科香。先是杨姓先祖来到科香，后又带来亲戚老表潘家和龙家，逐渐繁育成一个苗族大寨。

苗族先祖们初到科香时，这里是深山老林，森林密布，常有野兽出没。寨子里的男人为了生计，经常出门做工、狩猎或外出打仗，一去数日不归。晚上树林里豹子叫豺狼嚎，吓得妇女们不敢睡觉，就相约到一家的院坝里，生起一堆火敲击板凳，吓唬野兽为自己壮胆，野兽怕见到火光，听到响声不敢靠近，这是板凳舞的雏形。

民族舞绚丽多姿，风格各异，抒发美好心灵，陶冶高尚情操。板凳舞场地不限，或在家里，或在寨坝上，因其伴奏乐器主要为板凳，因而得名板凳舞。

表演程式为：①喝跨门酒，即在“满月酒”第二天，外婆家人要回家，主人家用碗端酒在大门口拦着，双方对唱敬酒歌，外婆家人倒酒在门槛上敬门神。喝敬酒，才能跨出门槛到院坝。②唱飞歌开场，外婆给小外孙穿新衣服，唱歌祝福小孩长大成才。外婆家人便叫亲家（小孩的爷爷）背小孩跳板凳舞，唱歌祝福他添孙。然后唱飞歌：“大家来跳舞，不跳错，不要被罚酒，高高兴兴收板凳回家”。③对跳板凳舞，对跳的双方由于是主人家、外婆家这种主宾关系已婚、同辈的异性，对跳时放得开，不分场数。开始时，大家围着圆圈对唱对跳，谁要是跳错了步法，就会被罚用碗装喝酒。后来随着喝酒的增多，大家趁着酒兴互相踩脚，用臀部互撞，越跳越起劲，累了可以换人，一直跳到尽兴。④告别回家，外婆家人跳着板凳舞，与主人家对唱祝福小孩的歌，喝主人家敬的酒，高兴地回家了。

黑苗板凳舞除了在春节初一初二以自娱形式跳外，只在苗家生小孩办“满月酒”的习俗中跳，而且每次都必须按“喝跨门酒——‘唱飞歌’开场——对跳板凳舞——喝敬酒回家”的程序进行，且参与跳板凳舞的只能是已婚、同辈的异性。

科香黑苗从黔东南黄平、台江等县迁徙到黔西南后，一直保持着明清时传统的风俗习惯，尤其以生育为核心的板凳舞更体现了该支系传统的文化心理，对研究黑苗的历史及文化具有较高的价值。

苗族少女欢跳板凳舞

跳板凳舞传统的传承方式以观摩学习为主，随意性很大。

1953年，土改工作深入到科香苗寨，使得贫苦的苗族同胞分得土地并真正当家做主成了主人。当土改工作队完成历史性任务即将撤离科香时，全寨人为欢送土改工作队，赶排节目为联欢做准备，寨里潘仕成、潘先茂等人，对古老的“卡牛档”舞蹈重新编排，潘仕成、潘先能两人作词作曲，创作《苗族出了头》作为舞蹈伴唱歌曲，并正式以苗族板凳舞名登台表演，欢送工作队。1956年8月，黔南布依族苗族自治州成立，特邀科香板凳舞到都匀演出，获得舞蹈类一等奖。1982年5月，黔西南州成立,科香苗族板凳舞也获邀参与自治州成立庆祝演出。1982 年夏天,科香青年教师杨占辉将板凳舞的动作和队形进行了较大的加工与改编,使苗族板凳舞更具欢快、活泼的特点,让苗族板凳舞走向更大的舞台。1992 年,黔西南州文工团根据《苗家出了头》的旋律,谱写《牵牛走苗家》作为正式伴奏音乐,带着苗族板凳舞到意大利演出。自此,苗族板凳舞从苗家庭院走上社会的大舞台。

自 1953 年潘仕成与同伴潘先茂共同创编《苗家出了头》作伴奏开始,板凳舞第一次初步具有一定的表演程式和表演形态,且形式和内容也变得更丰富。同时,苗族板凳舞以松散型的民间舞蹈队的形式出现,其传承开始变为队长传承,到现在已传承了三代,分别为潘仕成、潘先甲、杨占辉。

然而,由于现代经济文化的腾飞,外界强势文化的侵入,现苗寨外出打工的人很多,每次在满月酒时跳板凳舞都因人太少而不能进行,而且随着对外交流增多,青少年对板凳舞的热情日渐淡漠,基本上已经不再学跳板凳舞了。

苗族烧灵舞

苗族烧灵舞是苗族(白苗)人民在漫长的历史长河中保存下来的民间舞蹈,是一种独特的祭祀性舞蹈,主要流传于贵州省兴仁县东北部北盘江流域沿岸的大山乡、下山镇、回龙镇及南部的李关乡。

传说,苗族烧灵舞是苗族先民们在漫长的历史长河中,经过长期演变,流传于黑羊大箐(泛指贵州)并沿袭至今,已历经几千年的历史。

据有关史料记载,在黔西北汉墓里出土的“摇钱树”上就有吹芦笙的人物形象。另据史书《宋史・列传》中记载,“牂牁蛮”至开封进贡方物,“一人吹笙、数十人联袂宛转而舞,以足顿地为节”,即为有名的芦笙舞。又据苗族民间传说,杨鲁(指苗族祖先)死后,为祭奠他,苗族人民就用杨鲁从玉皇大帝那里带回来的木鼓和芦笙为他做斋,鸣鼓三声,吹奏芦笙震天动地,接杨鲁回来烧灵,因此鼓和芦笙成为苗族人民办丧事的信物,是神灵的象征,以鼓配唱,以鼓配笙吹跳,久而久之形成了苗族祭祀祖先和为亡灵烧灵开道的祭祀性舞蹈——“烧灵舞”。

远古时期,苗族是比较强大的民族,苗族的丧葬习俗一直受着鬼神观念的影响,并在意识形态深处,打下了深刻的烙印。由此可知,苗族“烧灵舞”源远流长,以口传心授方式代代相传。

苗族烧灵舞(一)

苗族“烧灵舞”是一种以鼓相配吹跳和以鼓相配唱跳,吹、跳、唱相结合的表演艺术。由吹管乐——芦笙,打击乐——木鼓组成的配以唱跳的艺术。其表现形式为以鼓相配唱跳和以鼓相配吹跳两部分组成,每个部分的乐曲各异,每一段都有相应的内容。

第一部分:以鼓相配唱跳共三段,动作简单,只是走、走踢、转踢等动作,动作幅度也不大。其基本内容是:接亡灵回来烧灵,同时追述祖先的居住地(即遥远的东方),为亡灵随祖先升天,找到归宿的喜悦心情。

第二部分:以鼓相配,吹跳共三段。第一段体现为祖先祭奠,并简述古代苗族先民们为了民族的生存,所经历的艰苦历程。动作有:①作贝斗,踩贝来(走三步,踩三步),接祖先回来,祭奠祖先,为祖先烧灵。②独波哇哥(水牛拍角),体现苗族先民们的艰苦历程,民族的生存来之不易。第二段是对亡灵的哀悼,并为亡灵烧灵开道,动作有:①作贝斗,踩贝来(走三步,踩三步)。接亡灵灵魂归来,为死者烧灵。②嗡克啦(鸭子下田),为亡灵烧灵开道的时辰已到。第三段为死者祭奠之物已为亡灵带走。动作有:①作贝斗,踩贝来(走三步,踩三步)。送亡灵归天。②勾股斗(脚勾脚),亡灵已无牵挂,为亡灵祭奠的牛及衣食等物已为亡灵带走。③摩啊德(转身对掌),体现在生者为亡灵灵魂升天时的高兴心情。

“烧灵舞”的基本步法有走(走、踢走)、勾脚(立勾、蹲勾)、转(踏转、跳转)等,舞蹈以矮步动作为主。

舞蹈的第二部分开头都出现“作贝斗,踩贝来”(走三步,踩三步)的舞蹈动作,但表达的意思各不相同,有着对祖先、对亡灵哀悼的深沉含义。

主要乐器为芦笙、木鼓。

(1)芦笙为六管笙,是由笙管、管斗、簧片三部分组成,管凿空、管底密封,管的长短、粗细不等,最长的约 73 厘米,最短的约 40 厘米,粗管有两块簧片(高音片),其余的每支笙管只有一片簧片(平音片),簧片是用青铜、白铜炼制而成,制成的簧片,长 3 厘米,宽 1~1.5 厘米(与手风琴的簧片相似),将不同的簧片分别卡入笙管约 7.5 厘米和簧片一样大小的管壁卡口处,并在管壁的外侧抠出按音孔。

管斗是用圆柱体杉木长 60~70 厘米,直径约 9 厘米,用锯子锯成两半,管斗内空，下部约 5 厘米处，成椭圆体，上至口吹处成管壮形，由粗到细，并将两半黏合，再用桦篙皮一道一道捆结实，再将管斗按上、中、下三排并列，抠出 6 个孔，六根笙管就按不同粗细插入管斗内紧固，这样上排粗笙管配中排长笙管，上排细笙管配下排短笙管，中排短笙管配下排长笙管，每对笙管发出的音符相同，只是高音和低音的差异，每对的一根笙管配其他笙管，发出不同的音符。芦笙管吹奏出的芦笙曲优美动听，婉转柔和（属中音或次中音笙）。

苗族烧灵舞（二）

（2）木鼓是舞蹈的打击乐，长 64 厘米，直径约 40 厘米，用牛皮绷好鼓面后，再用竹钉钉紧，鼓的中部用竹条紧固两道，固定鼓身。鼓棒长 42 厘米，直径为 2 厘米，上细下粗，击鼓时鼓声粗犷，热烈（属中音鼓）。

苗族“烧灵舞”，既是苗族丧葬活动中的主要风俗，又是苗族最古老的一种仪式性舞蹈。舞蹈动作内涵丰富，如迷茫地迈着沉重步子去接祖先回来，接来后又艰难地跋山涉水，最后欢快地送走等心情表现极为生动，深沉而浑厚的乐曲声调，古朴典雅、深沉热情、刚健有力的舞步，完整地体现了生者对死者的祭奠缅怀及已送死者回归故土后的高兴情感，蕴含了苗族子孙对祖先和故土的怀念与相隔万里的无奈，再现了苗族迁徙过程中生离死别的凄惨和坚忍不拔的斗志。对苗族的民族学、民俗学、历史学、美学、神学等都有很高的研究价值，它是宝贵的民族文化艺术遗产，是苗族人民智慧的结晶。

几千年来，苗族“烧灵舞”在本地区苗族（白苗）中代代相传，不仅保存了古老的文化因子，而且还传承了苗族古老的丧事习俗、古朴的音乐唱段和原生态的舞蹈艺术。但舞蹈没有文字记载，全靠一代代口传心授传承。主要有老摩传授、家族传授、寨中年长者传授、本族老艺人传授这四种传承方式，传承人有杨华文、杨华光、杨德洪、杨德明、杨德荣、杨德学、杨忠志和陶应昌等。

近年来，兴仁县人民政府已投入较大人力物力，对苗族（白苗）烧灵舞及与之相关的舞蹈开展调查、挖掘和整理等保护工作，同时，努力组织其参与各种节日、庆典演出活动，在注重保存其舞蹈传统原貌的基础上，开拓其更广泛的表现领域。

彝族嗨马舞

嗨马舞即吆喝马的舞蹈，是流传于普安县地瓜镇格拱村、三板桥镇梅子井村等彝族聚居村寨丧葬祭祀习俗中的一种民间舞蹈。它原始古朴，属舞蹈起源说中的仿生舞蹈。

相传，东汉末年，彝族首领孟获统治南蛮地区（今云南和贵州一部分），当时，彝族同胞为了对已过世祖先表示崇敬、哀悼，在孟获的带领下，赶着马匹在埋葬祖先们的山上奔跑，祭祀“亡灵”。只要是马跑过的地方，所葬的老人都是亲人。然后将已过世的亲人请回家一起超度。在2000多年历史衍进中，彝族祖先在传承这一古老的习俗时，不断地对其进行发展变化，逐渐固定下来，形成今天这种在丧葬祭祀时跳模仿过去生活现状的嗨马舞请亡灵入棺、驱除鬼神、引魂上天的习俗。至今每年的农历六月二十四日，彝族村民仍宰牛祭祀首领孟获。

嗨马舞（一）

嗨马舞主要由舞蹈和伴奏音乐两部分组成。舞蹈一般由6人组成一组进行表演：1人扮马郎，2人扮烈马，3人伴奏。表演时，按照马帮跋涉、调遣马队、烈马争斗、降伏烈马四个不同的内容，马郎在前手拿法器（两头系有红白花的木棍），引导两匹烈马转圈边走边表演。根据内容的不同，表演者动作、情绪时而舒缓，时而激烈。步法有并脚跳、踮步跳、交叉跳、奔跑等，而且6人走步统一，只有在“烈马争斗”环节人与烈马、烈马与烈马打斗时，表演者各显神通，角色表演突出，动作变化多端，步法急促多样。打斗激烈突然停止，马郎突然将手中法器横着丢于地上，两匹烈马自然跑到法器一旁乖乖地跪在地上一动不动，显得特别温顺，接着马郎捡起法器领着烈马上路出发。

嗨马舞表演时的伴奏音乐主要是由牛皮鼓、镲、锣三种乐器敲击的打击乐。伴奏音乐即兴性和机动性很大，根据表演情绪的变化随时调整节奏型和速度。走步时节奏舒缓，与步伐吻合。打斗场面和跑步时节奏急促，鼓点密集，犹如京剧伴奏音乐“急急风”，情绪激昂，响声震天。

在彝族丧葬祭祀习俗中，嗨马舞由死者的大女儿或大孙女请来祭奠表演。祭日，嗨马舞要围绕棺材跳四圈。首先，马郎扛着法器（代表马鞭）带领马帮悠闲地唱着《赶马歌》，随着“嘟……”一声吆喝，然后引马上场。

第一圈“马帮跋涉”，意思告诉亲朋邻里和“毕摩”（超度亡灵的先生），马帮来了，已请回亡灵入棺。

第二圈“调遣马队”，表演时马郎带领烈马不时朝灵堂叩拜，以表对亡灵的尊敬、瞻仰。

第三圈“烈马争斗”，这一场人与马、马与马争斗，烈马表现桀骜不驯的样子，马郎舞着法器变换各种姿势动作与之打斗、周旋。场景热烈奔放，表示亡灵年轻结婚时那热闹的场面又回来了，告慰亡灵不要忧伤，高兴地去吧！

第四圈“降服烈马”，马郎用法器打马表示亡灵已上路荣登仙界。丢法器表示喂马，意思是说休息一会还得继续赶路前进。然后马郎领着马帮唱着《赶马歌》慢慢地出发了。之后，嗨马舞按照“毕摩”的要求，不时配合丧葬仪式的开展进行舞蹈。

嗨马舞（二）

嗨马舞的传承属师徒口传心授传承。一般只由毕摩（或称“摩公”，即超度亡灵的先生）负责接收徒弟。徒弟拜师不举行仪式，只要师傅觉得品德优良、刚正不阿就可以了。

嗨马舞通过近 2000 年的流传，在彝族同胞的传承中不断地发展变化而逐渐固定下来，反映了彝族同胞在历史上迁徙、生产生活等内容。嗨马舞只在普安县彝族村寨流传，表现的是历史上彝族同胞的生产生活方式及与马匹之间的密切关系，深受人民群众喜爱，极具民族性。舞蹈古朴独特，深深扎根于彝族丧葬仪式民俗中，其身段、步法等表演模仿彝族祖先赶马的生产生活场景，属舞蹈起源说中的仿生舞，原始古朴，集舞蹈、纸扎技艺、音乐、民俗表演等艺术于一体。

1949 年以后，彝族同胞为表达人民当家做主的喜悦之情，嗨马舞逐渐大众化，应用于红白喜事、节日庆典等场合。如今普安县的彝族寨子，还形成了在正月初三至十五自发组织演出自娱自乐的习俗。

围鼓舞

围鼓舞是流传在贵州省兴义市鲁屯镇一种世代传承的民间舞蹈，属群体舞。鲁屯镇位于贵州省兴义市东北角，距兴义市区32千米，居住有汉、回、苗、布依等多个民族。围鼓舞的历史最早可以追溯到明代，最初仅在军队中使用，之后逐渐流传到民间，并成为鲁屯庆典、祭祀、迎送官吏、祝寿、接圣旨等活动的文艺表演。

围鼓舞（张霆　摄）

据当地文物部门考证，时朱元璋调北征南，傅友德将军征服普安州后，部分官兵，亦军亦民驻扎鲁屯。士兵闲暇时喜欢吹拉弹唱，其中有几个川兵，则以敲锣打鼓取乐。锣鼓声响不仅娱乐，而且还起到驱邪，甚至可以吓走豺狼虎豹的作用。因此围鼓舞这种民间舞蹈表演形式就一直在当地驻军和民间流传。据民间艺人介绍，围鼓舞最盛行时，铜鼓声响遍鲁屯大街小巷。清朝道光二十六年（1846年），鲁屯接道光帝建贞节牌坊圣旨时，就组织锣鼓队敲锣打鼓前往迎接，优美的铜鼓声引来成对的蝴蝶，自由自在地飞舞在人群上空。此后，鲁屯围鼓舞中就加入了蝴蝶随鼓起舞这种表演形式，取其“吉祥欢乐”之意。到了清朝的乾隆年间，鲁屯修建了戏楼，常请四川的戏班子来鲁屯唱戏，以传统锣鼓取乐的鲁屯人，常与戏班子打交道，由于交往情深，与戏班鼓师切磋锣鼓音响旋律，逐渐在表演中吸收了川戏锣鼓精华，演变成了有板有眼的围鼓，经过几百年的提炼，围鼓舞在鲁屯独树一帜。

围鼓舞表演气势宏大，动作粗犷，节奏欢快，风格淳朴。乐器有大鼓、中鼓、小鼓、锣、钹、镲等，鼓谱有《猛虎下山》等10多首。经过几代民间艺人的加工、完善，逐渐形成了“大鼓”“中鼓”“小鼓”三种基本打法，在此基础上糅进戏剧架子功技法和武术技法，单一的围鼓击鼓节奏衍出轻、重、缓、急的不同打法，队形变化也更加流畅,表演更加舞蹈化和性格化,更具戏剧性和观赏性。

鲁屯围鼓舞表演时对场地、人员没有严格要求,少则 4~6 人可演奏,多则上百人。其表演具戏剧性和观赏性,表演形式以行进表演和广场表演为主,也有舞台表演。围鼓舞表演时,鼓手在领队的号令下击鼓伴奏,队形不断变换,一会儿是"两军对垒""猛虎下山""观音过海""大开门""幺二三",一会是"月牙五更""鸟归林""跳打""蹲打""翻身打"等。鼓师开锤的单手敲,双手敲,击鼓心,敲边鼓、点放,连续放几点都是提示,持其他乐器的人,便知道鼓师要导演什么节目,表演者的脸色会随剧情的起伏而变化,时而喜上眉梢,时而哀愁悲伤,配合鼓声的轻重缓急、抑扬顿挫,表情和韵律和谐统一,令人赏心悦目。鼓、锣、钹新技法的编排使鲁屯围鼓舞更加舞蹈化和性格化,在继承的基础上有了合理的发展。

表演器具(张霆　摄)

围鼓响器主要有大鼓(直径 67 厘米,通高 62 厘米,木制,牛皮蒙面,四个万向轮)、小鼓(直径 40 厘米,通高 25 厘米,鼓腔木质,牛皮蒙面)、镗锣(直径 49 厘米,铜制,木质鼓槌)、马锣(直径 21 厘米,铜制,木质鼓槌)、大钹(直径 34 厘米,内径 29 厘米,内拱 8 厘米)。道具有蝴蝶。服装有(男装)坎肩马褂、黑色长裤;(女装)斜襟花格子衣、黑色长裤。作品有《猛虎下山》《捉放曹》《观音过海》《大开门》《幺二三》,现代又增添了《月牙五更》《鸟归林》等共 18 首鼓谱。

据传,鲁屯围鼓舞自明朝洪武年间后便在当地民间一代一代自然传承。由于其技艺无文字记载,仅靠民间艺人口传心授,民国以前的传承人已无从考证,可追溯的传承人为:第一代:杨修德(男,生于 1928 年),初中文化;第二代:王兴万(男,生于 1937 年,高小文化);第三代:冉龙才(男,生于 1954 年,高中文化)、马辛龙(男,生于 1962 年,初中文化);第四代:常开英(女,生于 1949 年,初中文化)。

鲁屯围鼓舞节奏非常复杂,用不同的节奏可以表达不同的思想感情,鲁屯围鼓快放快收,变化神速,自然大方,刚柔并济,屈伸自如,在发展演变过程中将舞蹈、武术、打击乐、吹奏乐、民歌等融为一体,使自身从内容到形式更加丰富,更具观赏性、娱乐性。它是当地民族文化的组成部分,极具民族风格和地域特色。因形成的历史久远,对研究当地的历史、战争、宗教、迁移、生产、爱情、民俗等有着十分重要的价值。

近几年,镇党委、政府先后投入资金用于组建鲁屯围鼓队,购买服装、道具等,并请专家在立足原生态的基础上进行专业系统排练,融入代表鲁屯地方特色的一些舞蹈,形成了一支完整的表演队伍。

布依竹鼓舞

布依竹鼓舞,布依语称"笛炯凡芮浪要要",是流传于册亨县所辖坡妹、冗渡、庆坪、威旁、者楼、丫他、巧马、秧坝、弼佑、岩架、达秧、坝赖、百口、八渡 14 个乡镇的布依族聚居村寨的一种祭祀吉礼传统舞蹈。布依族人奉"竹王"为神灵,每年金秋庄稼收割结束,布依族人怀着喜悦心情,身着盛装聚集在村寨竹林前杀鸡宰猪,摆上糍粑糖食果品等祭祀竹王,并在寨中晒坝场跳竹鼓舞,欢庆丰收。

册亨县者楼镇者楼村竹鼓舞庆丰收表演之"击鼓迎送"(韦丹　摄)

册亨县地处南北盘江交汇处,历史上因大山阻隔、交通信息不畅等原因,至今仍保存着丰富多彩的布依族传统民俗文化,其中竹文化彰显最为突出。

《后汉书·南蛮西南夷列传》载:"夜郎者,初,有女子浣于遁水,有三节大竹流入足间,闻其中有号声,剖竹视之,得一男儿,归而养之。及长,有才武,自立为夜郎侯,以竹为姓。"据专家研究考据,遁水即今北盘江,竹王即夜郎王。册亨县先秦时隶属于夜郎国,现当地布依族常说是竹王的后代,他们崇拜"竹王"为自己的主神。竹与布依族生活密切相关。

关于布依族竹鼓舞的起源,至今无文字可考。但在册亨县一直流传着这样一个传说:相传清同治初年,弼佑布依族村寨连遇旱灾,久旱不雨,许多人和牲畜都被渴死,树木、庄稼都枯死了,旱灾可谓是给大家带来了灭顶之灾。这时,村里德高望重的抱赛(寨老)认为,只有祈求竹王到玉皇大帝那里去求雨才能救大家。于是,通过占卜，在吉日这天，抱赛召集村民，杀鸡宰猪到村头的竹林祭祀竹王，祈求竹王施恩，为村民求雨，并许诺到秋天丰收后一定还愿报答。当时，村民们各自手拿两节竹筒相互敲打，以发出声响来告知竹王。之后，果然天降甘霖，庄稼得以茁壮成长，秋收五谷丰登。于是，抱赛就召集村民打糍粑，集体在晒坝场敲击竹筒舞蹈祭祀酬谢竹王，后来这一酬谢仪式就演变成了一种习俗。秋收完毕布依人都要选吉日用新米打糍粑祭祀竹王，人们把这天叫“摘刀粑”节。现在，每年到秋收时节，布依族村寨都过“摘刀粑”节，杀鸡宰猪、打糍粑祭祀竹王，并集体汇聚在村寨晒坝场跳竹鼓舞庆祝丰收、酬谢竹王，同时祈求来年风调雨顺。后来人们把击打竹鼓演变为欢庆丰收的竹鼓舞蹈，世代相传，延续至今。

竹鼓舞传统的民俗程序包括祭祀、跳竹鼓舞两个方面的内容。

册亨县者楼镇者楼村竹鼓舞庆丰收表演之“跳鼓”式

（韦丹 摄）

（1）祭祀，即祭竹王。首先，将猪头、鸡、糍粑、酒、糖食果品等供奉祭品摆放在村寨一片有神附竹林前的祭台上；然后，寨老（或摩公）主持仪式，焚香烧纸，大声念道：“竹鼓声响、竹王驾临，保佑全寨大吉大利，风调雨顺，五谷丰登”，并带领全寨各家各户代表（男丁），以及全体表演竹鼓舞的村民敲打竹鼓叩拜竹王；接着，寨老（或摩公）又大声念道：“竹王降福到人间，布依竹鼓跳起来。”念完，大家立即就边跑边敲打竹鼓来到村寨晒坝场跳竹鼓舞欢庆。

（2）跳竹鼓舞。内容包括：①制鼓。在盛夏农闲时节，村寨就得制作竹鼓做好准备。首先，到要竹林前焚香烧纸，祈求竹神赐予竹子；其次，选取需要的竹子砍伐，按“二节一空”的样子将竹子裁截成小节，将裁截好的竹节放在盛有水的锅里用文火煮，然后捞出晒干（至少 7 天）；最后，用瓷碗瓦片将竹节刮皮抛光，再用镰刀修整至光滑美观即成竹鼓。②跳竹鼓舞。人们祭祀完毕来到晒坝场上，双手拿竹鼓，在大鼓的节奏指挥下，按照既定的套路，通过跳跃、转体等变换动作，时而围圈起舞，时而纵横交错，竹鼓声响，铿锵有力，伴随着高亢的呐喊声，振奋人心。其传统舞蹈动作套路共有“九式”，分述如下。

第一式：“击鼓迎送”，布依族语称“笛炯昂嘿”。动作要领为右脚向前迈步左脚原地踏步,接右脚向后迈步左脚原地踏步,前后移动,身体随前后步伐略微前倾或后仰,向前迈步时左手横拿竹鼓举在身前,稍高于头,右手竹鼓呈“十”字形击打左手竹鼓,向后迈步时,左手横拿竹鼓举与右侧腰间,右手竹鼓呈“十”字形击打左手竹鼓,依次交替。

第二式:“望鼓”,布依语称“安炯”。动作要领为双手握竹鼓,踏跳左(右)脚,向外侧挑抬右(左)脚,向左(右)转体 180°,竹鼓在身体右(左)侧腰部交叉击打一次,左右动作依次交替。

第三式:“跳鼓”,布依语称“申炯”。动作要领为双手握竹鼓,踏跳左脚,右脚斜抬后脚尖点地,左、右脚先后连贯着地,竹鼓在身体右侧由上往下交叉击打。通过此动作移动围圈后右脚与同舞者相互钩挂,形成“脚圈”后左脚单脚顺时针跳跃,竹鼓在身体左侧上下交叉击打。

第四式:“躬身踏鼓”,布依语称“躬浪笛炯”。动作要领为踏左脚,右脚斜抬后脚尖点地,微微躬身,右脚点地同时双手拿竹鼓在身体右侧膝关节部位交叉击打,同时头由左向右偏点,动作节拍三点合一。

第五式:“绕鼓祈福”,布依语称“晚浪笛炯嗨利优”。动作要领为双手平行竖拿竹鼓高举于头顶两侧,竹鼓由头顶向左下方敲击地面,同时双腿成左弓步向下蹲跳,起身时收回竹鼓至头顶后向右下方敲击地面,同时双腿成右弓步向下蹲跳,左右各击打地面两次后起身转体一圈(360°),转体动作为踏跳左(右)脚提右(左)脚接踏跳右(左)脚提左(右)脚,左右手竹鼓上下交叉击打四次(手臂上下交叉时尽量延伸)。

第六式:“摇鼓”,布依语称“搬浪笛炯”。动作要领为双手拿竹鼓自然下垂,双脚分开比肩稍宽,身体前倾,启动动作时左(右)脚向左(右)踏跳,提右(左)脚,左(右)手持竹鼓于左身侧与地面垂直,接“三角步”(注:左脚向 8 点方向迈步,接右脚向 2 点方向迈步,后向 5 点方向先收左脚后收右脚),手持竹鼓于身前肚脐位置交叉敲打,每迈步一次敲打一次竹鼓,敲打竹鼓时双手向左右两侧摇摆。

第七式:“挑鼓”,布依语称“顶炯”。动作要领为双脚分开与肩同宽,抬左(右)脚大腿收至左腹间,身体尽力靠向左(右)大腿,双手拿竹鼓向左(右)上方甩鼓,踩踏左脚回原位并将身体拉伸同时双手竹鼓由上至下在身体左(右)侧交叉击打。(注:动作以腰部为发力点,注重讲究身体收放韵律)

第八式:“骑马甩鼓”,布依语称“乖马嗨炯”。动作要领为双脚呈马步站立向前或向后双脚同时跳动,左手横拿竹鼓于身前与眼睛平行,右手竖拿竹鼓击打左手竹鼓 4 次,后踩踏左脚,双手拿竹鼓向左上方甩鼓,接踩踏右脚,双手拿竹鼓向右上方甩鼓。

竹鼓舞庆丰收表演前举行祭祀竹王(韦丹 摄)

第九式:“鼓舞飞扬”,布依语称“笛炯哼哼”。动作要领为左(右)手竖拿竹鼓举于左(右)侧头顶,扭身90°,右(左)手竹鼓甩打左(右)手竹鼓(左右各一次,动作相反),后接双手平举竹鼓,向内钩抬左(右)脚于身前,右(左)手竹鼓敲打左(右)脚掌,接向内钩抬左脚于身后,双手竹鼓在身后臀部位置交叉击打,收势动作为双脚站立与肩同宽,双手竖举竹鼓于头两侧。

自1956年起至今,册亨布依竹鼓舞曾多次参加了各类大型文艺展演活动,在省内外引起社会的关注,对布依竹鼓舞的传承保护工作产生较大的影响。目前,册亨县已在5所中小学校开设布依竹鼓舞课间操,这有利于提高学生对本土布依文化的认同感,并为今后布依竹鼓舞的传承保护打下良好的基础。

布依族展稍

布依族展稍(布依语是“Seemxsaauh”,下同),是布依族世代流传的,用本民族传统乐器铙钹等做伴奏,以群体舞蹈动作为主要表现手段的艺术形式。其基本内容包括有舞蹈动作、音乐、服饰和器具等;舞蹈动作有五段,每段有五个动作,即作揖“啥邑”(Sazyiz)、交叉脚“涉戛”(Seemxgal)节、手臂推拉“达白”(Dazbaaih)、开门“亥度”(Haaildul)、关门“汗度”(Heensdul)。布依族铙钹舞展稍主要流传于望谟县打易镇。

布依族的铙钹舞展稍的起源与布依族的丧葬祭祀有直接关系。

(1)在汉语文献上的记录。《左传》"国之大事,在祀与戎",一个民族和一个家庭都非常重视祭祀。中文佛学大辞典也说:"铙与钹为二物,西戎、南蛮之乐器也",这里提到了南蛮,泛指南方的百越民族,布依族的先民骆越是古百越人的一支。《兴义府志》记载,布依族有"丧事",击铜鼓,屠牛。清路次云的《峒溪纤志》载:"苗人亲死,则聚亲族哭呼歌舞,谓之曰'闹尸'。"可见,南北盘江红水河的布依族在丧葬仪式中有跳舞习俗,且由来已久。

(2)从布依族活态的丧俗中可以见证历史渊源。时至今日,望谟长田一带的布依族铙钹舞一般是在"砍牛"仪式前跳,舞者均为男性,人数视亡故人数而定,若亡者为单数,舞者必须是单数;若为偶数,则舞者必须是双数,伴奏的乐器有铜锣、皮鼓、铜鼓。布依族也经历了食人族的阶段,最后通过"砍牛"的方式回报父母和左亲右邻,主人家不吃肉,只能吃素,这样的民俗符合布依族的摩经《摩仙哀》(Mol Xianhxaaiz),也符合布依族的民间传说。

在祭祀时要跳6次舞蹈,其中,第一次是在死者家的大门前给摩公跳铙钹舞,以示敬意。第二次是主人家给死者的后家跳铙钹舞,以示敬意。第三次是主人家牵牛到一个草坪上给死者的女婿砍牛,要跳铙钹舞,以示敬意。第四次是去田坝砍牛时要跳铙钹舞,以示敬意。第五次是围绕棺材里的死者跳铙钹舞,以示敬意,这个过程布依语叫"仙哀"(Xianhxaaiz)。第六次是主人家请死者的后家到砍牛的场所坐时要跳铙钹舞,以示敬意。每次跳铙钹舞,都是拿着铙和钹对击,并在铜鼓、皮鼓、铜锣等声音伴奏下,围着主体物的四周,顺时针或者逆时针地交叉舞动。

"作揖舞步"(龙青松　摄)

今日的布依族铙钹舞"展稍"已经变迁成为一种礼仪,器具也成为一种礼器,它不但可以在丧葬中表现,也可以在社区很多礼俗活动中展现。

布依族的铙钹舞展稍有五段,每段的动作由五个节组成。

"啥邑"(Sazyiz)节:"Saz"的汉语意思是"蹲下来","Yiz"是"作揖"的意思,合起来是蹲下来低头敬礼"敖叫"(Ngausjauc)或"作揖"意思,即向主体人物(摩公、后家、客人或者死者)敬礼,因为人物不一,敬礼的方式不一样,有的需要上酒,有的需要备一桌饭菜等,舞蹈的表意也是敬酒、敬茶、敬饭菜的动作。

“涉戛”(Seemxgal)节:“Seemx”的汉语意思是“插入”,“Gal”是“脚”的意思,合起来是“交叉脚”的意思,舞蹈的主要动作是脚前后交叉。该节的文化元素是在表达虔诚。

“达白”(Dazbaaih)节:“Daz”的汉语意思是“抽”或者“拉”,“Baaih”是“风箱,火筒”的意思,两者合起来在此处的意思“推推拉拉”,舞蹈的表意动作即是手臂“推推拉拉”。该节的文化元素是在表达服务。

“亥度”(Haaildul)节:“Haail”的汉语意思是“开”或者“打开”,“Dul”是“门”的意思,两者合起来在此处的意思“开门”,舞蹈的表意动作即是“开门”。该节的文化元素是在表达迎接。

“汗度”(Heensdul)节:“Heens”的汉语意思是“关闭”,“Dul”是“门”的意思,两者合起来在此处的意思是“关门”,舞蹈的表意动作即是“关门”。该节的文化元素是在表达送往。

一对一“铙钹舞”(龙青松 摄)

铙钹舞展稍是布依族社会环境的一项重要活动,舞蹈是一种“心智交流”,弘扬传统舞蹈中的优秀文化,具有重要的艺术、文化、道德、经济和教育等价值。

布依族板凳龙舞

布依族板凳龙舞是一种世代相传于贵州省兴义市下五屯办事处鱼龙村及附近布依村寨的民间舞蹈艺术。据民间艺人介绍,几百年来当地村寨就一直流传有“舞起布依板凳龙,全寨平安不受穷”的谚语。

布依族板凳龙舞,何时在贵州兴义布依族村寨流传,无文字记载。据传几百年前下五屯一带的布依村寨就有祭山的习俗,他们按 12 生肖的属相,各寨每年轮流祭场,“祈求寨子平安,子孙兴旺”,祭山活动举行的这三天里,按习俗,寨中男女老幼聚在一起,饮酒作乐,不作任何农事。布依族男女在互相嬉戏、对歌传情、争抢板凳、相互取乐的过程中,形成了具有民族特色的板凳龙舞。

自板凳龙舞形成以来,寨中男女每年都要在他们举行的祭山活动或民族庆典中表演,闲暇时也用来自娱自乐,使得这一具有布依族浓郁民族特色的舞蹈得以较好地传承。

兴义下五屯办的板凳龙舞由两部分组成,一是板凳龙舞表演队,二是响器表演队。其表演程序是以独具布依族特色的情歌对唱形式表演,引入欢快热烈的板凳龙舞。表演时一般以长板凳扎龙头,三人执板凳脚(男女搭配,前二后一,前二人各以侧手执一腿,后一人双手执两腿)玩耍。舞动时按照规定套路,合着鼓点,有规律、有节奏地舞出各种花样。伴着欢快的鼓乐声,板凳龙时而穿梭翻滚,时而盘旋造型,让人目不暇接,留下小中见巧的印象。

三角步(谭罗兴 摄)

其表演套路如下。

“游龙”——当歌场男女对歌从古歌到情歌结束时,“响器”起,村民在跳板凳龙舞基本步法——舞者三人舞一龙,抬龙走“三角步”,随着鼓点绕场游龙,旨在驱逐寨中邪气,迎来五谷丰登。

“滚龙”——舞者舞龙上下翻滚,即前二人转身换手,后者则快速跟上翻身,保持“龙”的翻滚形态,极富技巧。该舞段意为“滚滚财源进家门”。

“串龙”——翻滚龙形变换方位,即“穿龙”。意为:全寨的人不论住的方向在何方,“龙”都会把福气送到各家各户,即“穿花送福到各家”。

随着锣鼓点子的变换,板凳龙圆场归位(或下场)。伴奏形式为“响器”(即打击乐),是由马锣、堂锣、小钗、鼓等组成,打法别致,节奏铿锵有力。鼓点与布依狮子锣大同小异,但有其特色,总的根据表演需要进行。

表演期间相关制品如下。

(1)响器。①马锣:铜质,系打击响器中的指挥,外径 17 厘米×2 厘米×16.5厘米,锣捶 17 厘米×2.5 厘米。②堂锣:铜质,在打击响器中起着低音效果、押韵(响器对话),起传承响器的作用。直径 40 厘米,通高 22 厘米。③鼓:木质,牛皮蒙面。④镲:铜质,外径 18 厘米,内径 9 厘米。

(2)道具。板凳龙:木制长条凳。用竹子划篾条扎成龙头、龙尾,白棉纸蒙面,用彩色油漆描画红、黄、绿各种色彩饰以板凳的两端。板凳龙通长 146 厘米,龙头长45厘米，龙头宽27厘米，龙尾通长30厘米，龙尾宽24厘米。凳通长100厘米，宽14厘米，高46厘米。

板凳龙和响器（谭罗兴 摄）

（3）服装。布依族传统服饰。女装多斜襟，滚花边、盘扣，布料为布依族自纺自织土布（颜色主要以青、蓝为主）；男装为条纹土布对襟褂。男、女均着黑色直筒裤、土布绣花鞋或棉线编草鞋。

兴义布依族板凳龙舞是布依族民族传统文化中的重要组成部分，是当地布依族村民在独特的自然景观、民族生活习俗和文化历史环境中逐步形成的独具民族特色的民间舞蹈，具有广泛的群众性和民间传承性。其和其他民族、其他地域的板凳龙相比，具有小中见巧、缠绵奔放、民族风情浓郁的特点。同时其响器打法别致，节奏铿锵有力。在民族学、民俗学、美学及中外文化艺术交流等学术研究方面具有重要的学术研究价值。

村民在跳板凳龙舞——串龙（谭罗兴 摄）

兴义布依族板凳龙舞一直在兴义下五屯办布依村寨世代传承。但由于布依族没有文字，对板凳龙舞没有文字记载，加上板凳龙舞艺人在口传心授的时候都是传内不传外，给板凳龙舞的传承和发展带来了人为的障碍，存在流传的局限性。随着全球化趋势的加强和现代化进程的加快，兴义布依族板凳龙舞受到现代文化信息的影响、市场经济的冲击、社会成员流动性的增强等诸多因素的制约，而该技艺又属于群体表演，很难完整保存、传承和发展。目前，鱼龙村仅存一支布依族板凳龙舞表演队伍，其传承和发展现状堪忧。

卷四 传统戏剧

国家级非物质文化遗产

布依戏

布依族的戏剧有布依戏、地戏和花灯剧等。其中,“布依戏”起初是平地上演唱,不搭戏台,所以也称为“土戏”,布依语称“谷艺”,系少数民族戏曲剧种,流行于黔西南州的兴义、安龙、册亨等布依族村寨中,迄今已有 200 多年的历史。

布依戏的诞生和成长,和其他某些戏曲一样,先经过了唱曲阶段、讲唱故事、有伴奏乐、分角座唱,再由人物分场,加上动作表演,成为舞台艺术,走过了漫长的路程——把民间流传的故事和摩公的祭祀跳神唱段剥离出来,配上各种民间器乐再搬上舞台,一步步地艺术化。据《布依族简史》载:在清乾隆年间(1736—1795 年)册亨州同的秧坝、普安州判(今兴义)的巴结开始编演布依戏,以后推广到其他地区。《兴义府志》载:江水河(今南盘江)北岸一带,在明代属泗城州岑姓土司辖地。布依族王孝武的先辈,在巴结、普安一带系土著大姓,也袭甲首、亭目之职。清雍正五年(1727 年)改土归流后,王姓土司仍世袭其亭目之职,其余支王孝武常召请族人参加传统祭祀,在“老摩”的主持下,让部分族中子弟参与吹打唱跳的祭祀活动。沿至嘉庆(1797 年)时,王姓土司族子王金龙等,一面兴办私塾教育族中子弟,一面与族人就祭祀跳神中的唱段补充改编,加上情节和人物,在节日和酒宴中作消遣跳唱。从此,巴结布依戏已具雏形,并从祭祀活动中分离出来,在巴结民间出现,同时也成为王姓家族的族中戏,在王氏的后辈中代代相传。历经数代,逐渐分行当,配乐队,吸收部分祭祀乐曲来丰富曲牌。到清光绪初期已具舞台演出形式。光绪二十九年(1903 年),在族人王寿山等倡议下,多人出资,首次制作了一批服装,在巴结老场坝搭台演唱,并在南盘江两岸流动演出,其中,在册亨乃言一带得到很好的流传。据统计,历史上布依戏曾经拥有剧目 120 余台。由于过去布依族没有文字,戏剧传播仅靠戏师口传身授,或用汉字记布依语音成本传世。历史上的劫难和老戏师的逝世,造成大多数剧本被毁、失传的状况,现在还存有剧目 80 余台。一个历史上没有文字的民族却有着这样丰厚的戏剧遗存,可以想象其中之艰辛。

1984 年,经贵州省、黔西南州专家指导整理改编的册亨乃言传统布依剧目《罗细杏》，赴云南昆明参加“全国少数民族戏剧观摩录像演出”，首次获文化部颁发的“优秀剧目”奖，并被授予“孔雀杯”奖杯。至此，布依戏正式被国家认定为民族戏曲。1994年，贵州省文化厅命名“册亨乃言布依戏艺术之乡”。1995年11月，文化部又在省命名的基础上升为“中国民间艺术之乡”，使布依戏得到升华。

现代布依戏《谷艺神袍》

布依戏的音乐由唱腔、器乐曲牌和打击乐三部分组成。由于其处于调整发展中，至今尚无专业组织，很难统一规范，各地业余布依戏队的演唱与演奏多带随意性。

布依戏的装扮与服饰是以剧目类别划分。传统剧目中的本民族剧目，根据剧情需要，穿古代民族服装。古代布依族女装，系长裙、斜领短上衣，长齐腰部两角往上翘，配上小围腰、头帕、上衣领口、襟头、袖口，以及裙边，都镶上“栏杆”（花边），栏杆上绣民族图案。头帕规定，婚后做了母亲的包“干卖”（即交叉角包法），姑娘包“干敖”（即直齐盘）。男角多用青蓝色对襟衣、包帕。现代戏着现代民族装束。传统戏的袍服，用土布密织，植物染料画花鸟飞禽和民族图案，或描龙绘凤。凡官服上，皆于前胸配置“丙格”图（“丙格”汉语意为心灵、品性，是布依戏“差官”行的专用图案，置于袍服前胸、后背、凡官服蟒袍在剧中人物身上出现，皆用此来表示其好坏

册亨乃言的原生态布依戏

善恶)。“丙格”图外方内圆,或只有圆形。绘“骷髅”“变形人头”“十二方位(即十二生肖)头形”等,表示人物心灵奸邪。官服的主要颜色规定:黑色为正直,蓝色为健美,红为忠勇,白为奸诈,黄为残暴,绿为草莽,金为神圣。盔帽多借用汉族剧种的乌纱帽、不分品级、唯官员才能佩戴。戏鞋,古戏旦行穿绣花“鞋浪母”(即翘头鞋),官员穿靴。其他角色一般用本民族的服装。土司、卜苏穿华丽衣披。

布依戏表演时有固定的程序,一般由祭祀、请祖师开箱、降三星、打加官、正戏、扫台、封箱等部分组成,其中正戏是主体部分。正戏的剧目包括本民族剧目和移植剧目两类。

布依戏

布依戏在发展传承的过程中,不论从戏剧人物形象,还是韵白唱词,抑或唱腔音乐、表演形式,都形成了自己独特的话语系统,程式化倾向极为明显,素有“文摇扇、武挥刀”之艺谚,凡演文戏,不论生旦,右手持扇(旦角左手执帕)以助表演;凡演武行,刀、枪、剑、戟,挥舞耍弄。包公在布依族人民心中象征“正义之神”,一般演出的最后一场“包公”都要出场“扫台”。

布依戏的唱腔古朴,富抒咏性。唱词结构多为五字句、七字句或上下句。表演分手、眼、身、步,有三元华盖,指法、定眼、绕场步、马弓步、大小三角步、抖步、丑步、矮步等;武打中有挡丁、挡巧等。布依戏行当分为生、旦两类。旦行有小旦、正旦、武旦之分,生行有小生、老生、武生、大王(净)、小丑、差官之别,基本上能够按照人物的身份、年龄、性格等特征进行划分。布依族的戏班,由 32~36 人组成,演员有生、旦、丑及大王、大将等分工。表演时多走三角步,不同的角色有不同的步伐,旦角亦步亦趋,不快不慢;生角步子稳重;丑角抬脚走步,三步一转身,动作诙谐;大王、武将的步子较快,武打时跳斗激烈。演唱过程中对面穿梭,形式活泼,风格质朴。

正是因为布依戏具备角色行当的表演程式,一些有经验的艺人们几乎不用书面文本,也不用演前彩排,便可表演甚至即兴创作出情节生动、唱腔优美的布依戏。传统布依戏中的人物关系、道德取向、情节发展等都有相对固定的程式,有许多类似的典型场景。布依戏艺人往往在学艺和演出的过程中背诵了大量适合这些场景演出的唱词和对白,形成自己的“常备片语”。遇到类似的典型场景,艺人们便会将这些“常备片语”加以灵活套用,如此一来便成就了一出充满艺术张力的布依戏。

布依戏的各个角色都戴着别致古朴的面具(脸壳),其面具有木雕、笋壳、竹篦壳几种。主要以红、黑、黄、绿、蓝、紫六色勾画、涂染、雕刻、绘制常常运用夸张、变形的手法,在眼、眉、鼻、嘴、胡上着力渲染。演出时,演员头上蒙以青纱,然后戴上面具,通过面具上眼、鼻、嘴处雕开的孔往外看,自由地施展着表演技艺,成为别具特色的一个民族戏剧的剧种。

布依戏演出活动无舞台限制,演出于“岁终新正”的节日里,其习俗分为“加官开台、扫台封箱”两部分。舞台背景多为具有驱邪祈福、消灾纳吉的“八仙”幕布。服装、化妆较为简单。旦角略施朱粉,文官武将无面部造型,小丑鼻梁画方块,大王以黑勾眉,包爷(包公)右脸涂白左脸涂黑(即管阴阳),其余差官、杂役多以生活中的自然形态即可。布依戏的服装以剧目类型裁定,演民族剧目则饰(古今)民族服饰;演汉族移植剧目,其蟒、袍、靠、摺、披各样,均仿照汉族戏装,用土布剪裁,后用颜料描龙绘凤缝制而成,其图案鲜明而古朴,表演艺术有独特风格。

目前布依戏剧目有三类,即传统剧目、移植剧目和现代剧目。传统剧目,也称“杂戏”,是由艺人自己根据“摩公”的经咒、古歌、傩仪故事、说说唱唱、民间传说故事、民间神话故事等所编演的剧目,没有唱本,全凭口传,情节较为生动、风趣,形式短小精炼,富有浓厚的布依族民族色彩。其代表剧目有《三月三》《六月六》《王玉连》《张奉文》《罗细杏》《罗赫信》《三聘村姑》《人财两空》《金猫和宝瓢》《四接亲》《打草鞋》等。这类剧目的戏话、唱词均用布依族语言,最具民族特色。移植剧目,有的也称“正戏”,绝大多数是从汉族历史故事、唱本,以及其他剧种中引进的,如“三国戏”“岳飞戏”等,故事广为人知,唱词用布依语,这维系了布依戏的特色;而道白用布依语夹杂了汉语,这也是布依戏的特有风格。最早是以汉文木刻本流传,有从广西买来的,有自行移植改编成布依戏的。戏班之间还可彼此转让剧本。后来,则改写成布依语的汉文流传。代表剧目有《红灯记》《八仙过海》《白蛇传》《乔太守乱点鸳鸯谱》《包公案》《秦香莲》《祝英台》等。

上述两类剧目均用“双语”演出,如在正戏演出前的“引子”“定场诗”“自报家门"等与表现剧中"规定情境"时，均说汉语，而抒情演唱、对话道白、插科打诨，即用布依语。这种采用"双语"的表舞演唱并重的艺术形式，逐渐形成其移植戏之固定模式，充分地显示了在移植戏中浓郁的民族艺术特色和艺术特性。

现代剧目是1949年后，反映社会主义时期现实生活的作品。这类作品以人物形象鲜明、故事情节生动而受到广大群众的欢迎。这类剧目、唱词、道白均用布依语。代表剧目有《光荣应征》《好媳妇》《乡亲笑了》等。现代剧目在民族地区对宣传党的政策、方针、传播科学、开拓人们的视野等都起到了积极的作用。

册亨乃言布依戏艺术保护区

布依族民间歌唱舞蹈虽说是布依戏的基础，但布依戏之形成与汉族、壮族、苗族的戏曲有密切的联系。布依族与汉族居住地区毗连，有的甚至杂居一处，在经济生活、文化生活等方面密切交往，传统剧目和现代剧目正深刻地展现了这一点。另外，不得不提的是八音坐唱，它是布依戏的姊妹艺术，尤其是音乐曲调与布依戏的正调、起落调大同小异，会演布依戏的大都可演八音坐唱。

布依戏形成至今，没有专业表演机构，均系群众业余组织，于岁末新正和重大民族节日开展活动。戏班组织一般由32~36人组成，取其双数，意在"双喜"。戏班命名，除册亨板坝为"保和班"外，其他均以所在村寨命名。布依戏的"正戏"，因沿袭汉族古代故事传说为主，剧中人皆为汉族，故报名表白、介绍身份、公堂审案等多用汉语，演唱时则用布依语。演出"杂戏"，唱、白大都用布依语。后来发展到有唱、白全用布依语的。戏班的基本建制由"交艺"（汉意：班头），"抱筛"（即戏师）、"卜拴艺"（即导演）、"卜谷艺"（即演员）组成。"交艺"统揽全班；"抱筛"负责戏班所演出的剧目唱腔、台词、身段的教授；"卜拴艺"是排演的"掌券"者。除向演员提词，暗示乐队演奏外，还担当导演进行舞台调度，有的还兼编剧职责。各布依戏班均订有班规，大家共同遵守，违者，将视情节轻重予以处罚。现著名的戏班有乃言戏班、巴结戏班、者术戏班、路雄戏班、"保和班"、马营鞍营戏班和南龙戏班等。

省级非物质文化遗产

布依族“丫面”

“丫面”是仅流传于贵州省黔西南州册亨县丫他镇板万村布依族村寨的一种传统古老戏，常在当地布依族“凶礼”——丧葬仪式中的绕棺（灵）中演出。“丫面”，布依语，“丫”，女子、姑娘的意思；“面”，瞎子，看不见，不认识的意思。“丫面”合在一起，直译为“瞎眼”的女子。在“丫面”戏中，“丫面”不是指眼瞎的女子，而是讲女子做了一件“瞎眼”（见不得人害羞的）的事情。

“先人”围着火神行酒礼，默告神灵保佑亡灵早日升天转世（张合胤　摄）

“丫面”流传承载地丫他镇板万村位于册亨县西南部，距县城35千米，这里土地肥沃，盛产甘蔗、木材等。板万布依村现今有农户332户，1700多人口，村寨像个小盆地，全寨布依族同胞依山环绕而居，伴着层层梯田一直延续到村中间的田坝，村后山崖上有一神秘的山洞——神仙洞是“丫面”的主要活动地点之一。

“丫面”起源于何时，现无文字可考。但从其演绎的形式和内容上看，“丫面”还保留着很多原始傩文化的特征和信息，属于“亚傩戏”或“前傩戏”。其古朴的文化形态应属于尚未形成戏剧品格前的低级艺术形态。学界有专家认为，“丫面”（此前学界一直用“哑面”名称）产生于东汉中晚期（220年前）、成型于唐代，比流传于黔西北威宁县板底乡彝族村寨的变人戏“撮泰吉”还要古老。为此，“丫面”被戏剧专家一致认为是贵州发现的又一古老戏剧“活化石”。

关于“丫面”的产生，在板万一直这样流传：在很久很久以前，一穷苦何姓后

情境表演中从仙人洞来的何家“先人”，因无祭品而在
引导者的引领下蒙面前往(张合胤　摄)

生，从小给当地李财主家当长工。劳动中，与李财主家女儿日久生情，二人私订终身，并逃到山洞成家隐居。后来，李财主病故，祭奠之日，何姓后生见其大小老姨(姨夫)都抬着猪、鸡等前去祭奠，而自己一家由于深居大山洞穴，常年清贫度日，没有祭奠物品，感觉无脸见人。犯难中，全家人选择了蒙着面前去吊丧。途中，有一叫花子见何家女儿，便尾随其后，并不时挑逗何家姑娘……何姓一家到了财主家后，由于没什么东西祭奠亡灵，羞愧之极，为表孝敬和歉意，一家人帮忙干舂碓、推磨等活，然后才去绕棺祭奠亡灵。绕棺一结束，一家人就急忙赶回到山洞。

推磨表演情境(张合胤　摄)

“丫面”,常在当地布依族丧葬仪式中的绕棺(灵)中,由五组何、李、韦、王等姓氏相对固定的10余男子轮换表演。现“丫面”表演和以前一样,演员从头到尾没有一句语言台词,全用肢体语言交流表达,其人类繁衍的内容裸露直白,穿着古朴,面具朴陋。这一活态的文化事象至今仍保留着很多原始傩文化的特征和信息。其基本内容包括人物角色、面具、演出程序等,概述如下。

人物角色:①老摩。是“丫面”戏的引导者,由一成年男性装扮,穿布依族生活装,手拿一面大锣,不戴面具,表演时走在最前面敲锣引导戴面具的先人角色表演。②夫妇。配角,戴面具,丈夫身穿棕皮、树叶,妻子由男性装扮,穿女人生活服装,二人都是从山上神仙洞下来的先人。表演时在引导者后面。③兄妹。主要角色,夫妇角色的成年子女,戴面具,兄身穿棕皮、树叶,妹妹由男性装扮,穿女人生活服装,也是从山上神仙洞下来的先人,是“丫面”的核心人物。绕棺时哥哥在前,妹妹在后,都走在夫妇的后面。④阿鲁。布依语,叫花子的意思。是戏中主要角色,身穿棕皮、树叶,戴面具。是半路上跟来的外族部落叫花子。绕棺时走在最后。

篾框纸糊道具:是“丫面”表演最朴素的面具形式,是朴素的艺术审美意识体现。其制作是用一条竹篾做成颜面大小的椭圆框,再用两条竹篾十字形交叉绷拱连接,最后用白纸裱糊而成。在上部1/3处离中线约3厘米的地方向两边开2个横向对称的眼孔。然后用黑木炭勾画渲染眼睛、鼻子、嘴巴、脸部、胡须、头发等,勾勒鼻子男性粗大,女性细小;嘴巴男性宽大,女性窄小。并在面具上脸、额、下颌等部位随意画上几条线条,以示人物角色的性别、年龄和表情。

演出程序:通常,“丫面”是在布依族丧葬仪式中,由死者的女儿女婿举行堂祭时表演的礼俗活动之一。表演时间约1小时,包括请“先人”、绕棺、送“先人”三个过程。

“丫面”表演道具(张合胤　摄)

首先是请“先人”。堂祭当日,村旁绝壁上的神仙山洞中,在“摩公”的引导下,洞中“先人”(夫妇、兄妹四个角色)收到信息后,行酒礼,围着火神转场祈祷,默告神灵保佑亡灵早日升天、投胎转世。仪式毕,五位演员出山洞,绕道崎岖山路。途中，遇叫花子阿鲁跟随，并多次调戏妹妹，作拖拉和搂抱状，又多次被哥哥打散开，一直到祭奠的人家。

其次是绕棺。这是“丫面”的主要部分。一开始，引导者按东南西北顺时针方向边敲锣边在前引导绕棺，丈夫、妻子、哥哥、妹妹、阿鲁按顺序跟在引导者后成单行队列绕棺而行。除引导者、阿鲁外，丈夫、妻子、哥哥、妹妹因是“孝子”，绕棺时都得低着头行进，表示哀悼伤心，当经过亡灵的灵堂前，得用手掌竖着脸抹眼泪，并向灵堂作揖叩拜，以示孝道。

最后是送“先人”。绕棺结束后，在引导者的引领下，所有演员径直走到村外僻静处，将表演穿的棕服、面具等全部烧掉，驱邪除魔，送走“先人”神灵，彻底断绝与装扮“先人”神灵的关系，以保自身安全，并换上自己的服饰回村寨，“丫面”表演正式结束。

在历史的演进中，板万布依族同胞将这古老的传说一直在他们的丧葬礼俗绕棺（灵）中一遍又一遍地再现演绎，世代传承，用这种特殊的方式向后人们讲述着先民们那久远的生产生活样态，延续至今。

“丫面”在绕棺中表演，潜移默化向族群观众传达尊老爱幼、权利与责任等伦理道德观念。现在，保护、传承“丫面”，对于培养族群社区认同感，形成共同的人生观和价值观，构建和谐社会主义新农村，有着重要的社会意义。同时，其“前傩戏”表现的诸种文化形态，为人类学、历史学、社会学、戏剧学、艺术学、民俗学等学科的研究，提供了难能可贵的“活材料”。

苗族武教戏

“喇叭苗武教戏”是流传于北盘江畔“喇叭苗”（他称，为苗族的一支）集中居住区域的一种傩戏。“武教戏”，为喇叭苗人自己的称呼，目的在于祭祀、祈福、消灾、驱邪逐疫，主要用于勾愿、扫寨子、喊命等活动中。每年正月初一至十五，传承人要组织庆祝演出活动，主要是为了驱邪禳灾，也是为了娱乐，同时收徒弟教授技艺。

武教戏主要流传的龙吟镇，位于普安县北部，东与晴隆县中营乡接壤、南与本县罐子窑镇毗邻、西与盘县保基乡和水城县花嘎乡交界、北与水城县野钟乡隔北盘江相望。全镇国土面积 178.5 平方千米，辖 7 村 1 社区 5060 户 23434 人，少数民族人口占总人口的 98%，南距普安县城 45 千米。其地处云贵高原向黔中过渡的梯形

"喇叭苗武教戏"(吕洪　摄)

级状斜坡地带,喀斯特地貌突出,垂直岩容地貌发育充分,群山连绵,沟壑纵横,矿藏、水能资源丰富。主要山脉有西南至东北走向的普纳山,境内最高峰布里箐山位于高阳村,海拔 1853.5 米,最低点位于文笔村石古河谷,海拔 633 米。境内河道属珠江流域北盘江水系,主要河流为乌都河、石古河,粮食作物以水稻、玉米、小麦为主,主要经济作物有烤烟、茶叶等。畜牧业以牛、羊、猪、马为主。年平均气温为 15~17℃,属亚热带季风湿润气候。镇境内除居住有少数汉族外,聚居着喇叭苗、歪梳苗、大花苗三支系的苗族,民族风情浓郁,民族民间文化多姿多彩,2012 年贵州省苗学会批准将其命名为"中国苗族第一镇"。武教戏就是当年"调北征南"时留在这块土地上的历史记忆。

据《普安县志》记载:"元末明初,聚居在北盘江中游(今普安、晴隆、郎岱、水城 4 县交界处)的红苗人和仡佬人,为抵御明军进犯,便有数万之众云集于兴让里(今龙吟镇境内)造兵刃、铸钱币,以普纳山(在今龙吟境内)和城子洞(在今龙吟境内)为大本营,在兴让里属地设立 48 寨,其势甚浩。洪武二年(1369 年),明之先遣军由指挥使胡源率领,先后平了普纳山下 48 寨,并屯军各寨,围困普纳山和城子洞。红苗、仡佬人以地理之利,坚持抗击,致使胡源久攻不克。1371 年明朝对盘江增兵,派武德将军黄迁仕率三湘劲旅直抵普纳,轮番进攻普纳山,红苗、仡佬几经血战,连遭重创。1373 年明军攻占城子洞,红苗、仡佬军及其家眷退守普纳山,明军以重兵包围,攻上普纳山。"

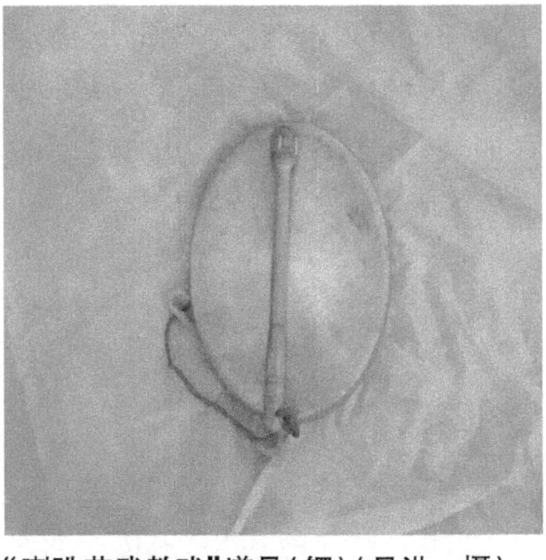

"喇叭苗武教戏"道具(锣)(吕洪　摄)

攻下普纳山后,为防止士兵逃亡和保证军役的继承,朝廷便用法律的形式强迫这批湖广兵留屯普安,就地"立营屯种"。这些明朝官兵有家眷的带着家眷,没有家眷的就迎娶当地女子成家立业,即便父母兄弟随来屯营居住的也可以。这样,每位湖广兵都建立了一个亦军亦农的双重家庭,战时打仗,农时在家耕种,闲时集中操练,其屯营范围就是以今之普纳山为中心,四周包括普安县龙吟,晴隆县长流、花贡,六枝特区双夕、长寨,水城县格支及盘县格所等地,繁衍生息至今。在对民族进行识别之前,人们还据此称那一带的未定民族为"揽笆摺",后又转音为"哪笆摺""老巴子",最后称之为"喇叭仔"。1981 年,据国家有关民族政策,普安县对县境内居住的未定民族群体进行调查识别,根据多方调查和结合本民族的意愿,正式认定喇叭人就是苗族的一部分——操湘西土语的苗族,即今天的"喇叭苗"。

"喇叭苗武教戏"道具(皮鼓)(吕洪　摄)

武教戏得以在"喇叭苗"中传播,追溯其源应是"喇叭苗"从祖籍湖南所带入,由于本民族所居之地的特殊文化地位决定了它发展的方向和发育的程度。"喇叭苗"居住的北盘江各地,由于交通闭塞,经济落后,使它在传播的过程中减少了接触其他歌艺表演形式的机会,致使这一支傩戏依旧保持着浓郁的原始的神秘色彩。

武教戏有一定的戏剧成分,它有乐器(鼓锣)、道具(牌带、神棍、师刀等)、对白等,由二人以上到六人对唱,有问有答,角色有男有女,舞蹈动作粗犷豪迈,节奏明快奔放,具有很高的观赏性。

武教戏的功用和其他傩戏一样,用于祭祀、祈福、消灾、除魔驱邪,而在更早的时候,它还具有娱乐功用,即在军队驻扎及行军打仗的间隙,供军士们消磨时光。武教戏在二人、四人或六人同跳同唱中,总是一男一女搭配成一组,而当时军队里都是男子,因此男扮女装,传至现在。武教戏在戏目表演的故事情节上生活化色彩更多,而不像其他的傩那样富有宗教的仪式性,场面恢宏,气势不凡,具有很高的观赏价值。

"喇叭苗武教戏"道具(判官及五岳)(吕洪　摄)

武教戏有角色分配和场景设置。跳的过程有规定步法,用锣、鼓指挥,二人拿牛角,一人拿师刀,一人拿牌带,其中二人由男人化装成妇女。表演共由八部分组成:①锣鼓庆贺(用于勾愿活动);②仟坛(用于勾愿活动);③男女和神,表示全家团圆(用于勾愿活动);④掉斗(用于喊命活动);

⑤推新人（推磨）（用于喊命活动）；⑥差兵，即打帽头鸡（用于喊命活动）；⑦勾猪（用于勾愿活动）；⑧迷猪（用于喊命活动）。所唱书籍有《路途记》《叫魂科》《老君记》等几十册手抄本。这些书用大量篇幅记载了“喇叭苗”人征战过程和沿途所见所闻，以记事、娱乐和祈福为主要内容。

“喇叭苗武教戏”体现了喇叭苗人的信仰和崇尚祖宗、怀念故土的情节，反映了喇叭苗人征战、迁徙、定居和发展的历程，是研究喇叭苗文化的重要活化石。

卷五

曲艺

国家级非物质文化遗产

布依族八音坐唱

八音坐唱又叫布依八音、八音坐弹，主要流传于黔西南州的兴义市沿南盘江乡镇及南盘江流域安龙、册亨等部分地区。其中以兴义市为主，包括兴义市巴结、则戎、下五屯、顶效、坪东、桔山等乡镇（街道办事处），是一种以器乐演奏、人声伴唱的民间曲艺说唱表演形式，它的演出队伍 8～14 人不等，其旋律古朴流畅，悠扬悦耳，通常在民族节日、婚丧嫁娶、祝寿、乔迁、迎宾送客等场合演奏，成为这些社会活动中情感表达的主要方式，深受布依人民群众喜爱。

八音演奏（张霆　摄）

兴义市位于滇黔桂三省区结合部，地处东经 104°32′～105°11′、北纬 24°38′～25°23′之间。该地区属低纬度、高海拔地区，平均海拔为 1100 米，年均降水量 1512 毫米左右，日照时间长，具有明显的亚热带季风湿润气候特征。正是受这样的自然环境影响，八音坐唱民间艺人就地取材，以竹、葫芦、泡桐树、牛角和青蛙皮等为原材料，亲手制作乐队中用以吹管、拉弦、弹拨、打击等伴奏乐器，从而有了声部音色和乐队整体形成的音响效果，极具地方特色和民族特色。

八音坐唱，是南盘江流域沿岸布依族人民在长期生产生活和历史文化发展进程中逐步形成的民族曲艺，经历了“产生—形成—兴盛—衰落—恢复—重创—再发展”的发展脉络，受到自然环境及人文环境的双重影响。

据史料记载，八音坐唱于北宋时期流入南盘江流域的布依族聚居区。当时狄青领兵征讨南方，士兵与土著民族结合，把他们带来的乐曲传给少数民族，从此便在少数民族地区流传开来。其原型属于宫廷雅乐，以吹打为主。宋人周去非在《岭外代答·平南乐》中称:“广西诸郡,人多能合乐,城廊村庄、祭祀、婚嫁、丧葬无一不用乐,虽耕田亦必口乐相之,盖曰闻鼓笛声也。每岁秋成,众招乐师教习弟子,听其音韵,鄙野无足听。唯浔州平南县系古龚州,有旧教坊乐,堪整。异时有以教坊得官,乱离至平南,教土人合乐,至今能传其声。”从这段文字来看,当时古乐已经很盛行,城乡举办“祭祀、婚嫁、丧葬无一不用乐”,连“耕田亦必口乐相之”。元、明时期,八音演唱内容加入了民族民间传统节日、婚丧、嫁娶,以及寿庆、建房等民间民俗、喜庆的内容,并吸收了其他戏曲特点,丰富了演唱内容。另外,乐师和民间艺人还根据演唱艺术的需要,着重突出了民俗喜庆的内容,吸收布依族的“摩公调”“民歌调”,逐步形成了比较稳定且民族艺术特色鲜明的调式,发展成为八音坐弹或八音坐弹戏。其演奏形式由以吹为主,渐次发展为以丝竹乐为主,并伴以金童、玉女进行演唱的艺术表现形式。到了清代,由于清政府推行鼓励农耕的“屯田戍边”政策和举办教育,“客观上也使少数民族地区经济、文化得到更进一步发展”,人民相对安居乐业。八音坐唱在这时期逐渐成熟起来。

到清嘉庆初年,由于土官、流官及地主统治阶级对农民的残酷剥削,迫使布依族“无法再继续生活”,八音坐唱这一上层建筑随经济基础的崩离而遭受影响和破坏。由于生活无着落,许多村寨的乐师和民间艺人不得不停止演唱活动,八音坐唱便陷入衰落的境地。

1949 年以后,各族人民当家做主人,不少八音坐唱乐师和民间艺人如枯木逢春般恢复到了演出活动中。20 世纪 50 年代,政府派出文艺工作者们深入布依族村寨,发掘、搜集布依族古乐,帮助组建八音乐队。随后便有兴义、安龙、册亨的八音坐唱乐队应邀到都匀、贵阳参加文艺演出,在获得专家好评、荣获大奖的同时,也引起了更多文艺爱好者们的高度重视。不幸的是到“文化大革命”时期,许多民族民间文化都被当成“四旧”打倒,八音坐唱也未能幸免。直到 20 世纪 80 年代,在各级党委政府的重视和文化、民族工作部门的扶持下,不少布依族村寨的八音坐唱演唱队很快恢复了生机,在一些文艺活动场所和旅游景点,以及古老村寨里,都有八音坐唱的活动。

据民间传说,八音古乐最初从兴义的巴结、南笼,安龙的岜皓、马鞍营,册亨的布雄、弼佑、乃言,贞丰的郎所、小花江等几个较大的布依族古老村寨兴起,而后逐步向其他村寨传播,继而扩展到南北盘江、红水河流域的布依族地区。盘江流域的布依族村寨,曾普遍开设“八音堂”,专门传授布依八音技艺,演出八音坐唱的八音队多时达到 300 多支。虽然八音坐唱历史悠久,但它真正走出黔西南州并为世人瞩目还是 20 世纪末期才得以实现。1980 年,国家开展民歌集成调查、整理工作,黔西南州选派专业和业余的音乐工作者深入布依族聚集区开展布依族民间音乐的收集整理工作，由此使得布依八音由山间走向更广阔的平台。其中，兴义市布依八音队多次应邀参加国内外演出，收获了“东方文化的明珠”“盘江奇葩”“凡间绝响、天籁之音”“声音的活化石”“南盘江畔的艺术明珠”等美誉。1992年，兴义市巴结乡被贵州省政府命名为“贵州布依八音艺术之乡”。2008年，兴义市被文化部命名为“中国民间文化艺术（布依八音）之乡”。20世纪80年代末期，布依八音经文化部认定为布依族说唱艺术——八音坐唱，并载入《中国民族曲艺》史册。2006年5月20日，经国务院批准列入第一批国家级非物质文化遗产名录。

师傅传承（刘亚　摄）

在演唱曲目时，布依八音按故事内容，分别由一个人扮演多角人物演唱，所以历史上又有“板凳戏”之称。这种“跳进”以第一人称扮演人物演绎故事，“跳出”以第三人称解说人物、故事的艺术形式，即为我国的传统曲艺。“布依八音”就是以说唱来表现人物情节的。

八音坐唱演奏（张霆　摄）

八音坐唱是一种由吹管类、拉弦类、弹拨类、打击类四类八种民族乐器演奏并配以布依男子或男女演唱的艺术表现形式。布依八音由牛骨胡（牛角胡）、葫芦琴（葫芦胡）、月琴、箫筒、刺鼓、镲、包包锣、小马锣等八种乐器组成。其艺术形式分为两个层次：一是纯器乐性的演奏；二是增加弹唱以〔正调〕为主的说唱。演唱内容分为：民间故事和说唱剧目两类；前者称之为“板凳戏”，后者称之为“八音坐唱”或“八音弹唱”。在演唱中，男生多采用高八度；而女生则在原调上进行演唱，所以在演唱时，不仅使音色产生强烈的对比，同时还增加了演唱的情趣。布依八音主要曲目为正调，其他曲目统称为闲调。

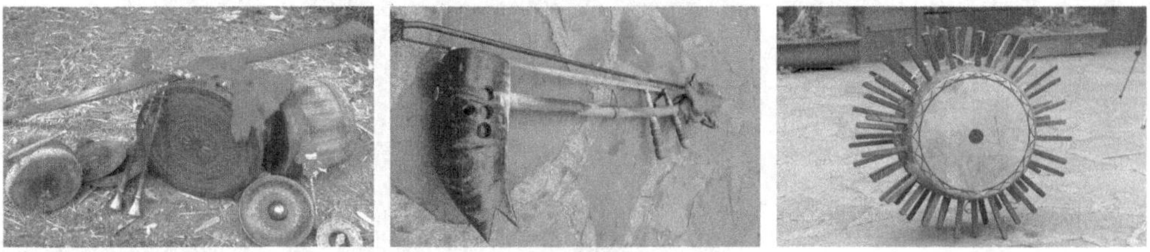

八音坐唱乐器(部分)

布依族八音坐唱在布依语中叫“万播笛”,即吹奏弹唱的意思,是自拉自唱或故事说唱等形式。演唱时有道白、唱词,用乐器伴奏。演唱者还辅以激情的手势,以增强内容的气氛。最初是一人自弹自唱,后来逐渐发展为多人演唱和多人伴奏。现在演员通常为双数,一般由女演员主唱,男演员帮腔,间或也有男女演员对唱的。演唱时,演员身着民族盛装,并以各种动作辅助演唱。弹唱曲目有叙述民族起源、表现劳动生产、反抗剥削压迫、歌唱爱情生活等,表演形式为8人分持牛骨胡(牛角胡)、葫芦琴(葫芦胡)、月琴、刺鼓(竹鼓)、箫筒、镲、包包锣、小马锣8种乐器围圈轮递说唱。表演以第一人称的“跳入”唱叙故事,以第三人称的“跳出”解说故事,也有加入勒浪、勒尤、木叶等布依族乐器进行伴奏的情形。

在舞台表演中,演员们的服装多以蓝、白、黑色的传统布依族服饰为主,乐器由于具有一定的灵性而“披红”,即在乐器上系上红色布条,简单的舞台色彩搭配给人一种清新的感觉。不仅以美妙的音色给以受众听觉审美,同时以层次鲜明的色彩给观众以视觉审美,是一种综合的审美体验。

八音坐唱能够形成自己的独特艺术,富有民族个性,首先得益于它与布依族“摩公”(布依族曰“卜摩”“报摩”)活动中的“摩公调”有直接关系。据布依族民间老艺人的口头世代相传,称“八音坐唱从摩公调那里来”。“摩公”是布依族祭祀活动的主持者和扮演者,是专为族中和寨人举办消灾祈祷、驱鬼纳福之类的人物,相当于汉族的跳神“端公”。“摩公”在长期的祭祀活动中,根据演唱实际的需要,创造出许多别具民族风格和地域特色的调式。八音坐唱的说唱本最早即源于布依古经文的曲目《安王》,即摩公主持丧事时呼唤灵魂仪式的歌谣。八音坐唱从“摩公调”里孕育而出,经过长期的艺术演唱实践,不断得到乐师和民间艺人的创造、补充、完善,构成自己比较完美的演唱音乐。它的结构主要由唱腔中的《起落调》和伴奏曲牌中的《过场调》相交回环往复而构成的联曲乐体。据《兴义县志》记载,其“曲牌有正调、长调、倒长调、反簧调、倒茶调和吃酒调……唱时唱腔多用布依语,道白用汉语,有小嗓、平嗓之分由乐队分担角色,曲目多来自民间唱本,故又称八音坐弹戏、板凳戏”。每逢节日、嫁娶、祝寿、建房、满月酒等喜庆的日子,人们都会演奏八音坐唱。八音坐唱的曲调、歌词没有文字记载，全凭老一辈民间艺人的记忆，一代代口传身授。其以年代久远、古朴、原始的独特性，被人们誉为堪与“纳西古乐”媲美的“声音活化石”。

近年来，兴义市布依族八音坐唱演出队伍已由过去的300多支锐减为9支，形势堪忧。省政府命名的布依八音艺术之乡——巴结镇，在国家重点工程（天生桥水电站）项目建设中，成为库区移民乡镇，熟悉布依八音的艺人被分散到兴义市各个乡镇，而该曲艺又属于群体表演，完整保存、传承和发展遇到困难。目前，八音坐唱虽然经过多年的努力得到了社会各界的重视，各级政府上上下下形成了抢救和保护的热潮，每年都会举办“三月三”、查白歌节、“六月六”“八月八”等民族文化交流活动，然而仍然存在着草根性的缺失和偏离等缺憾。

天籁之音

省级非物质文化遗产

布依族说唱“削肖贯”

布依族说唱“削肖贯”（意为“说唱那过去的故事”），是布依族民间艺人用本民族语言以边说边唱的方式来演绎布依族历史故事的一种表演艺术形式，是布依族民间的主要娱乐形式。

布依族说唱“削肖贯”广泛分布于贵州省南北盘江红水河两岸，即贵州望谟、贞丰、册亨、关岭、镇宁、六枝、兴义、安龙、罗甸等县市，以及云南的罗平，广西的西林、隆林、田林、乐业、天峨等县，其中，望谟县新屯村是布依族说唱的文化中心，该村是“黔西南州说唱艺术之乡”，素来享有“书山曲海”之赞誉。这里的“削肖贯”为百姓喜闻乐见,有“唱不完,停不下;听不完,走不开”的生境。

望谟县布依族聚居地区的布依族说唱“削肖贯”

“削肖贯”兴起的时代,虽然没有确切的文字记载,但仍然可以根据其代表性的作品所反映的社会现象来推测。其内容大多是反映古代布依族的亭目制度(1250年以前)、土司制度(1250年)和改土归流(1726年)的事;说唱也是望谟布依族土目家庭的主要娱乐形式。据《望谟县志》资料,望谟平绕王氏土目将说唱从老屯官邸(1662年前年被毁)带到新屯官邸—九重堂(1722年建成)以来,可知削肖贯至少已有700多年的历史。

改土归流后,南北盘江红水河商贾来往不绝,布依族地区的城镇商业和手工业也随之得到发展。布依族的民间文学也描绘了当时的社会生活现状,如叙事长诗《囊荷斑》中的经商、赌场、花街青楼的轶事和《况邑沙》中“人化烟草”等传说,说的都是清朝中叶以前的事。1840—1911年,布依族近代民间叙事诗的丰富发展,可以说是布依族文学成熟的时期,不少的民间叙事诗,给布依族“削肖贯”提供了丰富的素材(田兵等主编,《布依族文学史》,1983年),“削肖贯”成为反映当时社会生活现状的主要表演形式。

1949年以后,布依族说唱更是得到了长足的发展。1956年,布依族说唱得以在省、州群众会演中登台亮相,并在社会上造成了“养在深闺人初识”的反响。20世纪七八十年代后,不少新的说唱作品,例如,《彩礼一百八》《月亮笑嘻嘻》《梁山伯与祝英台》《花心陈世美》等,更是得到了上级的认可和群众的赞誉。1992年,经贵州省首届民族曲艺研讨会实地考察,并经民间说唱杰出艺人望谟县新屯村的陆国器、王辅周的现场表演,与会专家一致认定布依族说唱艺术统一称谓为“削肖贯”,载入《中国民族曲艺》。目前,布依族说唱“削肖贯”作为布依族公认的主要曲艺形式已被收入相关的文献和教材里。

布依族说唱“削肖贯”分说、唱、连说带唱三种形式。

望谟布依族妇女在表演削肖贯

“说”，即说故事和说笑话。说故事是在民间讲述故事的基础上形成的，一般以评书、评话等形式表演，通常为短篇单段，有时也有长篇大书。其内容大多是民间传说、古代神话、布依族古老经咒的说唱段和历史小故事等。表演时采取不同人称的叙述，根据故事的需要，模拟各种人物的语言、性格和动作，并常运用悬念、扣子等艺术手法及各种象声词等制造气氛。说笑话是一种寓教于乐的形式，活泼、诙谐，以幽默见长，具有讽喻性多以“滑稽”形式表演，多在捧逗之间，抖以包袱和笑料，达到艺术效果。

“唱”，即唱故事。主要是民间各种说书，它以韵文形式，配以简单乐器，演唱故事以山歌的形式，说唱兼作，伴奏肖勒尤、二胡、琴书、木叶等。其唱词以七字句为多，常有衬词、衬句等。还有用以对应各种情景的“赋子”“挂词”等，为演唱者常用的固定套语。表演时信手拈来，随时纳入作品之中。

“削肖贯”的常用乐器有四弦胡、月琴、木叶、勒尤、竹笛、唢呐、箫筒等，打击乐有牛皮鼓、小镲、鼓、木鱼、罄等，说唱均用布依语（即便是汉语的作品，也改用布依语演唱）。

“连说带唱”。有名的说唱文本有布依族的七大爱情说唱叙事长诗，四大民间系列故事，以及有时代感的民间故事，曲目长的要唱几天几夜。传统经典的曲目有《况德芳》《囊荷斑》《王母的传说》《况岜沙》《姚平寨》《况布白娜黑合》《葵卜地》《呆牙外》《况堂外》等。源于汉民族故事的曲目有《征东》《征西》《七仙女》《西游记》《孟姜女哭长城》《白蛇传》《水浒》《牛郎织女》《封神榜》《杨家将》等，上述曲目虽是汉族名篇，但内容都本土化和民族化。在辛亥革命时期和 1949 年的新民主主义革命阶段，布依说唱艺人还编演了新曲目段子，歌颂革命，如《新中国的曙光》等。

此外，还有些小型演唱，布依族民间说唱还有说笑话和“播毛”（相当于侃大山或是吹牛形式）、顺口溜等。这类形式比较灵活，多描写所见所闻，对应当时情景，

削肖贯表演

不在于原原本本表演故事。

“削肖贯”的传承方式，还是离不开“拣”字。“拣”即是拣别人的东西，好多文化遗产的传承谱系是靠下力气“拣”来完成。在与传承人访谈中，他们都自谦地回答，师从父母或兄弟姐妹或亲朋好友。其代表性传承人有岑仁书、岑国秀、罗富安、王辅周、罗国朝、卢秋屹、罗路伟、蓝作胜、黄祖文等。

布依族说唱“削肖贯”具有鲜明的布依文化的特征，较完整地保存了布依族民间文学的内容和传统音乐的形式，对于研究布依族历史、文学、传统音乐、民风民俗、文化心理、审美情趣等都具有重要价值。

卷六 传统体育、游艺与杂技

省级非物质文化遗产

麻山绝技

麻山绝技广泛流传于望谟县苗族地区，主要分布在望谟县的纳夜镇、新屯镇、麻山乡、乐旺镇、桑郎镇、郊纳乡等地。

麻山绝技源远流长。关于绝技起源的具体时间说法不一，按大部分苗族同胞的说法，认为其萌发于刀耕火种的原始社会时期，形成于封建社会时期，跨越了若干人类社会的发展历程。从绝技的内容上看，大部分和刀耕火种有着密切联系，同时也是苗族同胞长期与自然做斗争的产物。

相传，春秋时期有位名叫罗成的人，由于练就一身硬本领，身怀绝技，所以在原陕西义昌县地区，名望很高，倍受尊重。每逢春节、中秋节或其他丰收季节，为了增加节日的气氛，他都会在当地及周边表演绝技，以此为苗族同胞表达他们对丰收的喜悦之情而助兴，久而久之，苗族同胞们视罗成为苗王，对他毕恭毕敬。随着苗王名望越来越高，受到他族的嫉恨，连同家族一并被追杀。为了逃避追杀，苗王带着5个兄弟先后流亡到四川、云南、广西等地，最后逃到贵州麻山腹地隐居起来。由于麻山山高谷深，怪石林立，尖如刀刃，又有原始森林，阴森恐怖，他们虽然躲过了追杀，却面临生存问题。为了生存，他们不管是发生森林火灾，还是躲避猛兽的袭击，都要在怪石、茂密的森林中奔跑。为了自立自强，弘扬绝技精华，苗王结合当地的自然环境，在自己曾经练就的绝技基础上创立了麻山绝技，一代一代地传给子孙，有“传内不传外，传男不传女”的习俗。

既然在苗族同胞口耳相传中麻山绝技是苗王所创，自然就有纪念苗王的活动。在麻山腹地，每当逢年过节或八月十五丰收季节，苗族同胞们都要进行绝技表演。一是弘扬麻山绝技；二是家人生病时消灾消难，祈求平安，事事如意。

望谟县麻山绝技主要是家庭式的传承，现多以表演节目的形式呈现在大众视野。表演的项目主要有上刀梯、过刀桥、脚踩火木炭、吃香火、吃火炭、手插油锅、眼皮拉车等。

上刀梯。在观众场中，耸立一道有36层72把锋利刀架起的刀梯。民间艺人

麻山绝技之上刀梯

赤脚徒手上刀梯，踩着一把一把锋利的刀刃一层一层地攀登到顶端时，用肚腹顶住刀梯顶端立起的3把尖刀旋转，令人惊心动魄。接着，艺人又从刀梯顶端逐一往下踩着刀口直到底层。回到地面，艺人将光着的脚板展示给众人看，竟毫无血迹，令人称奇。

过刀桥。地上摆着一排用钢筋焊接而成的刀架，刀口向上的20把铡草刀，艺人光脚顺着一把把锋利的刀刃踩过去，反复来回数次。在表演的同时，五六个艺人边吹芦笙边踩刀桥，如走平地。

脚踩火木炭。艺人把百来斤木炭烧得透红，然后将烧红的木炭铺成丈余长的一条火路，艺人光着脚板在火炭上来回踱步，行动自如，犹如踩在冰凉的泥路一般。

麻山绝技之吃香火

吃香火。艺人将一把香燃烧红亮，塞进嘴里，把烧红的部分全吃掉，接着再烧红，一根接一根地把烧红部分全部吞下。

吃火炭。艺人用手往炉里抓起十多颗拇指般大烧得透红的木炭往嘴里塞，然后嚼着火子，弄得满嘴火星四溅，而艺人却喜笑颜开。

手插油锅。艺人用手插进烧得滚滚翻腾的油锅里，来回搅动，捞出事先掷进锅底的石头，手指手掌一点都不被烫伤，再用手在油锅里自由自在地“洗手”。

眼皮拉汽车。艺人先选好汽车前方的中心点轴，将5米左右的绳子一端捆在中心点轴上，另一端系好一对挂钩，然后把挂钩挂在艺人的两只眼皮上，用力一拉，一次可拉动汽车10~20米的距离，力大无穷。

望谟县麻山绝技是苗族智慧的结晶，由于传承方面较为保守，流传面较窄。最具有代表性的传承人有杜服品、王国军、蒋恒、陶世忠、刘帮林、罗廷康、李顺权、杨

麻山绝技之眼皮拉汽车

杰、熊小宝、刘应富。麻山绝技只是家族婚嫁、祭祀、葬仪时必有的表演活动，而在重大节日偶然表演。它与一般的杂技有所不同，是真正的功夫和技巧的结合，既原始又新颖，既朴实又离奇，每个节目总给人一种悬念丛生的感觉，有些节目，胆小的人都不敢近看。这是一个民族特有的风格和勇气，具有鲜明的地方文化特色。另外，麻山绝技是望谟苗族地区独有的民间绝技，除在本民族的重大节日偶有表演活动外，较多的用于巫术看病，认为可以消灾、驱除魔害，增强病人战胜病魔的自信心。

麻山绝技的主要价值在于能够继承和发扬先辈传下来的珍贵文化遗产，不仅有一定的经济价值，而且有巨大的社会价值。加快对“麻山绝技”的挖掘、保护、抢救、合理利用，使之发扬光大，可打造望谟品牌，使全国各地乃至国外都了解望谟的绝技队伍，让人们共享这一艺术佳作，从而提高望谟苗族的文化品位。

布依族棍术

棍术是布依族人用作防身护寨的武术，以棍为武器抗击外来侵袭，保护村寨安全。棍术主要分为高桩、矮桩两种。高桩棍术主要分布在鲁贡镇的暗老、者冗、这年、坡稿等布依村寨，其特点是攻击人的肚脐以上的部位，属攻击性棍术；而矮桩棍术主要流传于珉谷镇的必克大寨，其特点是以防守为主，主要攻击人的肚脐以下的部位，以制服敌手为目的。

高桩套路(毛天松　摄)

矮桩套路(毛天松　摄)

据传,清朝嘉庆年间,布依族棍术第一代传承人危尚清跟随其父到必克大寨王家吃酒。孩子贪玩的天性使危尚清与王家儿子玩耍时,被王家儿子推倒,脚部被摔成重伤。危尚清被背回家后,用了许多草药都不见疗效。因危尚清是第七代单传,其家人非常焦虑。后经人介绍请来了一位精神饱满、医术精湛的老中医,经过不到一个月精心医治,危尚清的脚伤便被彻底治好。危家人非常感激,用布依族最高的礼节款待老中医。老中医也非常感动,便把所学武艺传给危尚清。并一再叮嘱:习武之人,德字为先,学了一身武艺,切不可欺侮别人,作威作福,只能用来防身,保家护产。这样,危尚清学来的武艺便一代一代传了下来。

1949 年以后,随着观念的不断转变,第五代传承人危泗洲不但组织本家族的男青年习武,还对外族进行传授。但他收徒的条件是热衷武术,无报复心理,心术不正的不收,于是必克大寨习武之人越来越多。因当时该村寨有玩龙的习俗,在正月结束的时候,也就是二月初一这天,要在水井边举行化龙仪式,本寨所有习武之人便集中起来,互相切磋武术,交流心得,习武氛围浓厚。改革开放后,凡外来客人到大寨,布依族棍术都将作为表演形式,展现在外宾眼前,备受外来宾客的青睐。

布依族高桩棍术主要分为以下几种:①双头棍。主要有十二招,即拉步、打、拉连开棍打、短桩、梭线、绕棍、左右前三点、三杈、侧身打、背棍打、扫棍打、梭标搞(挑)。②单头棍。共三招,即打散、围身打、前身打(从内向外)。③四门开。共一招,即前后左右四面开打。矮桩棍主要有以下招式:第一招为拉外防。礼节性招数,无实在作用。第二招为四礼八拜。礼节性招数、属热身动作。第三招为一步捧沙,沙巴打眼。属防备招数,不还手,尽量躲让。第四招为防身接打(扫腿)。第五招为提棍接打。该招属实在忍无可忍的情况下开始与对方抗击。第六招为四门开。前后左右分开打。第七招为背棍点刺。该招实用于与对手争夺棍用的招数。第八招为平棍前后扫。该招用于对付两个以上对手时所使用招数。第九招为侧身挑。用于对付左右侵袭的敌人。第十招为绕花翻身。用于对付前后夹击之敌人。第十一招为八卦划棍。八为先天八卦:乾对坤,后天八卦:乾对巽。第十二招为三娘棍。该招属故意留破绽,吸引敌人攻击,然后击中对手下身,将其攻倒。第十三招为四升棍。该招看似攻击头部,实打下身,将其攻倒。第十四招为坐挑。当不小心被石头等物绊倒,用该招。第十五招为夹棍右扫。当只遇到一个敌人,且敌人从后面追来时用该招。第十六招为扫地棍。专攻打下桩,将敌击倒。第十七招为过江棍。攻打下桩,将敌击倒。第十八招为打场棍。攻打下桩,将敌击倒。第十九招为双棍。攻打下桩,将敌击倒。

棍术所使用的木棍一般采用青冈树或马铃光木制成。要求:①直径 3 厘米左右,长度一般与使用者的耳朵一样高。②所使用的棍必须笔直,两头粗细一样,且磨得光滑,刷土漆。

布依族棍术主要以师徒传承方式沿袭,一般都要举行拜师仪式。在仪式上,必须备有公鸡一只、刀头肉一块,先拜祖师,再拜师父。在拜祖师时,师父要念如下习武辞令。

高桩师父拜祖师仪要念:“鲜花请我师父来,我的师父坐新台;一请师父来教棍,二请师父来打鸟;有钱放着五财开,无钱放着收转来;师父来到听我讲,武艺打在海洋间;鲁班师父打木匠,习武师父打武将;双棍打得豺狼死,单棍打得老虎伤;学打飞鸣鸟,不会师父教,请天师,请地师,伏吉了令。”

矮桩师父拜祖师仪要念:“伏似,恭对祖师位前,烧起一炷真香,二炷冥香,三炷宝香,辰香、暮香,香在炉中,神在虚空,仰望通灵,土地钱纸,信香、德香、道香,香不乱烧,神不乱请,一请众神:上元将军、中元将军、下元将军;达摩宗师、孙行者、王马关赵四大元帅、辰上关,请师祖危尚清、师祖危朝凤、关请师公危再进、关请师父危元科、师爷危元良、师父危元西、师父危元相,请赴宗师台前证明传渡保安功德,弟子危泗洲拜叩。保佑所传弟子,功夫精通,万打万灵,天无忌,地无忌,年无忌,月无忌,日无忌,时无忌,大吉大利。”

师徒口传身授(毛天松　摄)

师傅示范(毛天松　摄)

收弟拜师时所请的前辈，按辈分的不同，称呼也有所不同，向下照推。且在拜师时先投门，再入门，意思是先学武德，再学武术。

布依族棍术具有如下重要的价值：一是棍术的历史实用价值：布依族棍术已有两百多年的历史，自古以来，一代代布依族棍术传人为保村护寨做出了积极的贡献。所以棍术的历史作用有：①历史上主要用于防身，保护家产，保村护寨，在安全上起着积极的作用；②中华人民共和国成立后主要用于健身，对锻炼身体有很大的好处。二是体育价值：首先，棍术健身能够发展肌肉、关节的灵活性、弹性以及脊柱的柔韧性。同时棍术的套路练习对提高中枢神经系统、平衡器官、心血管系统和呼吸系统的机能能都起着积极的作用。其次，舞棍时，手、眼、身、步协调合一，灵活多变，有利于提高身体的力量、速度、耐力。最后，作为布依族的传统体育项目，棍术锻炼了人的体魄，学习过棍术并经常练习者，一般都健康长寿。三是攻防价值：棍术可以用来攻击也可以防身，棍术快速、勇猛、刚劲有力的特点，练起来风格泼辣、节奏鲜明、呼呼生风，有“棍打一大片”的功效。四是思想文化价值：布依族棍术反映布依族悠久的历史文化及尚武精神。布依族学习棍术以“德”为先，师父收徒首先考察学徒思想是否纯正，有无报复心理。学成后，师父告诫切不可滥用棍术伤人，只能用来防身护寨，体现了布依族学习棍术的根本宗旨和习武的优良传统美德。

布依族棍术主要通过父子相传或师徒传承沿袭，自清朝嘉庆年间传承至今，已有 200 多年历史。随着改革开放的不断深化，受打工热潮的严重影响，青少年又忙于念书学习，加上社会生活环境安定，棍术保护家产、护身防寨的功能减弱，故学习者越来越少，棍术面临失传的境地。

民间棋艺

民间棋艺——布依棋是布依族民间体育竞技类型的非物质文化遗产，它与其他棋类区别的一个显著特征是双方在攻击对方的时候，都要留出一条出路给对方，否则判决攻方负。该类活动现仅仅分布于望谟县复兴镇十余个村。

布依棋的起源时间现未考证出具体为何时，只知是以布依语言传身教的方式一代又一代地流传至今。布依族是一个文化底蕴深厚、民俗多样、民间体育富有特色的一个少数民族。布依棋艺，在其漫长的流传过程中，历经历史的历练演变，已经形成了一个完整的体系，成了布依、苗、汉等民族共同喜爱的民间竞技娱乐活动。

位于望谟县河贝的石板棋盘，
也是唯一的文物棋盘

布依棋是集民族性、趣味性、知识性、开放性、竞技性、大众性、艺术性为一体的娱乐活动。由于其规则简单，一玩就懂，一辈子都不会忘，所以几乎当地每个人从小到大都下过该棋。

下棋的工具主要是棋盘和棋子。此棋下法极为方便，下棋者捡来小砖瓦块、石块等作棋子，在田埂地头或墙角房檐下一蹲，在地下画 5 行 5 竖 7 条对角的斜线的正方形“棋盘”即可开赛。棋盘中共有 41 个交叉点，棋子共 28 粒。

两个布依族孩子在下布依棋（贵州省非物质文化遗产中心提供）

走棋和吃子：“相邻跳”，棋子的移动可以一步步在有直线连接的相邻六个方向进行，如果相邻位置上有任何方的一个棋子，该位置直线方向下一个位置是空的，则可以直接跳到该空位上，跳的过程中，只要相同条件满足就可以连续进行。在行棋中，某方如能夹住对方连成一条的棋即可“吃掉”对方，对方被吃掉的棋换成自己的棋子，直到分出胜负。

其他规则、胜负判定方法：攻防的过程中都要留出路给对手，如果让对方走投无路时，判攻方负；当对方自动跳进虎口后，即可判定胜负。

对局经验有：①密集队形。从边进攻，采用密集队形，使己方所剩全部棋子尽量靠拢，注意断点。②占据边角。位于边上的棋子比位于中部的棋子危险较少。所以如果能以棋盘一隅的边角为根据地，则有利于保存实力，伺机进攻。③合而围之。如果棋子孤立、远离，被攻击的危险性更大，所以在对局之初要尽量使对方棋子分离。④正确补位。补位是指为了防止对方跳吃而把棋子走入空着的棋位。对局之初，除了能连续吃子以外，有时走动1子以后，能形成双吃局面，即下一步可能在两个方向上跳吃。补位时，要选择正确的棋位，以利于减少伤亡、保存实力。⑤均衡分散。成线的棋子一一散开时要注意数量上的均衡，不宜有未动的单子，走子时宜优先考虑子多的棋位。⑥步步为营。如果做到前述几条的话，就会形成这样的局面，攻防可以步步为营，一张一弛，既要让对方有一席之地，又要使后方的空棋位增加，使对方的活动空间减少，最终自投罗网而死。

布依棋的传承谱系是社区相传，传承方式是自然选择的结果，没有严格的传承体系。望谟县有名的布依棋文化人有杨先泽、韦世荣等。

布依族武术

安龙县是1992年国家体育运动委员会命名的首批35个“全国武术之乡”之一，其所辖的布依族村寨习武之风盛行，武术文化源远流长。据《兴义府志》记载，安龙一带明清时期著称的“龙广四十八寨（含德卧、永和、科汪）”“阿伦十八寨”的青壮年大都会武功。以前，寨中上至八九十岁的耄耋老翁，下至六七岁的稚嫩童子都会要两套，大多青壮年男子更是武艺高强。现在仍保留尚武习俗的主要有招堤办海庄及钱相乡、平乐乡、兴隆镇的一些布依族村寨。

据专家考证，安龙布依民间武术，不知始于何年何代，属于何流何派，但是动作巧妙，身形流畅，各成一套，包括狮子开口拳、插虎拳、布依棍术、板凳拳、扁担拳、连枷、钉耙拳、草墩、刀术、剑术、流星锤等，简单实用，既可强身健体，又可格斗实战，防身自卫。无论赤手空拳，抑或扁担、板凳、镰刀、锄头、板凳、草墩等随手取到的生产生活用具，都可当武器使用，动作灵敏、身手灵活、能攻能防、进退自如。

安龙县是南盘江畔的布依族主要聚居区之一，布依族人民在长期的生产生活

安龙布依武术传承人韦殿文在练习板凳拳(岑侃 摄)

实践中,为保家护寨,因地制宜,自创出了简洁实用的各种民间武术,拳法套路自成一家,架势中透出浓浓的古朴韵味。

安龙县位于贵州省西南部,地处黔桂两省区结合部,是大西南通江达海的必经之道,是贵州通往泛珠江三角区域及东南亚的咽喉要道和中间腹地,是贵州南下广西和西进云南的重要交通要冲。安龙县地质特征属典型的喀斯特岩溶地貌,境内密布石山、峰林、溶洞、丘陵和坝子。在远古的蛮荒时代,多野兽出没、匪祸猖獗。据史料记载,洪武十四年(1381年),明太祖朱元璋命傅友德为征南将军,蓝玉、沐英为副帅,将兵30万趋贵州。洪武十五年云南平、太祖留沐英镇滇黔,奉诏自盘江至大理60里设一堡,留军屯田,置陵元堡于棂钵寨,即今之安龙城旧址。洪武二十三年(1390年),置安隆守御千户所。布依族的祖先就是这个时候随军南征北调入黔屯田留守的士兵,这些士兵平时既要耕田种粮,又要操练武功,武术得以传承下来。又因该地为南明王朝都城达四年之久,尚武之风更为盛行、巩固。此后两三百年间,安龙一直是兴义府、南笼府、南笼厅的所在地。至清末民初,社会动荡、地处西南一隅的安龙更是匪患猖獗,为抵御匪患、防止野兽侵袭、保甲护寨,村民在原来武术的基础上,结合生产劳动中的一些习惯和器械,又创造了一些动作套路,逐步形成了独具特色的布依族武术。

布依族武术不仅使安龙成为贵州著名的历史文化名城,更使其获得"武术之乡"的称号。

布依族每逢吉庆节日或农作物收获季节,都要举行各种舞龙舞狮活动以示庆贺,其中以舞狮表演活动开始时进行的狮子开口拳为必然演练节目。狮子开口拳是流传于安龙布依寨里最常见也是最基础的拳种,形式展现的动作淳朴厚重、发力顺畅、变幻难测。

1949年以后,社会安定,人民安居乐业,但村民习武之风仍然盛行,但不再是以对抗搏击为目标,转为以强生健体、传承文化为宗旨。

安龙布依老拳师王廷力在表演棍术(岑侃　摄)

安龙民间布依族传统武术讲究师承关系,有学武术的口诀,有学武、用武的戒律,拜师练武者都必须遵守,强调练武主要是为了防身和强身健体。其武术套路简单、实用,突出布依族坚忍不拔的民族精神。

卷七 传统美术

省级非物质文化遗产

石氏面塑

石氏面塑是以家族传承为主的一种民间美术形式，流传于贵州省黔西南州兴仁县城关镇西关、农机路的几户石姓人家。

据《兴仁县志》记载：面塑艺人石家让"用面食捏人像及飞禽走兽，栩栩如生。抗战时期，美军驻县，他用面食捏美军人像，美军认为被辱，欲踢其摊，他灵机一动，又捏一日本兵跪着向美军投降状，美军大喜，视为珍品，争购带回美国"。此事当时在兴仁引起轰动并广为流传，由此也证明了石家让高超的技艺和过人的才智。

由于民间各种传统民俗活动如祭祀、盖屋上梁时所用的"飘梁粑"等对面塑制品的需求量比较大，而石家让制作的面塑品精美绝伦、巧夺天工，极具观赏性。因此深受城乡人民的喜爱，成为人们举行各种民俗活动的首选。同时，由于有很好的市场，面塑制作成为石家让用以养家致富的本钱，这也是石氏面塑在当时得以生存和发展的根本原因。

石氏面塑是以家族传承为主的一种民间美术工艺，制作程序如下。

石氏面塑(一)

揉面团：由糯米与黏米通过人工捣成面，并按 2∶1 的比例加水混合，捏成厚 5 厘米～8 厘米直径的面饼，用锅煮熟（面饼完全漂浮于水面）后打捞出来，待冷却至 60～70℃后，就用手进行搓揉，直至所搓揉出的白色面团不会粘手。

配色：在正式制作作品前，要将已搓揉好的白色面团按制作对象的大小,取大小不同的面团兑上天然颜料制成的色素,再搓揉成不同色彩的面团。所选取的色素是天然植物加工而成,能食用。其色以红、黄、蓝三色为基本色,通过配制,可配成近30种颜色。

创作面团:上色后,就可根据制作对象各部分的特征和色彩取用不同颜色的面团进行创作。其面塑制作有具体顺序(以人物为例),在进行人物创作时:

第一,先取一白色面团为里,然后用有色面团包裹做中间身体部分。所做身体上部留空,以便下一步骤做头。两肩处留空,以便下一步做手。同样下部留空,以便下一步做腿脚。多用捏、按、辗等手法。

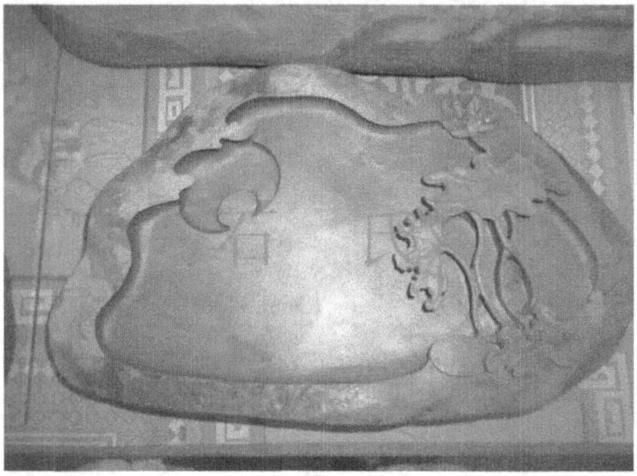

石氏面塑(二)

第二,做腿和脚部。腿和脚做好后,用细竹签将其和身体穿插连接在一起。多用搓、揉、捏、挤、按、辗等手法。

第三,将做好的身体和脚用细竹条支撑好,然后插在托盘上,使其固定、站立。细竹条可通过脚底或腰部在托盘上支撑。托盘一般为半球形,平面朝下,凸面朝上,支撑人像的竹条从凸面插下,这样才能使其稳稳站立。

第四,做手部。手做好后,从手臂处用竹签将其与身体肩部所留空处相连。多用搓、揉、捏、捻、按、贴等手法。

第五,做头部。该部分最为复杂,也是一件面塑品最生动鲜活的体现。头部大致轮廓做好后,同样用竹签将头和身体相连接,再加以细心修饰。该部分多种手法并用,细微处多以捻、贴、挑、点、划等手法为主。

第六,做人物所持之物及有关装饰品。对制作过程中的一些痕迹进行处理。多种手法并用。

第七,作品完成后,用毛笔或小刷子蘸鸡蛋清从上到下涂一遍,增加其光泽度,同时,也可使该作品保存的时间更长些。

一件面塑作品通过手工和一些日常的辅助工具,采取搓、揉、捏、挤、按、捻、贴、挑、点、划、穿、辗等手法,便使其栩栩如生地呈现出来。

在制作过程中,所使用的相关器具包括:小刀、剪刀、豪猪钎(或铜钎)、木梳、菜油、天然颜料等。这些器具多为日常生活用品,只是豪猪钎(豪猪身上所长硬刺)因光滑顺洁而不沾面是较为理想的器具,但比较难寻,所以,用坏后,现均用铜

石氏面塑(三)

钎代替。

面塑作品较多。人物有西游记中的唐僧师徒及众神仙和妖魔鬼怪,水浒传中的一百单八将,佛教中的十八罗汉,八仙过海中的八仙,还有现代人物。其他还有诸多花鸟鱼虫、飞禽走兽等。所有作品无不形象生动、惟妙惟肖、灵气十足,尤其以人物制作见长,的确是罕见的民间艺术瑰宝。

石氏面塑扎根于民间,应用于多种民族民间传统习俗活动中,不仅具有很高的美术观赏性,而且还可食用,可谓食品与艺术品的完美组合;其制作原料普通,成本价廉,制作器具简单易寻,制作颜料易于加工。手工工艺复杂,要求制作者不仅要有一定的美学修为,而且还要有高超的手工技巧是食品与艺术品的完美组合。

长期以来,石氏面塑在民间世代传承,民间艺人大多用此养家糊口,石氏面塑自石家让起传承了两代人,一些工序、配方还成为秘不外传的绝活。1990 年,兴仁修编县志,便将石氏面塑载入,石家让也被列入名人之列。后来,石家让将其工艺以家传的方式传给其子石道全、石道生,又传于孙石云华、石云红等。由于受市场经济的冲击和各种因素的影响,目前,只有其子石道全、其孙石云华能基本掌握石家让所传承下来的高超技艺。

布依族刺绣

布依族刺绣,俗称“siuh wal”(即“绣花”),是南盘江沿岸一带布依族女性世世代代传承的一种传统纺织工艺,是人们服饰和家庭陈设的重要内容,是布依族文化的重要组成部分,更是布依族精神素质的外在表现,是布依族民间美术类型的非物质文化遗产。该遗产项目广泛流传于布依族地区,代表性传承地区为兴义市和望谟县。

布依族刺绣题材广泛、内容丰富、绣法多样,主要表现在对服饰的精心装饰上,布依族的栏杆、腰带、围巾、鞋、被面、整套、床套、靠垫、桌布、手帕及各种绣衣,以及枕巾、荷包、挎包、绣球、糠包等都有刺绣。最常见的图案有“龙”“凤”“鸳鸯”“仙鹤”“老虎”“麒麟”“蝴蝶”“喜鹊”“牡丹”“葡萄”“荷花”“桃花”,以及十二生肖等。运针细密均匀,图案紧凑大方、生动形象、收密得当、融叠自然、色泽鲜明流畅、平整干练、十分优美。每件绣品都是一件精美的艺术品,具有极高的观赏和收藏价值。布依绣是以硬缎、白布、交织软缎等为原料绣制的精细工艺品,绣品既有民间的欣赏艺术品,也有美观舒适的日用品。

蜡染(贵州省非物质文化遗产保护中心提供)

布依族刺绣的起源时间现还不能考证始于何时,只知布依族刺绣是用言传身教的方式一代又一代地流传至今。在其流传的悠久历史中,尤以明代时因工艺精湛而盛行于民间。明弘治《贵州经略新志》、万历郭子章《黔记》等文献都有记载:“布依族妇女……腹下系五彩挑绣方幅,如绶;仍以青衣袭之”。到了清代初期,妇女用刺绣为衣饰的更加盛行,乾隆《平远州志 · 仲家》记载:布依族妇女“刺花袖口”。到光绪年间以后,由于许多布依族地区逐渐改用织锦作衣饰,刺绣便随之而改作小件的装饰了。尤其到了民国以后,大多数地区的布依族妇女已经“易裙为裤”,衣裳改用栏杆镶边,用刺绣作衣饰的也就相应少了。但布依族妇女们仍喜欢用各式各样的刺绣花纹和图案来装饰自己的衣裙和生活日用品。

在布依族地区,刺绣是妇女的一项基本技能。妇女都是纺织和刺绣的能手,根据自己的爱好和想象,她们可以绣出各种图案,抒写出自己的梦想与渴望。在许多布依族民间故事传说中,女性都是心灵手巧、勤耕善织的能手。然而,繁杂的工序是现代人很难想象的。母亲经常语重心长地叮嘱她的孩子:“女孩子不学刺绣,长大后难嫁人。”在母亲的严格要求下,女孩子们一般七八岁起就学绣花,九岁时就基本掌握了如何看布纹、如何穿针引线,小小年纪便能绣出一手复杂的兽蹄形纹、界形纹、鹿形纹、人形纹等,十二三岁时便学习使用织布机,长大以后,人人能挑花、个个能织布。其中,手工香包是女孩子必会的针线活。

刺绣荷包(谭罗兴 摄)

刺绣先画底样,剪纸贴于布上,依样绣出,底样有“花卉”“几何图形”“喜鹊登枝”“鸳鸯戏水”“狮子滚绣球”“鲤鱼跳龙门”“双龙抱金柱”等图案。刺绣品有背带心、帐檐、枕套、门帘、围腰、鞋面、童帽等。1989 年和 1990 年,桑郎、平绕绣的背带心两次在京展销,受到海外人士青睐,销往日本。目前,布依族刺绣作为布依族公认的民间美术已被引进校园和社区。

布依族刺绣分素绣、彩绣、剪帖、扎染(也用线来修复绘制)四种。

一、素绣(布依族最古老的刺绣工艺)

特点:①素绣专制床单(专绣床单);②黑白构图,白底黑线,因此也叫“黑白绣”;③图案多为玫瑰、牡丹、莲荷、映山红、梅花、鸳鸯、游鸭、凤凰、孔雀、狮虎、猫、喜鹊、蝴蝶、蝙蝠、蜻蜓等,充分体现了与大自然相依的民族的山水情趣;④只需绣花针、无须借助其他工具;⑤操作简便,但做工精细,立体感强,技法较难。

刺绣工序:①选料。选用经纬线曲,匀筘面较宽,无疙瘩的优质白棉布作底料。细、匀无疙瘩的黑棉线作绣伐。②拼接。农家自制 土布一般筘面较宽,需由 4 幅左右拼接,方能成为床单。③用蓝兰靛或枫香叶将白绣线染黑。④漂白。传说手法是用牛屎稀释浸泡面料数日,然后反复棒槌挤压、致使白布更为白皙柔软,现代已用漂白粉漂白。⑤编织床沿花格花边。⑥绘图。⑦刺绣。

技法:常用技法有“捉”“提纱”“火台进”“党”四种。①捉。也叫“回位缠绕”法。方法是:向前刺出一针(Seeus、绣)后,又在背部退后到原针孔处向上刺出后,缠绕面上已向前绣出的绣线 1~3 周(即 Guec 缠绕),再向前出刺下。退后在原针孔是使正面绣线紧贴面料不松动,背面则呈现“Raai 摸”现象,即“蚂蚁爬行”封迹。②“提纱”(布依语 Jossah)。“提纱”手法细腻复杂,做工精细,是布依素绣中最难掌握的技法和工艺。方法是:先用黑线在花面上刺绣出若干组长短不一错落有致的横向平行线,然后刺绣出若干组长短不一的错落有致竖向平行线,让其交叉处出现空心十字花,并让这样的形状布满花瓣叶片……缝纫机能踩出花叶边沿,但却不能取代“捉纱”技法。据统计，目前掌握此技巧的艺人在桑郎村仅有韦碧萧、龚庆分等七八位老人。品种繁多的现代床单取代了素绣床单，年轻一代已无人学做土布素绣床单。这些老人去世后，素绣这一技法将绝迹。③“火台进”(Hoeedaa jieb)即挽疙瘩。方法是：拔出绣花针后，把针平放于原针孔面上，用绣线在针尖上绕2~3周接出，形成一个小圆疙瘩，然后又从原针孔刺出，让小圆点附于面上，此技法常用于绣制花蕊、荷藕等电状图形纹。④“党”(daangh)。一针一线常与技法“捉”交替使用。此技法常用于表现花脉、叶脉、花蕊等须状图纹用“捉”的手法操作。

刺绣融入现代元素(张霆　摄)

二、彩绣

底料、绣线、图纹均为彩色，故为彩绣。彩绣专用于绣制背带、鞋、帽、门帘、帐帘、枕头、围腰、鞋垫、糠包绣球等工艺品。

工序：

(1)选料：根据需要选用各色面料和各色绣线。

(2)制作刺绣工具：①“绷子”。软面彩绣常需要两个圆形环将软质面料绷紧，以便刺绣。“绷子”用优质南竹条围成一大一小两个圈，用布条缠紧，大环套小环，将布面绷紧。②布壳。厚面彩绣，需要制作布壳托底。方法是将两层布用白笈水或胶水粘合成约半硬币厚薄，晒干后，剪裁为所需要图形，如等边三角形、枫叶形等备用，再将所需色彩面料粘贴于用图形上剪修成相应图形。③在制好彩面图形或软质底面料上绘画。④配色刺绣。将软质面料套在绷子上绷紧(指弹有嘣嘣声)

背面衬上 一层纸或薄布,然后配色刺绣。如花纹案的厚质面料,直接手持刺绣。

三、剪帖

仅用于制作背带。布依语叫“nabob”,即将要绣制的图形剪下,然后贴上彩色面料,前花形色边,再按照图案拼接成整幅花卉、画面。

工序:①用两层布粘贴成约有半枚硬币厚度的布壳晒干。②制作花卉模型。在纸上画好所需花卉、图形,帖于布壳上,依样剪下,模型、备用。③将剪下备用的硬壳花卉模型粘贴上去,所需的彩色绸缎上,依样剪出彩色花卉,包边。④将剪下的彩色花卉拼接、组装成所需的花朵、图形。⑤“Xiaan wal”(虾花)。即用刺绣的Sab和San“上”火台进等手法在花模上绣出花蕊,花脉、叶脉和蕊点。⑥“交羊毕”,即镶边。在花的边沿镶上金边或银边。方法是用间亮金或银色纸条,踩绕花卉边沿,用针一线一线连在花边上。

四、扎染

工序:①选用多幅白土布拼接成床单一幅。②绘画。在白色床单上画上所需图案。③用线将画线捆扎。④将针刺捆扎好的床单放入兰靛铜内,每隔两天取出清洗一次,又放入兰靛内浸泡往复7~8次,全程浸泡15天,清洗后晒干。⑤拆掉扎线,露出未被浸染的白色条纹形成花卉图形,即成扎染床单。

布依族刺绣的素材来自现实生活,大胆的构思来自对理想生活的渴望,构图组合多为动物与植物的组合,其纹样如下。

(1)植物类:蕨类、草蔓、葛藤、树木、花卉、农作物果实等。数量以花卉最多,如刺梨花、石榴花、刺花、刺叶花、菊花、大菊花、水仙花、玫瑰花等。纯粹用花(包括蓓蕾、花朵、花瓣并以花的茎、枝、叶、叶蔓和花盆、花瓶、花篮、花窗作陪衬)或以花为主组成图案的刺绣很多,如围腰、飘带、背带、包、鞋等。

(2)兽类:象、虎、鹿、猴、野兔、松鼠、麂等及其皮毛纹色。

(3)鱼类:鲤鱼、大头鱼、团鱼、龙眼鱼、泥鳅或鱼鳞、鱼尾纹。多见于围腰、飘带、鞋帮、小孩帽及桌围彩绣。

(4)昆虫类:蜂、蚂蚁、蝴蝶、蜻蜓、蝉、蛾、蜗牛、蜈蚣、萤火虫、蜘蛛、蟋蟀、蝗虫,或虫背纹样。

(5)天体、自然:天、地、日、月、星、云、虹、水、河、山、石、昼、夜等。一些刺绣品上的条纹、曲线纹、几何纹常有天、地、水的含义。

布依族刺绣产品主要用于民间婚嫁仪式和庆典,而且具有明显的功能性,从绣花鞋、绣荷包、绣花枕、绣花被、绣花盖头、绣球、绣嫁衣、绣帕等,都是日常生活所需,表现内容也都与日常生活有关。

刺绣须以绘画作基础,绣得好坏,往往取决于选稿,而刺绣的风格又随着绘画风格的转变而改变。对一个刺绣工作者来说,必须懂得绘画知识。有人把刺绣比作“以针代笔,以缣素为纸,以丝线为朱墨”的工艺美术,它“取材简单,而用途极广”,和书画一样是一门高超的艺术,是“闺阁中之翰墨”。

布依族刺绣名师韦碧萧及其作品

在布依族刺绣的传承过程中,传承人的作用不容忽视。传承人可分为群体传承人和个体传承人两类。其中,个体传承人即通常所说的职业和半职业民间艺人。个体传承人的共同特征是:他们都是民间美术的传承活动中崭露头角的佼佼者;个人身世不凡,社会阅历丰富,有牢固的群众基础;有固定的传承来源;形成了独特的传承风格,即在生活实践中口传心授。在今天南盘江沿岸一带的兴义市巴结、泥凼、仓更、洛万、沧江等乡镇,以及巴结移民区,大多老年妇女还会这一传统的手工技艺。在望谟县,布依族刺绣已形成几个中心:即桑郎刺绣之乡、平绕刺绣之乡、播东刺绣之乡。

卷八　传统技艺

国家级非物质文化遗产

皮纸制作技艺

造纸术是中国古代四大发明之一，用竹和构树皮制作的竹纸和皮纸是传统手工纸的两个重要品种。贵州为少数民族聚居区，省内许多地区仍然保留着传统竹纸和皮纸制作的古老技艺，其中尤以贵阳市香纸沟（布依族）、贞丰县小屯白棉纸和丹寨县石桥白皮纸与彩色纸（苗族）的制作技艺最为杰出。

小屯乡最高海拔 1966.8 米，最低海拔 324 米。常年气候温和，雨量充沛，境内河流纵横，生态良好，水质清澈，为生产白棉纸提供了优质丰富的水源。境内多属环典型的喀斯特地貌，适合构皮树生长。所产构皮皮质嫩、纤维均匀丰富，易提炼和成浆率高。山中长着大量的仙人掌，含有丰富的胶汁，是制造优质白绵纸必不可少的原料。白棉纸的生产主要在小屯乡，其次仁朝、旧寨、漆树湾和半坡一带也有生产。

小屯人抄纸要从乾隆年间算起，据龙家族谱上记载：乾隆五十九年（1794 年），重庆南川县一龙姓男人携妻儿为躲避蝗害，逃难到贞丰县老漆凼村，一家人安定好后，便起炉做起了抄纸的活路。小屯人对抄纸技术不保密，龙家的姑娘外嫁到其他村，又将手艺带到婆家，于是一传十十传百，这手艺逐渐传遍了小屯，龙井村、半坡村、羊寨、老漆凼等也逐渐成了著名的“抄纸村”。

贞丰小屯造纸作坊逐步形成规模，至今已有 200 多年历史。每年农历 3 月 11 日，小屯都要举行盛大的祭礼仪式，祭礼造纸先师——蔡伦。家家户户凑份子钱，杀一头大肥猪，在村头的蔡伦庙焚香祭祖。

1940 年前后，小屯白绵纸生产一度兴旺，产品应邀参加南京赛宝会并获得名次。1949 年以后，白绵纸生产几经反复有了较大的发展。1998 年以来，小屯白绵纸生产达到了鼎盛时期，全乡有 1000 多户 4000 多人从事白绵纸生产，产品除满足国内需求外，还远销美国、日本、法国等 10 多个国家和地区。

小屯乡龙井村至今还完好地保留着传统手工造纸作坊，仍然遵照古法，抄制白棉纸。在贞丰县小屯乡龙井村老漆凼、半坡、羊寨、甘家湾等村寨，以生产手工白绵纸著称。这里保留着古老的造纸作坊约有 500 户人家。多少年以来，当地村民都是将抄好的纸送到贵阳、昆明等地出售。

造纸小作坊

抄纸

造纸在这里一概被称为“抄纸”。抄纸的原料为一种构皮树的皮，加仙人掌、石灰、碱等。从采料备料算起，手工造纸的完整周期有一个多月，包括浸泡树皮、石灰腌制、堆料发酵、蒸煮、摊晒、日光漂白、洗料切料、打浆、抄纸、焙干等大大小小共计72道工序。白棉纸生产过程中，主要有打兑石、打兑桩、打兑杆、打兑滚子、打兑头、皮勾、石灰坑、铁锅、蒸桥、淘篓、水槽和铮缸等备料，有帘子、架子、盖方、枕桩、垛板、拆帘、推杆、搁杆、码子、榨杆、榨绳、榨滚、押方、码口和榨板等器具，晒纸有烤背、架子和棕毛刷等。

龙井村的小作坊里，过去用树皮藤草灰，现在改用烧碱；以前打浆用石碓舂，现在用机械。首先是备料，先把有韧性的构皮在水中浸泡两三天，拟成3斤左右的一个，放于甑中蒸煮两天一夜，待褪去构皮黑壳，放清水里透一天一夜，捞起黑壳漂洗干净，将其漂白，用浆机粉碎成絮状，将里面浆汁淘无，去其浑水、杂物，放槽子里搅拌。接下来是做纸，将仙人掌削皮，放池子中，木棍搅拌，使其胶汁溶解于池中，反复搅拌至稠状，添加到已搅拌均匀的构皮浆中，再次搅拌约半小时，原料汁就算做好了，接下来就是抄纸了。抄纸是在纸槽中进行的，不但需要强劲的臂力，还需非常细心：在纸槽中舀水的时候，双手与双臂承受的重量不下20千克；纸要抄得恰到好处，厚度也要掌握得好，细竹帘在原料池中摆动的时间和次数要恰当，抄薄了纸质不好，出不了好品相，而抄重了纸就太厚，会增加成本，赚不到钱。堆料、漂白、切料需要男女老幼一家人合力完成，从早到晚，一家人大约可以抄1000张纸。

手工抄的白棉纸有着机制纸难以取代的很多特点，具有较高的韧性、透气性，富有弹性，色泽经久不变、不腐、不蛀，且纸纹细致、绵、吸水力强等。小屯乡各家各户所造的纸，对外都统称“贞丰白棉纸”。这种纸是古时候千家万户的日用品，比如印书、作画、做风筝、抄家谱、糊窗户、爆竹引火线、上坟挂青等，现在则更多地用作小商品包装、银行捆钞票、机械清洁、档案文件封条等。

捞纸

传承人刘世阳

白棉纸生产。在200多年的生产历史中，贞丰白棉纸的每一套工序，对原料、水质、工艺均有严格要求，技艺的传承全靠口传心授，工艺自然天成，都是中国古代造纸术的活化石，属典型的非物质文化遗产。小屯白棉纸是中国传统书画的主要载体。保存和发展白棉纸工艺技术，对了解和认识传统工艺，弘扬民族文化都具有深远的意义。与制造相伴，产生了丰富的纸业习俗，每年都要祭祀造纸宗师蔡伦。从这些情形来看，相关的竹纸、皮纸制造技艺已成为文化多样性和民族认同的重要证物。

小屯白棉纸通过师徒传承、家族传承的方式沿袭至今，其生产制作保持传统的手工工艺，每道工序及生产器具都遵循古法。小屯乡刘氏一族一直是白棉纸生产技艺的主要传承者，传至当代已有10代，分别是刘万玉、刘顺益、刘德林、刘清演、刘明贵、刘贤林、刘继志、刘世阳、刘梦。

省级非物质文化遗产

蓝靛靛染工艺（册亨县、贞丰县）

种植蓝靛与蓝靛靛染工艺是册亨、贞丰两县布依族、苗族农耕种植与制作技巧中特有的农业生产方式，主要分布在册亨县的巧马镇、丫他镇、秧坝镇、弼佑乡、双江镇、八渡镇、坡妹镇和者楼镇，以及贞丰县的小屯乡等。两县布依族和苗族群众生产出靛泥后，主要销往当地或周围省区少数民族地区，用作土布染料，也有部分作为中药。

蓝靛又称南板蓝，山蓝属爵床科多年生草本植物。其根、茎、叶不仅可配制成中西药物，而且其另一特大功效是加工制成染料靛泥（制染料靛由采摘、下坑、祭奠、搅浆、打花、出靛、上缸和储藏八个工序组成），用靛泥染色后的服饰布料色质鲜、质期长、质感好，不易褪色，具有十分重要的市场开发价值。

小屯乡木桑村村民在收割板蓝根

蓝靛的植株称蓝，据史实记载，在古代的印染工艺中，靛蓝是应用最广泛和最重要的一种植物染料。早在3600年前的夏代，我国就已经开始种植蓝草用于染色了。此后，随着染料生产及使用技艺的进一步发展，秦汉之后人们又懂得了用酒糟还原靛蓝染色（靛）的机理，使靛得以长期保存，且使用范围更加广泛。贵州贞丰、册亨一带的靛泥生产和使用技艺，与史料记载内容相差不多，可以说是传统靛泥生产和使用技艺的活化石。根据我国古典文献《齐民要术》《天工开物》《农政全书》及《本草纲目》等史书记载，蓝本植物里可制靛的有菘蓝、蓼蓝、山蓝（马蓝）、吴蓝、苋蓝五种。因土质类型的原因，册亨、贞丰县域土质比较适合种植的是山蓝。

小屯乡村民们正在搅动池子里的蓝靛泥

靛染，大致过程为：制靛—漂白—染布。

（1）制靛。靛，即蓝靛或靛泥，是用蓝靛草制成。蓝靛草即板蓝根，在布依族聚居地区都有栽种。一般用插栽法插栽，春末出苗，七月割蓝制靛。制靛时，叶茎多的入窑，叶茎少的放入桶或缸（土陶缸）里，用水浸泡七天，泡出蓝汁。每一石蓝汁浆液加入石灰五升，搅打后，蓝靛凝结；水静止，蓝靛沉积于水底，完成制作，即得染布原料——蓝靛。

蓝靛经一定的技术处理，可把布染成深蓝、中蓝、浅蓝、灰、深灰、青、月白等各种色道。染布分为大缸染和小缸染，大缸染靛染技术一般为洗染大户掌握，80%以上的布依族家庭都掌握小缸染技术，不论是大缸或是小缸靛染，都要先把布漂白后方可进行染制。

（2）漂白。漂白是布依族靛染的第一道工序。布依族妇女一直使用早晨的阳光和露水进行漂白的古老方法。布依族妇女晒布多在天气晴朗有露的早晨6点至7点太阳升起之前，晒布时，选好草坪，左手抓住布匹的一头，右手将成团的白布用力向前方抛出，布匹在空中展开形成弧线飘降到满是露水的草坪上。布团要顺风抛出，借风力迅速在空中展开飘降到草坪上才是平整的，整个布面才会在同一时间被朝露浸湿，这样晒干的布面色调才一致。如果布不是在同一时间内被露水浸湿，那么先晒干的部分与后晒干的部分白的程度就不一样，会呈现出浅色斑块，影响靛染效果。几分钟后，平展的白布全部被朝露浸湿。当温暖的阳光洒落在湿透了的白布上，水气受热后开始蒸发，如烟如丝，若隐若现。晒至中午12点左右，布依族妇女们将晒干的布收回家中折放好，翌日又晒于朝露之上，中午布晒干后又收回，这样连续晒数天早晨（一般为7~10天），直到布面洁白为止。这样漂白后的白布在靛染时容易上色，经久耐用。另外，布依族妇女还掌握一种更为原始独特的漂白方法——利用新鲜牛屎作为漂白原料，漂白时，先用适量的新鲜牛屎放在木桶里加水搅匀，然后放入白布进行翻搅。翻搅均匀后即把布取出摊在阳光下晒，待布晒至半干再拿到河边揉搓冲洗，布料就会很快变白。牛屎不仅起着漂白的作用，而且渣滓还可除掉布上棉籽的黑点，这是用其他漂白原料很难达到的效果。

（3）染布。将布漂白后，即可进行靛染。若染青布可在家庭的小缸染制，若染其他颜色则须拿到洗染大户那里染制。

大缸靛染。先把蓝靛放进大染缸，根据布料多少和所染颜色，按一定比例加入适量的水，石灰、自制白酒及土碱等原料，经过一定时间的化学反应再放入白布，要经多次取放和漂洗。一般是每隔2天取出漂洗一次，至少要漂洗8次以上，浸染16天以上。且每次取出布料漂洗后再放入染缸时，都要按所染颜色的需要添加一定比例的水、蓝靛、石灰、自制白酒及土碱，同样要添加8次以上不同比例的原料，直到布已染成所需的颜色，再把牛皮熬成的牛皮胶上在色布上，用石滚把染成上胶的布滚平，直至光亮即为成品靛染布料。

小缸靛染。布依族人家各户自立的小染缸自染青色布、线。用小缸染青布，先把蓝靛放进小染缸，加适量的水，再按一定比例加入适量的石灰、土碱和自烤的白酒等原料。经一定时间的化学变化后，再把用清水煮过的白布（通常煮 1 小时左右）放入染缸。从布料下缸的当天起，每天取放 3 次，3 天漂洗一次，这叫头风。通常要浸染 3~4 风才能达到“上药”的程度。小缸染青布从头风到染四风，同样要取放 8 次以上，浸染 16 天以上。在每天晚上夜深人静时，按一挑水、五钱白灰、半斤蓝靛、二两自烤米酒的比例将原料添入染缸。每隔两天添加自制土碱、白灰各一两。布料经上述时间和方法靛染后，可取出“上药”。所谓“上药”，就是用涩犁皮在清水中煮熬 5 个小时左右熬出紫红色的水汁，将布料放入紫红色水汁中浸染一遍后取出晒干，再次放入紫红色水汁中浸染，同样每天取放漂洗 3 次，浸染 3 天后，取出晒干然后上浆，即用野生“白矾”粉末加入紫色水汁中搅匀后，将晒干的布料全面浸湿上色，待布料上色后取出晾至半干，将半干的布料放于青石板，用专用的锤布棒（长 60 厘米，宽 10 厘米）锤 1 小时左右，将布料锤至半蔫，然后展开晾干，晾干后将布料折叠成块状再用槌布棒槌打一小时左右，直至布料薄平，这才算是合格的成品青布。染青布的三道工序，即浸染、“上药”、上浆缺一不可，尤以“上药”工序最为关键。靛染的青布，虽经日晒雨淋，也不会褪色。小缸染以母女传承方式沿袭。

自古以来，布依族人穿的各色服饰布料，均靠靛染而成。而布依族传统男耕女织的社会结构决定了靛染技艺只由布依族妇女掌握，并以母女传承的方式沿袭至今。在世代相传的习俗中，也有一些禁忌。主要是：①时间禁忌。每年的 3 月至 7 月，封缸禁染，怕耽误农事，其余月份均可染布。②每年的正月初一或初二，各家各户的女主人要举行开染（缸）仪式。男性不准参与。仪式在染缸前进行。女主人点燃三炷香，烧燃三张纸钱，口中重复念着“布色布色，像乌鸦的翅膀一样乌黑，像老鹰的眼睛一样光泽”，祈祷新年染布顺利，借以表达对染缸的敬重之意。③小染缸要存放在清洁、光线较暗，男人及小孩不易接触到的地方。保持环境清洁，以免杂物掉进染缸。保持较暗的光线有两层含义：一是强光会影响染布的颜色；二是防止别人偷学靛染技艺。布依族妇女认为男人一旦学会染布，田地就无人耕作，家里就不会有收成。

蓝靛靛染花布

④靛染过程中，只能朝一个方向搅拌蓝靛，否则会影响靛染的布色效果。

蓝靛制作工艺具有悠久的历史性、分布的广泛性、价值的实用性。第一，蓝靛制作工艺是我国传统农产方式的缩影，对于研究我国农耕工艺生产发展、民族风俗及相关的意识形态等具有重要的学术参考价值和研究价值；第二，蓝靛能入药，能作为民族服饰布料的最佳染料，具有市场开发价值；第三，对于加强社会交往、促进社会文化经济交流、促进发展、推动社会进步起到了极其重要的作用；第四，蓝靛制作工艺的世代相传、自给自足的农产方式体现了布苗民族热爱生活、热爱家乡、热爱祖国的高尚情操和热血情怀。

贞丰县珉谷镇布依族妇女正在纺线，线纺好后再用来织布

然而，随着社会的发展、时代的进步、生活水平的提高及生存环境的改变，人们思想观念的不断更新等一系列的因素逐渐制约了蓝靛制作工艺的发展。过去自给自足的农产方式逐步被商品经济所代替。再加上市场经济多元化的冲击，愿购商品不愿制品的思想观念限制了蓝靛制作工艺的发展。此外，绝大多数青年人到外地求职谋生，年迈体弱的老艺人很难找到传承人，从而致使工艺发展后继乏人。当前，蓝靛染料制作工艺还属于口传身教，除了老艺人和懂得制靛的好手能心领神会外，旁人很难看懂和领会其中独特的奥秘，这也使得蓝靛制作工艺面临着人亡艺绝的险境。

故央——传统手工水磨制香技艺

故央（布依语：Gun yang），是布依族传统手工水磨制香技艺，流传于黔西南州安龙县戈塘镇境内香车河两岸的洞广村和临近的一些自然村寨，传播面积约 7 平方千米。该技艺是安龙县洞广村布依族人民在长期的生产劳动和传统习俗中集体智慧的结晶，其在香方原料的选定、配伍及制作流程等都很考究，生产出来的成品香具有养生安神、驱蚊灭虫、净心明志、开窍开慧等功效，闻之有益于人的身体健康，祭祀时更能充分表达香客对神灵的恭敬之意。它曾远销到安龙、兴仁、贞丰、广西隆林、田林等县市。

制香技艺的流传地——香车河畔的洞广布依村（张骏　摄）

香车河，因其河边有木质香粑水车常年转动而得名，它是戈塘镇岔河与柘磨河汇流后流入洞广村境内的河段。从汇流处的洞广村冬瓜寨算起，至相邻的纳利村龙路寨，大约长 7 千米，沿河两岸世代住着纯朴的布依族、苗族人家。四周与本镇的大水井村、鲁沟村、联新村、柘磨村相接壤，位于安龙县西北部，距县城约 30 千米。其地势平坦，山丘多土少石，香车河穿境而过，水源充足，土地肥沃，属山间盆地，寨中古树参天，竹木成荫。由于平地海拔只有 1200 米，纬度又低，四季如春，冬无严寒、夏无酷暑，属亚热带季风气候，盛产大米、林木、水果等。

在香车河畔洞广村后山的水井旁，留存有一个香祖师的石像，每年正月初一早上（子时起），洞广村远近的人们都会到这里来烧香祭供，挑新水，以求保佑家人平平安安。村民们每年在制香前，都要先敬香祖、树神、山神等。逢年过节给家神上五炷香；过鬼节时，夜晚在路口插路香，迎接祖先回家；洞广寨的陆家，把香插在不同的地方，代指身份不同的亡灵；有人不和，也要烧香进行调解……从其香方原料的选定、配伍、制作、使用等，体现了布依人民的精神气质、民族传统观念、美学观念、价值观念、思维模式、世界观等。

洞广布依寨后水井旁的香祖师石像（张骏　摄）

据考，西汉时，由于汉武帝奉仙，为求长生，是神就敬，是仙就拜，使我国的香文化得到了很大的发展。但是，所使用的香几乎都是西域的进口香,价格昂贵,只有官宦之家才用得起。隋唐时,在两广、海南等地的民间,大量生产香,使香的价格大大地降低,香的使用也就得到了普及。迨至宋代,儒、释、道三教融合,烧香之俗,也被世人所崇尚。由此可推,洞广村布依族很可能在宋代前后就已经开始用这种传统的制香技艺生产香,至今已有1000多年的历史了。

洞广村布依族所生产的香是竹签香。按其长短,可分为长香(约90厘米)和短香约(40厘米)两种;按其颜色可分为青香和红香;按其制作方法上的不同又可分为擀香和提香。

香的制作分为以下四个方面。

香方原料。洞广村布依族制香的香方原料主要是香樟树、枫香树、冬瓜树、侧柏树(叶)、马桑叶、香叶、艾蒿叶、鸡血藤、水麻等天然药材,这些药材不仅易燃,并且香味浓郁,通过配伍加工制成成品香后,有清热解毒,祛风除湿,止血行气,养生安神等功效。

磨制木浆的水能香粑车(张骏 摄)

香粑、香面的制作。香粑是制香的主料,香面是制香的配料,是按以下步骤制成的。①布依族信仰多神,认为万物皆有神灵。选定用某棵树来制香,都要先敬树神,然后才能把树砍倒,裁成小截,每截30~40厘米(与水磨石槽同宽),在每截的中间打上眼并安装在香粑车上。②利用香车河的天然水流为动力,让香粑车转动使安装在香车上的制香木料与磨石摩擦,产生木浆,沉淀,然后用布袋把很细的木浆装好,捏与团,让其风干或晒干,即成木粉团。③将香叶、马桑叶、柏枝叶、艾蒿叶等晒干,按1∶1∶1∶1的比例混合,碓舂细,即成有黏合作用的香粉。④将干木粉、香粉、水按3∶1∶5的重量比进行配制,揉、搓,调成糊状,发酵1小时,这就是香粑。⑤香面,在洞广又称“尾面”。其有两种:第一种青香香面,直接用香粉充当;第二种红香香面,是把一种叫“红土石”的矿石碾碎成粉,与干木粉按1∶1的比例拌均匀即成。

“擀香”的制作流程。首先,用香刀把桌上的香粑擀到香桌边缘条形的香斗上,留下一条筷子大小的条形香粑,然后把多余的香粑擀走;第二步,左手拿着香签的一头,另一头放在香斗右端的香粑上,右手拿着香刀按在香签与香粑的结合处,左手顺时针转动香签,让香斗上的条形香粑裹在香签上;第三步,把香签上有香粑的部分放入香面中滚动，让其粘上一层香面；第四步，左手拿着香签把，把香平放在香凳上，右手拿着香板轻轻地擀，让香滚动均匀、平整、美观；第五步，拿擀好的香到庭院中晒干或风干，即成“擀香”。

擀制成品香（张骏　摄）

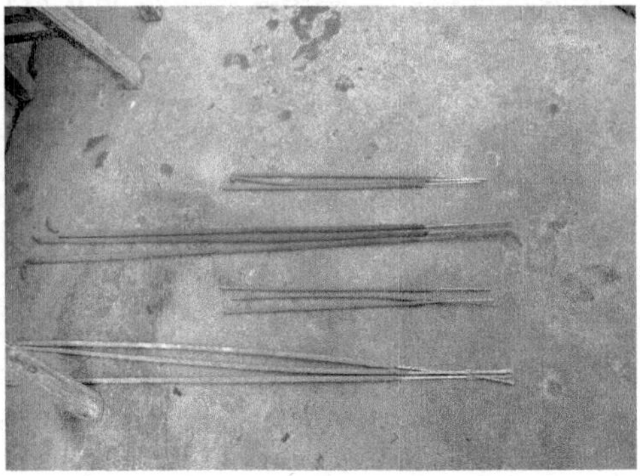

长短不一的青香、红香（张骏　摄）

“提香”的制作流程。第一步，到山坡上采集鸡血藤、水麻，然后把它装在半截陶瓷缸里按 1∶3 的比例兑水浸泡。半月后，除去杂质，所留即是“香汁”。第二步，把准备好的香签插入“香汁”中提起，快速放入桌上黑色木炭粉中打滚让木炭粉附在香签上。片刻，再插入“香汁”中提起，然后放入香面中滚动，裹上一层，最后拿到香凳上擀均匀即可。第三步，拿到庭院中晒风或风干，即成“提香”。

由于这种传统制香技艺历史悠久，现在，在洞广村用香的习俗都要比其他地方隆重、丰富、纯朴得多。譬如寨中有人不和，寨老就会招齐双方，在庭院中点上三炷香，讲清问题，解除冤仇。给家神上香，其他地方只上三炷，而在洞广村，家家都是上五炷，而且还说，中间一炷是烧给天地君亲师位的，一边两炷是烧给两边神位的。更有趣的是，在巧硐寨的陆姓人家，每逢过节给祖先神灵供饭时，把装酒的坛子放在家神前，用一根中间空、拇指大、约 1.5 米高的小竹筒插入酒中，另一头用火熏扳弯后，伸到家神板上的酒杯上，以示酒自然添入杯中。同时，在供饭餐桌的两脚绑上约 1.3 米的竹竿，一边一根，在其上各插一炷香，代表祖先带来的帮工，让他们站着吃饭。可见陆氏祖先在历史上的地位应该是显赫的。

洞广村的布依族制香、用香民俗纯朴、丰富。制香前，要先敬香祖、树神、山神等，逢年过节给家神上香，在硐广是五炷。其他地方三炷，过鬼节时，夜晚要插“路香”，接祖先亡灵回家过节；在巧硐寨的陆姓人家，把香插在不同的地方，代指身份不同的亡灵；有人不和，也要烧香进行调解等，一定程度上体现出了布依族人民的精神气质、民族传统观念、美学观念、价值观念和思维模式，对于民族学、民俗学、人类学、中医学等研究，具有极高的学术研究价值。

窑上古法制陶

窑上古法制陶由于所需原材料独特，加上其工艺流程复杂，其他周边省、市、区、县、乡、村无法仿制，仅活动在贵州省贞丰县挽澜乡窑上村。

窑上村，隶属贞丰县挽澜乡，地处云贵高原龙头天山山脉东部，距省会贵阳270千米，离州府兴义120千米，距贞丰县城20千米，距挽澜乡政府驻地8千米。其海拔1400米，与挽澜乡政府所在地之间的相对高度有800多米。境内气候受亚热带季风性湿润气候及高山气候的影响，冬冷夏凉，年平均气温为16℃左右。南北走向气势磅礴的龙头大山是贞丰与兴仁、安龙的交界处，是集科研考察，旅游观光为一体的自然保护区，山上森林蓊郁，草场繁茂，流泉飞瀑秀美，风光迷人，还有许多珍稀动植物，窑上村500多户人家就居住在龙头大山腹部约五里长的山间盆地的两个坡头上，梯田层层，山峦突兀，屋舍俨然，炊烟袅袅，陶窑排排。

窑上村地质结构复杂，矿产资源丰富，窑上制陶所需的陶土、煤、土釉、灰釉、石英车盘、耐火石等原料均为就地取材，且储藏量大。

窑上古法制陶技艺发祥于明朝洪武年间。据资料记载，明洪武十八年（1385年）古历八月十五日，明成祖朱元璋命军征黔，樊丰（男，汉族）从军来到贵州省安顺地区，因厌倦明军进黔后终日杀掳的生活，私离军队，逃到挽澜窑上，与当地女子何叶结为夫妻。由于无田少土，家庭贫困，樊、何夫妇百般探索发家之道。有一天，因家里缺乏盛饭菜的碗，他想到自己房后的黏土，捏起来又柔韧，造成型后，经晾干不会裂缝，且很有硬度。于是，他便从自己房后取了一撮黏土，在石板上把沾泥块掺水后，揉成泥团，捏成两个粗糙的土碗，晒干后，投入柴火中煅烧了大约两个时辰，取出风冷后，试盛水三日，见碗不渗水，且水无异味，该夫妇窃喜异常。后来寨中人来到樊家见到他家用土碗，便问其来源，樊妇何叶称自造。由于当时几乎没有作坊，人们缺乏生活用器，便向樊家订购。他们夫妇二人不断探索，又有了车盘制陶，产量比原来大了10多倍，因此名声远播，求购者日益增多，樊氏夫妇便成了土陶生产专业户，生活来源全靠卖陶器所得。樊家为使陶业成为致富的门路，便逐步探索生产工艺，该户又研究出红、白、蓝、紫矿陶，产品外观和品质更先进了一步，购者若干，生产无法满足购者要求，接着该户便修建作坊生产。随着产量大增，供大于求，该户开始请工担陶到外村卖，时日长久，贞丰和附近的安龙、兴仁、册亨、望谟、关岭等县都知道窑上生产陶器,便纷纷前来购买。由于仅该户生产已无法满足市场需要,樊氏夫妇看着守候多日而得不到陶品的顾客,心渐难平,便把陶瓷生产工艺传给了本村村民,从此,该村成了制陶专业村。后人为感谢樊氏夫妇对窑上人的奉献,每户都在自家的神堂上写上"樊公何叶之位"供奉。清代乾隆年间,四川制陶艺人郭思贤到窑上传艺,用车刀做碗,以石灰、糖壳灰作釉,随后又有江西制陶师傅到窑上制作缸、罐。民国元年(1912 年),贞丰县居民吴华生等三人到江西景德镇学习陶瓷生产技术,回来后在窑上兴办南丰陶瓷公司,历时八年,生产陶制品质更好。1949 年以后,该村成立了陶瓷生产合作社,从事制陶业的人数约占该地点人数的 68%。

陶器

窑上用土法生产的土陶瓷产品,工序大致有制泥土,将原料黏土、高岭土打细,原来使用牛在泥池中搅拌改为用小型机械将黏土和高岭土粉碎搅拌,制成干湿度旨宜的制陶泥土。其程序为:将泥土放到一个石头做的车盘上,用脚为动力转动车盘,手持泥土制成所需的造型产品,全凭手工操作成型后,取下晾干,上釉、装窑煅烧成成品后出窑销售。从工艺上讲,窑上做的陶瓷品,没有什么固定的模型。坛的大小全凭经验和直觉掌握。

经过窑上村祖祖辈辈的传承,产品结构得到了改观,由原来生产不能上釉的碗、钵、坛等发展如今上釉的龙坛、钵、花钵、蒸钵等 60 多个品种。陶与瓷原料的区别有:陶质地疏松,用低温火煅烧而成,品质脆弱;瓷质地细腻坚实,用高温火煅烧而成。生产出的土陶瓷品耐酸、碱、盐,泡制的菜、酸辣椒等不变味。窑上村充分利用黏土、高岭土、釉(锰矿)、煤等原料的优势,发展土陶瓷品。

窑上制陶人对陶窑有一种虔诚崇敬之情,规定每年古历 5 月 16 日为"窑神会"祭日。窑神会当日,由共有一陶窑的人家筹款备办猪头、公鸡、酒、香、烛、火炮等祭品,于窑头祭供,祭供时必心平气和、少语,和睦共事,由此才能生产出好陶器。并有严禁妇女出入陶窑之规纪。

相关器具及制品主要有:窑上古法制陶主要使用的用具是车盘。车盘是用石英石打凿成直径为 1 米左右,厚度约 4 寸(即 12 厘米),中心有一碗口左右的圆盘,打好圆盘后,在制陶房内挖一个直径为 1 米以上的圆地坑,在地坑内横放两根木棒固定稳，在两根木棒之中凿一个圆孔，作为轴孔，然后，用一根长约1.5尺的木棒为轴，穿过石圆盘，轴下端长1尺左右，上端长5寸，将车盘平抬，移至盘轴对准轴孔后放下，试转平稳正常后，在轴的顶端订上一块直径约1尺的圆木板，便成了制陶车盘。

制陶

窑上古陶制品类别为两大类，以颜色界分：一种是紫红色，称为红陶；一种为灰白色，称为白陶。

窑上村地质结构复杂，土陶制做原料均为就地取材，且储藏量大。其制作工艺全为手工操作且较为精细复杂，流程为：取泥→揉泥→滤泥→垒坨→制陶→凉陶→上釉→煅炼→成品（陶器）。技艺的传承有师徒相传、家族父子相传等形式。

随着现代化工业和技术进程加快，玻璃制品、塑料制品、精制陶产品的发展，窑上古陶业受到了冲击和取代。为了寻找新的生活来源，维持生计，窑上的多数制陶人不得不丢掉其祖辈传承下来的技艺，从事其他产业。究其原因，一是产品销路不畅。二是制陶业属体力劳动，比较辛苦，其工艺复杂、程序繁多，但利润微薄。三是燃料价格上涨。这里烧窑都是用煤，以前当地有小煤窑，买煤只需几十元、百余元一吨。随着整治小煤窑，小煤窑关闭不准开采，买煤要到正规的大煤矿，而大煤矿一吨煤要400多元，无疑增加了制陶成本，如果提高销售价格，陶瓷产品更是无人问津。现在的几家，都在惨淡经营中艰守着制陶业的最后一块阵地。

布依族糯食制作技艺

在布依族的农户家里，朋友来了除用好酒招待以外，最重要的食品就是糯食。布依族的糯食制作技艺，是跨境项目，涉及南北盘江红水河两岸的贵州省、广西壮族自治区20多个县，其中，贵州望谟县的17个乡镇的糯食制作技艺尤为典型。

在饮食方面，布依族是水稻民族，十分讲究清洁和美味，对大米的加工制作别具一格，尤其偏好糯米食品，形成了饮食文化中糯食文化这一特质。布依族认为稻谷有灵魂，不能糟蹋粮食，在大年或某些忌日，不能炒饭、烧糍粑吃或者泡汤吃等，以免庄稼出现病虫等灾害。另外，糯米还是吉祥、富贵的象征。在很多布依族地区，布依人家在婚礼和葬礼上都得有糯米，而象征意义也各有不同。

相传，布依族的祖先“盘古”首创水稻栽培，但孤单一人，一次他认识了海龙王的女儿，成婚后有了一个儿子，取名新横。新横年幼时有一次冒犯了母亲，龙女愤而归龙宫。盘古续妻又有一子，盘古死后，新横受后母虐待，就上天告状，并发誓要毁掉全部稻秧，绝其继母生路。继母惧，乞求新横并保证以后对他情同亲生，每逢六月六(盘古忌辰)这天，率领子孙杀猪宰牛包粽粑供奉盘古，祈求他保佑子孙，传宗继业，发家致富。从此，糯食制作便在布依村寨中广泛流传。

布依族糯食制作技艺丰富多样，主要技艺如下。

(1)粽粑。布依语叫“毫房”，形状与材料均与汉族端午节所包粽子不同。布依族的粽子形状为长方形，内包糯米和糯谷草芯焚烧后的草灰混合物，这样粽子便有一股特别的香味。

打糍粑

包粽粑的时间一般是每年的春节和正月十五，每年临近这个时候，人们就把上等的糯米挑选出来，单独放好留待做粽粑用；粑粑叶要洗好、晒好；做草木灰用的稻草和着捆用的稻草；并包有五花肉、饭豆、草果等香料。包粽粑是一个非常重要的工艺过程，望谟的布依族根据姓氏的不同有不同的包法或者不同的打结方法。农村有两种粽粑一般人不能食用：一是敬雷神的粽粑；二是给恋爱对象的粽粑。包好后还要剪掉多余的叶缘和茅草(除了雷神的粽粑以外)。接下来就是煮粽粑、敬祖宗、打结挂在竹竿上等一系列活动。

(2)糍粑。即糯米粑粑，布依族称为“豪习”，是过春节和中秋节必做的食品，也是春节供奉祖先、中秋节纪念月仙的主要供品。不同的节日，布依族对糍粑的称呼各有不同。春节做的糍粑叫“豪习向”，中秋节做的叫“豪习西哈”或“豪习冗练”，秋收开始时尝新节做的叫“豪习巴热”，腊月二十三日送灶神时做的叫“豪习甘见”。各种季节有各种不同的粑粑，常见的有糯米粑、玉米粑、小米粑、红稗粑、籼米粑等。

糍粑制作。将糯米蒸熟后倒入木槽中，用粑棒不断地舂打，全部软化后用芝麻作引子，手工捏成，是纪念日神后羿和月仙嫦娥的供品，取日月之圆为其形，可大可小，小如碗口，大似箩筛。庆婚、贺房、祝寿等红喜事活动中的粑粑常染成红色，表示吉庆祥和、团圆安定。中秋季节做的粑粑为纯白色，表示清净洁白，象征花好月圆。中秋节粑粑上画有黄、蓝或绿、黑色古币及八卦图案则表示祭奠哀悼。

捏糍粑

（3）泡果。腊月中下旬，做泡果以备春节祭祖之用。泡果以上等糯米为主要原料。先将糯米浸泡于冷水中，勤换水。然后选择晴天制作，把糯米磨成米浆，滤干，捏成球团蒸熟，再和上适量的黄豆浆泡沫，放在木槽里打成糍粑。把搓揉成条状的糍粑放在簸箕或平板上（以灰面垫底），用筷子切成小圆球，然后压扁，晒干。春节期间，用细河砂加少许桐油在锅里把泡果炸泡，再倒入熬好红糖汁的锅内相拌和，便做成小圆球形的食品。晒干后的泡果能存放半年不变质，平时可以用油炸成一道下酒菜待客，味道香甜可口。

（4）糕粑。用优质黏米浸泡冷水一天后，磨成浆，米浆要稠，拌红糖及适量的发酵剂，三四小时后，当发酵到一定程度时，倒在筛子里，用干净布铺垫好，放到大锅里蒸熟即成。成品糕粑泡胀，呈现细微孔洞状，食之软绵香甜。过去，布依族过端午节，几乎家家做糕粑吃。端午节还常做三层糕粑，制作方法与糕粑基本相似，但不加发酵剂，蒸熟后不泡胀。第一、三层放红糖，呈红黄色，第二层不放糖，呈白色。冷三层糕粑最好吃，清凉爽口。

（5）三角粽。布依语叫“豪温”，三角形体。包时，连同糯谷穗杆包于顶尖部，以便悬挂。三角粽的制作和用料与粽粑大同小异，只是包装的叶子、捆扎的材料和包装形体有所不同。三角粽粑以楠竹叶、吊兰叶包裹，以糯谷穗杆捆扎，香味与粽粑相同。三角粽是过端午节必做的食品之一，每逢端午，小孩胸前悬吊三角粽和用布缝成的猴子、鸡等物，到河边扔在水里，让鱼虾戏食，意思是希望鱼虾吃这些象征性食物,不可吞噬屈原,借此表示对屈原的怀念。

包粽粑——在粽粑叶上放糯米

(6)褡裢粑。布依语叫“豪野”。农历七月十四日过“七月半”,仅次于春节的节日,较为隆重。褡裢粑是用糯米磨成米浆,滤干,拌上红糖、肉丁、花生、芝麻等香料,捏成两个鸭蛋大,用芭蕉叶裹着,形如褡裢,故叫“褡裢粑”。将蒸熟的褡裢粑取出,晾于竿上备用。热吃柔软香甜,冷吃清凉爽口。在火上烘烤或用油煎,另具风味。虽为糯食,但食而不腻。

(7)花米饭。花米饭是“三月三”“丹娥”(端午)及“七月半”三个节日中具有地方民族特色的食品。花米饭用上好糯米染成各种颜色,蒸熟后混合搅拌而成。一般有黑、白、红、黄、紫等色,常见的有黑、白、黄、紫四色。“三月三”吃三色花米饭,端午节和“七月半”要做三色以上。浸染成黑色,用观音草(也叫红丝线草)液汁加热浸泡成紫色,用“路桠”花熬水浸染成黄色,使糯米中饱含枫叶、观音草、路桠花等的清香。

(8)“豪母豪仲”。“豪母豪仲”是秋收前尝新节里做的一种糯制食品。尝新节时间不统一,因而吃“豪母豪仲”的时间也不一致,视各地谷物成熟情况而定。当谷粒已饱满尚处于半黄半绿状态时,寨民将糯谷连穗杆摘下,将新糯谷煮熟、晒干、脱壳后加工而成。“豪母豪仲”形似葡萄干,蒸熟后既软又绵,耐人咀嚼,气味芳香,营养丰富。“尝新”后不久,即可开镰正式收割稻谷。

(9)米仙。1949年以前布依族盛行一种欣赏兼食用的工艺食品“米仙”。花花绿绿的米仙制作工艺复杂,先将糯米和一种叫“茂万”的叶子磨成米浆,分别把米浆染成红、黄、蓝、紫、绿等各色。然后用笋壳做成漏斗，将米浆滴于烧热的平底锅，边滴边绕，使其米线在平锅上重叠成花纹，每锅一种颜色，将各色叠折成各种形状，置于平底锅上油炸，组成多彩的图案，陈于礼桌，作庆贺礼品。米仙多用于婚娶和庆寿活动。

（10）米月。米月也是布依族民间的一道工艺美食，用植物叶子“茂万”的液汁浸泡糯米，滤干蒸熟，拌上适量的黄豆浆后在木槽中舂成糍粑，取出剪成花瓣状，然后油炸即成各种美丽的花朵，置于盘中作迎亲、祝寿或祭祀祖宗之供品。食用米月，又香又脆。

（11）米花。米花是在春节供祭祖先及嫁娶寿庆活动中常做的一种赏食兼用的工艺食品。以糯米为主要原料，制作程序比较复杂。先用冷水浸泡糯米三四天。蒸糯米前，用干净的谷壳拌少许菜油垫底，糯米蒸熟与谷壳拌和晾晒。在未全干尚有些滋润时压扁。压扁后又晾晒簸净谷壳，然后用拌有桐油的细河砂把糯米炸泡。最后用熬好的红糖液汁搅拌置于压模中压紧，切成方块形米花，或直接用手捏成圆球形米花。米花一般在嫁娶、贺新居等活动中常作待客的小吃。

（12）米香肠。以糯米为主要原料，与猪血、五香面、食盐拌和，用猪大肠装灌，煮熟即可食用。虽是糯米制品，但食而不腻，冷却后切片烘烤或油煎，别具风味。

布依族上述糯食制作的传承过程是大众传承，人民群众是制作技艺传承的主体，代表性传承人有王建芬、韦院堂、王天英、廖家英、姚练应等。

布依族糯食是生态食品，糯食原料是原生态的香糯，布依山乡依山傍水的生态环境具备生产绿色食品的基础条件。布依族糯食体现了布依族生物多样性的价值，是布依族农业文化遗产的重要组成，对于研究布依族历史、文学、传统音乐、民风民俗、文化心理、审美取向等都具有重大价值。

龙溪石砚制作技艺

龙溪石砚制作技艺是流传于普安县三板桥镇和盘水镇一带的民间技艺，历史悠久。龙溪石砚，是采用普安县城西九龙山腹地距今约10亿年以上的沉积岩砚石制作而成的砚台，其材质是少有的绿豆石和猪肝石，质地细腻、温润如玉，素有“摩挲如缎子，磨墨如锖子”（即用手摸感觉像绸缎，发墨快，磨出的墨细腻无比，不伤毫）之美誉，且具“夏日储水不腐，冬日储水不结冰”等恒温特点。有珍藏者称其有“无墨呵口气，能写百余字”的神奇效果。

龙溪石砚的岩石来自普安县城西15里海拔2000多米的九龙山腹地，那里峰峦叠嶂、沟壑纵横、森林茂密、矿藏丰富，龙溪石砚的石材属沉积岩，距今约10亿年以上，时为地质年代中的震旦纪。岩石中含有碳质黏土、绢云母、石英、硫化银、硫化铜、铁、锰等矿物成分。石质莫氏硬度在3.5~4度（墨的硬度是1.5~2度），磨好的砚面呈现云彩纹、树木年轮纹等纹理。其中，绿豆石和猪肝石是制作龙溪石砚的上等材料。

因藏于峰峦叠嶂、交通闭塞的深山之中，龙溪石砚发掘时间较晚，在历史上及我国“四大名砚”闻名。但由于其品质优良、雕刻技艺精湛、风格独具个性，集文学、绘画、书法等艺术为一体，名贵典雅，极具艺术、实用和收藏价值，600多年来一直为滇、黔、桂各地文人墨客所青睐，成为案头必备和馈赠礼品。

据《普安县志》（舆地）记载：城西县治祖山九龙山，山腰有洞“叮咚窑”，洞中有水，曰“龙溪”，产石。琢石为砚，温润而泽，文人宝之，名曰“龙溪砚”。明洪武七年（1374年）实行“调北征南”，中原汉文化传入普安，龙溪砚石因质地优良被发掘而制成砚台传承于世。清乾隆年间，拔贡张良夔潜心研习龙溪石砚传统制作技艺并广为传授。晚清重臣张之洞获赠龙溪石砚大喜即作《龙溪砚记》赞之。普安训导李荣宪对龙溪石砚情有独钟，作《龙溪砚歌》抒怀。民国二十八年（1939年），普安人沈锡伯开创龙溪砚坊大批量生产龙溪石砚，影响极大。1949年以后，其石砚作品多次参加各级工业品展连获殊荣。2005年，贵州电视台等媒体曾对“龙溪石砚”作过专题报道。2006年，龙溪石砚作品在黔西南州“多彩贵州旅游商品大赛”中获“最佳创意奖”，在贵州省“多彩贵州”旅游商品大赛中，龙溪石砚制作人获“贵州名匠”称号。

龙溪石砚制作

龙溪石砚有以下 3 种分类方式:①按其形制可分为矩形、正方形、圆形、椭圆形、天然型等五种类别。②按其题材可分为云龙砚、山水砚、人物砚、书法印痕砚等四种类别。③按其石质颜色可分为绿豆石砚和猪肝石砚两种。

主要代表作品有《九龙砚》《鹊桥会》《咏梅》《山鬼》《女娲补天》《龙腾中华》等石砚。

龙溪石砚之九龙砚

龙溪石砚之龙腾中华

龙溪石砚制作过程复杂,工序繁多。主要有选材、构思设计、雕刻制作、磨光打蜡、配制木盒等工序。从采石到设计制作成品每个工序都很讲究,而且要求制作者对砚石有一定的认识和审美情趣。整个工序全是手工操作,由于每块砚石形状各异,构思设计的布局也有所不同。在设计雕刻阶段,制作者就要为构思砚堂、墨池、图画、文字等内容的合理布局付出大量的创作劳动,从而让石砚实用且又清丽小巧。

具体制作包括:

(1)选材。制作龙溪石砚,选材极其考究。龙溪砚石,大多埋藏于九龙山的深谷泥土中。因石质大多不抗震,历来都是手工开采,由于森林密布、山势陡峭,劳动强度很大,采石技术要求很高。要上山采石,首先必须掌握砚石生长的规律,会判断石源的脉象,到底砚石在哪里,有多少。然后准备长短不一,有大有小的錾子、刀具等工具三四十把,按照山中砚石的走向从接缝处慢慢地开凿,才能确保砚石的相对完整,不会出现缺损。而有的砚石是每年汛期时从深山中冲到溪流里,光滑圆润,随手便可得之。

开采出来的石头必须经过筛选后才能成为制砚石材。制砚高手经验丰富,一般通过听(即敲击听声音,好的砚石有金属感,声音铿锵有力,余音清晰)和看(将石置于水中浸泡、晾干,察看有无“暗伤”)来取舍砚材。并根据砚石的天然形状去掉其瑕疵部分,保留主体部分待用。

(2)设计。设计是一个创造性的工作过程。好的设计,可将一块不起眼的石头赋予灵魂，增加文化内涵和艺术价值。"天然成形，因型施艺"一直以来是龙溪石砚设计制作的出发点和宗旨。首先，从审美的角度出发，在砚石上构思砚堂、墨池、图画、文字等方面的整体安排布局，使之升华为一种反映历史、文学、绘画、书法等的综合艺术品。其次，根据砚石形状的构思在画纸上对整体设计进行细致的勾勒、调整。最后，用炭笔将设计图拓印在砚石上。

（3）雕刻制作。雕刻制作是工序中关键性的一道，是将朴拙的石材直接变成活生生的艺术品的过程。因石材名贵，制砚者都不愿舍去石材的任何一部分，再加上雕刻一旦下刀，减去的部分就没了，所以这一步制砚者是慎之又慎，弄不好就会前功尽弃。所以，根据设计的题材、立意、构图、形制来判断使用雕刻的刀法、刀路。大多以浮雕为主，少量透雕、圆雕、线雕、深雕。如表现粗犷的多采用深刀雕刻；表现精巧含蓄，则采用浅刀雕刻。由于细刻和线刻要求精确、生动、细腻，是制砚者水平高低的重要体现。有时制作中因触发作者创作灵感会对已设计好的构思进行一些改动，这样会使制作技艺更为精炼，砚台品质更高。

（4）磨光打蜡。雕刻好的石砚，要用细砂纸将其反复磨光，然后打蜡，使其光滑锃亮，手摸感觉柔软舒适为最佳。

（5）配制木盒。为防尘和保护石砚，一般选用香樟、枫香、红椿等上等木料，根据石砚形状制作木盒。配制的木盒分盒底、盒盖两个部分，要求做工精致，砚与盒完全吻合。有的在盒上刻上一些诗文和图画，使置于盒中的石砚更显古朴典雅。

龙溪石砚虽好，但再好的石砚也需要养护。在石砚中要用清水磨墨，墨身垂直，重按轻转，先慢后快，自然研出细腻稠密的墨汁。石砚用完后用皂角水或丝瓜瓤洗净，以柔软的海绵或软布拭干。不用时擦上核桃油放在木盒之中，然后置于荫凉处放置。长期不用或收藏的石砚要"以水养砚"，即每年春夏每月一次将清水注入墨池（砚堂不要注水）2 天左右进行养护。

制作龙溪石砚的工具主要有①采石工具：大小粗细不等的尖、扁口錾子、手锤、大锤、钢钎、锄头等。②雕刻工具：大小手锤、凿子、木卡、木钻、钢锯、滑石及制作平台等。

龙溪石砚传统制作技艺的传承大多是师徒传承。常言道："师傅领进门，修行靠个人"，每个传承者个人天赋和勤奋程度不同，所制作的作品价值也不一样。代表性传承人有张进、谭龙昆、李大权等。

龙溪石砚集艺术价值、使用价值、收藏价值和人文价值为一体。在经济文化发达，倡导传承弘扬中华民族传统文化的今天，藏于深闺的龙溪石砚传统制作技艺应传承发展好，让龙溪石砚走出大山，跻身于我国名砚行列，成为贵州乃至全国文人墨客和收藏家的珍爱之物、馈赠礼品。

鸟笼制作技艺

鸟笼，是布依族传统竹编与竹雕工艺的优秀代表，其制作技艺主要流传于贵州省贞丰县珉谷镇的前一、坡生等布依族村寨。

贞丰布依族先民有“积木而居”的习俗，居住环境森林茂密，与稻作文明相伴。他们弯弓逐鹿、结网逮鱼、织笼捕鸟、狩猎范围广泛，鸟笼便起源于布依族人的狩猎生活，经历了捕鸟—关鸟—养鸟—驯鸟—赏鸟把玩的发展过程。

珉谷镇前一、坡生两个布依族村寨，是闻名遐迩的竹艺鸟笼之乡，生产制作鸟笼已经有四五代人的历史。生产的鸟笼系列竹艺产品，款式新颖，做工精细，选材考究，笼门衾边，阴刻或透雕龙凤等图案，构思奇特，色彩鲜明，具有浓厚的民族特色和地方特色，声名远播。

鸟笼（邓国城　摄）

布依族鸟笼制作的主要原料是贞丰本地产的画眉竹、毛竹、青竹等。鸟笼制作要经过取料—裁竹—破篾—烘烤—盘圈—打眼子—打磨—拉线—雕花（刻花）—拉丝—穿丝—定型—上油等 10 多道工序，经过这些传统工序制作的鸟笼具有浓厚的民族特色和地方特色。

布依族鸟笼主要品种有画眉笼、黄豆雀笼和斑鸠笼。其中，画眉笼主要由笼丝和笼圈组成，材料用画眉竹、毛竹或青竹。其式样为圆形平顶，笼身直径 35 厘米，高 45 厘米，笼条间距 2 厘米、粗 0.3 厘米。笼内装有“怪不桥”，专供画眉嘴与趾爪的摩擦。工艺流程大致为：加工圆柱笼圈，将竹料加工成长竹条，做成底圈、中圈和顶圈，挂于阴凉处晾干定形后，再按鸟笼尺寸从竹圈上锯取圈料。笼圈接口钻孔后用竹销钉固定。竹圈制好后，用圆规在笼圈上均匀地画出笼丝孔的位置，钻出笼丝孔。笼架装好后即可穿笼丝。将笼丝由上而下插入笼栅和下横架钻孔内，用竹销钉固定笼丝和笼栅。笼门一般设置在鸟笼正面上横架与笼栅之间，宽度以手能伸入为准。鸟笼制作好后，各个部位涂抹桐油，用棉布条反复擦拭，直至光滑油亮为止，目的是保持竹表的色泽，防蛀防腐。笼门衾边，阴刻或透雕奔龙、飞凤，以及花草鱼虫等图案，构思奇特，色彩鲜明，具有浓厚的民族特色和地方特色，声名远播。笼内挂有为画眉盛水和装食料用的精致瓷杯，置于"怪不桥"的两头，顶部有与笼爪连接的笼钩，造型典雅。

双龙戏珠图案（邓国城　摄）

选材和工艺是鸟笼制作关键的两大环节。竹材的采伐一般在每年的秋收以后到第二年的正月间最为合适，其他时间采伐的竹材，水性重，易受虫蛀。材竹的竹龄，以5~7年最为理想。这种竹料韧性好，质地坚硬，成色也最为鲜亮。选材上除竹龄有严格讲究而外，竹材的直和厚，也是两大挑剔的要素。竹节直，则好用作竖立的各式站柱；竹材厚，则利于雕刻或圆或方的各式构件。整个鸟笼全身，全是精雕细镂的各式竹节，组合而成，大小部件上百种。雕饰上大体分花、素两款，造型结构上则分方、圆两类。雕花鸟笼，从取材到最后组装完成，要花费足足10天工夫。鸟笼上的雕刻图饰，有"双凤朝阳""双龙戏珠"和"蝴蝶结"等，市场上的卖价，在1000元左右。

代表传承人黄廷丰在制作鸟笼（邓国城　摄）

贞丰布依族制作的鸟笼，选材考究，款式新颖，编制巧妙，阴刻或透雕图案丰富，是几百年以来布依族竹编工艺与竹雕工艺完美结合的载体，因而成为远销英国、法国、澳大利亚、韩国等国家和地区的独特工艺品。其制作技艺是布依族人民在长期的生产生活实践中发明，并为本民族生产生活服务的，承载着布依族人民的宗教观念、审美情感和历史文化，是中国传统文化中极为宝贵的民族文化遗产。

布依族鸟笼制作技艺完全靠"口传心授"的方式传承，由于布依族无文字，没有记录资料，因而鸟笼制作的传人相对较少，技艺传承困难，如今该技艺只流传于贞丰县珉谷镇的前一、坡生等布依族村寨，前景堪忧。

粮仓建造技艺

《说文解字》载:仓,谷藏也,苍黄取而藏之,故谓之仓。“仓”之原意是将收获后的粮谷进行收藏,故“仓”是具备收藏功能的一种建筑,并暗喻丰收与贮藏的美好状态。在望谟西北角,人们可以看到一座座粮仓像云朵或者蘑菇一样簇拥着山寨,它们为该地增添了乡村的宁静与祥和。

布依族粮仓以木材、竹片、茅草为主要建筑材料,以木构架结构为主要结构方式,平面布局以圆形、长方形最为普遍,就整体而言,采用了“因天时,就地利”的灵活布局方式。

望谟县在开展第三次文物普查以来,在20余处发现200余个布依族粮仓。这批粮仓的发现,对研究南北盘江红水河沿岸少数民族村寨的农耕文化发展有着十分重要的历史价值。这些粮仓主要分布于望谟县西北角的打尖村、喜独村、洋架村、喜寨村等村寨。粮仓主要有如下特点:多呈圆形,少数为矩形;仓壁多用芦竹编织,少数用木板;顶部覆盖多用茅草,少数用瓦片;直径在3米左右,高度在6米左右。这些粮仓内外壁有天然通风孔道,芦竹不生虫,仓顶的边缘有支撑,平台有防盗的作用。村落与整个粮仓群浑然一体,布局合理、结构严谨、建造精巧、坚固实用,

据当地的老人介绍,这批粮仓的历史均在100~300年,现在保存下来的绝大多数都还在使用,存储着粮食、种子、棉花、盐、腊肉、油等,具有防鼠、防火、防潮等功能,每个粮仓能贮藏近百担粮食。在1949年以前,乡村有义仓,每社设一仓,由各地寨老主持其事,主要是接收按丁纳税的粮食,遇到灾年时,发放救济粮,赈灾济贫。

望谟布依族粮仓整体比较完整,尽显端庄大气、沉稳古朴之风。如此大的粮仓留存至今已实属不易,且可能是贵州省最大的原始粮仓建筑群,它对研究布依族古代粮仓建筑和粮食储藏提供了极其珍贵的实物资料。

洋架粮仓群

由于各地的地理、气候条件和生活方式都不相同，布依族粮仓的样式和风格与其他地方的粮仓有所不同。布依族一般都居住在半山腰及河流边，民居依山傍水而建，因地而异，就地取材，利用木材和石头建房子，房顶上一般盖茅草、瓦片、石板，特点是冬暖夏凉，隔热驱湿，防虫防鼠，不怕火灾。布依族粮仓的建造就地取材，基部的脚架一般用的是枫香，中部的间隔是石板、原木和芦竹的地板，其上是圆形或者方形的粮仓，顶部是圆锥形的茅草篷。

布依族粮仓建造的传承方式是自然传承的结果，以口传身授的师承方式进行传承，建房师傅仅用简单工具就能建造建筑的特殊才能，显示了民间工匠在长期的社会实践中积累和形成的民间工艺的手工性特征。望谟县有名的建造粮仓的艺人有袁智安、蒙朝珍、黄公亮、韦公恒等，主要居住于打尖、石屯、坎边、岜绕、乐元、油迈等布依族地区。

喜毫粮仓群

布依族的粮仓古朴典雅，具有独特的文化内涵，其形态堪称布依族的建筑标志。望谟布依族粮仓既是物质文化（文物），又是非物质文化，它表现出建筑与文化紧密结合、相辅相成的依存性特征，其构造反映布依族生境的状况，具有重要的价值，主要表现在以下几个方面。

社会学价值。可以说布依族粮仓是和谐社会的象征，是黔西南和布依族的建筑标志。布依族同胞家家户户把最重要的食品（油盐酱醋米）放在自己居室之外，不怕偷不怕盗。因此，粮仓代表社会祥和，代表经济发展、五谷丰收的社会生活景象，是布依族地区公共场合下最重要的文化元素符号。

建筑艺术价值。布依族粮仓结构独特，造型精巧，经济实用，通风良好，光线充足，建筑手法匠心独具，特别是外壁的编织是最重要手艺，现在很少有人能够编织；同时，芦竹不生虫，还起着保鲜干燥的作用，使仓内的粮食不变质。

历史文化价值。布依族粮仓，凝聚了布依族历史上的许多文化因素，特别是宗教信仰和生态学方面的文化积淀十分深厚，也与布依族树居的历史有关；粮仓对研究南北盘江红水河沿岸少数民族村寨的农耕文化发展有着十分重要的历史价值。

布依族人对粮仓情有独钟，他们常说“成仓成家”，对歌中不说你成家没有，而是问你有无粮仓，布依族的爱情价值观和做人的伦理观于其中不难看出。

但是,由于木结构建筑自身的弱点和社会的发展,特别是现代文化的进入,布依族的木建筑及其工艺的传承,已面临濒危的状态。由于布依族喜欢聚族而居,户户相连,其村寨通常均为数百户的大村大寨。因此,极易发生火灾。

近年来,森林资源的使用大大增加,加上任意砍伐破坏森林资源的现象较为严重,木建筑材料越来越匮乏。许多地区均拆掉木楼改建砖房,原来全部为清一色的粮仓的村寨,不少已改为砖混结构的建筑物,木构粮仓已经变成了金属粮仓。

纳林粮仓群

对布依族粮仓建造技艺的传承而言,最关键的还是后继无人的困难。布依族民间建筑师傅大多高龄,有许多已经作古,年轻人不愿再学习这种古老的传承建筑技艺,加上进城打工者越来越多,口传身授的传承方式使其面临后继无人的严峻局面。长此下去,这一宝贵的非物质文化遗产将会从人们的视野里永远消失。

古方红糖制作工艺

古方红糖制作工艺的主要留存地在黔西南州的南盘江沿岸,并以兴义市南盘江镇为中心分布。

南盘江镇位于南盘江沿岸、万峰湖周边,属于贵州、云南、广西三省区交界地方,距离兴义市 25 千米,海拔从兴义市的 1200 米,下降到 650 米,是云贵高原和广西丘陵的接壤地带,其地形比较复杂,交通闭塞。日照时间长、降雨量充沛,属于典型的亚热带河谷地带。《天工开物》有记载,甘蔗生长的最佳地区为距离河流 20 千米以内的“河滨洲”地区。经过千百年的历史演化,当地的土壤已经形成了土层深厚的岩石风化土壤,非常适合甘蔗的生长。当地种植甘蔗的历史悠久,传统古老的“荻蔗”千百年一直长势良好。“荻蔗”的原料种植和地理环境为古方红糖制作工艺的完整保留提供了保障和天然屏障。

连环锅(吴秋林　摄)

明代形制榨汁机(吴秋林　摄)

南盘江流域传统的制糖工艺一般有砍蔗、运蔗、破碎、榨汁、沉淀、澄清、开泡、旺火、赶水、过滤、挤泡、摇瓢、起锅、打沙、浇注、起糖、包装等数十道工序。古方红糖工艺是当地传统制糖工艺的代表,以清代形成的“贡糖”制作工艺为其核心,在以上工艺流程中有所提高和发展。该工艺以“荻蔗”为原料,以连环锅为核心加工设备,将甘蔗体内的20多种糖分经过蒸发提炼,获得天然结晶的块状红糖,手工熬制而成,整个过程为纯物理方法生产,没有任何化学品的添加,使其产品保持了中国传统红糖的所有有益于健康的营养成分,其基本性质与现代的糖有根本区别。

开榨仪式(吴秋林　摄)

庆糖仪式(吴秋林　摄)

旧时民间种植甘蔗时一般有动土仪式,但现今已经很难见了。开榨时有开榨仪式,仪式中使用红色公鸡作为祭品,祈求熬糖顺利吉祥。在第一锅糖出来时,还要请当地的布依族八音队举行庆糖仪式等,这些仪式现今亦是当地民族民间信仰文化的一个组成部分。

南盘江流域生产的古方红糖制品在当地的民族民间习俗中有重要地位,在寿礼、婚礼、祭祀祖先的礼仪中都要用到糖,并且在礼俗中有重要的象征意义。传统的糖制品，已经是当地糖文化的重要组成部分。而古方红糖的传统工艺切入了一定地域环境中物质文化表现和精神观念层面的内涵，成了中国传统制糖工艺不可多得的珍贵遗存。该传统制作工艺的重要价值一是完整保留了明代的制糖工艺，与《天工开物》的记载完全一致；二是古方红糖传统制作工艺既是一种工艺留存，也是一种中国古代历史中，除丝绸、陶瓷、茶叶之外的最为重要的国家商品；三是古方红糖，对于女性的经期调理、产妇的产后恢复，有着重要作用，对老人的血行不畅和儿童的感冒咳嗽都有着良好的效果；四是古方红糖传统制作工艺背后糖文化存在，对于我们研究当地民族民间信仰文化和礼俗，都有着重要的意义和价值。

明代《天工开物》中记载的“兽糖”(吴秋林 摄)

历史上，中国的传统制糖工艺在中国南方地区普遍存在，在南盘江沿岸地区更是随处可见，但是改革开放后，我国的制糖工艺基本采用了欧美的工业化制糖工艺，其产量大，成本低廉，而传统的制糖工艺却在能耗、人员成本上核算上，大大落后于工业化制糖工艺，使中国传统的制糖工艺全面萎缩，基本处于失传状态。之后的中国传统制糖工艺只在一些零星地域中存在，贵州省黔西南州兴义市的南盘江沿岸的南盘江镇地区，却是一块较大的留存地，并且有以古方红糖传统制作工艺为代表的制糖工艺留存。2009 年，古方红糖有限责任公司成立，对古方红糖传统制作工艺进行了保护性生产，古方红糖的制作工艺才得以保护和存续。

布依族土布制作技艺

布依族土布纺织技艺，即用当地种植的优质棉花做原料，通过操作古朴的木质纺车和织布机等纺织工具生产布匹的传统技艺。其制作过程复杂，工序多，包括擀花抽线、挽线、染线、浆线、牵线、织布等内容。该技艺主要流传于贵州省黔西南、黔南、安顺、六盘水、贵阳等地区布依族村寨。被誉为“中华布依第一县”的册亨县因地处南北盘江交汇处，历史上因大山阻隔、交通信息闭塞等客观原因，现仍保存着许多优秀的民族传统文化。其中,布依族土布纺织技艺的保存最为典型。

布依族土布纺织技艺起源于何时,至今仍没有相关确切文字记载。但布依族崇尚纺织,在民间一直有“选婿看犁田,择妻观纺织”的说法。《汉书·地理志》载:“越地多产布。”在布依族的《摩经》中有纺织手工技艺的反映,讲述了布依族先民纺织材料麻线到棉线的转化,技术从编织到纺织的转变等。布依族古歌《造棉造布歌》有布依族先民发现棉花,利用棉花作为纺织原料等歌谣。

织布场景(张合胤　摄)

布依族土布纺织是册亨县布依族妇女崇尚的传统技艺,在册亨县布依族山村,几乎每个家庭都有一台织布机。纺纱织布是一个布依族妇女必备的才能,她们为了争做一个好女人,从七八岁起,就开始在母亲的指导下学艺,练就一双能纺会织的巧手。

擀花抽线:①脱棉籽,对采摘棉花进行脱粒处理。②弹棉花,用抓棉秆(布依语称“岗歪”)把棉花撕扯蓬松。③擀花,将弹好的棉花用细擀棉秆擀搓成长条。④抽线,手摇旋转纺车,将长棉花条抽成细长的棉线,绕在旋转轴棒。

挽线:把绕于轴棒上的抽线挽在挽线架上,然后取下挽好的棉线圈放进锅里用清水煮15~30分钟,捞出纺线晒干。

将长棉花条抽成棉线的纺织场景(张合胤　摄)

布线、定格场景(张合胤　摄)

染线:即染纱,根据成品土布颜色的需要,将纺出的纱线放进蓝靛染料的大缸里浸泡上色,有的加入牛、猪血染色,染色深度由浸泡时间的长短来决定。

浆线:用粘口苔、白芨或米汤给染好色的纱线上浆,目的是使纱线光滑,而且耐磨。

牵线:包括绕线果、布线、定格、梳理、绕轮、布经线等工序。用纺车把棉线缠绕在长约 7 寸的竹筒上,放进线框架里的线筒转动轴上。在间距约 5 米的两棵木桩上,分 3 处打上 12 根小木棒固定线筒线头,3~5 个人各拿上 1 个装有多个线筒的线框架,依次在围绕两棵木桩回转行走,把棉线布线缠绕在木桩上,将所有棉线的线头尾端分颜色布经穿箝定格在绕轮上,由 1 人吊背挎绕轮,其他人辅助,边梳理边收线。

织布:将已布好经线的绕轮放进织布机里,梭子穿递纬线,布依族妇女坐在织布机上,双脚上下踩动踏板,双手轮换着拉紧线闸在经线间穿递梭子,并用摆子撞实。织花格土布(笆折布)时,纬线要求根据图案所需色彩用不同棉纱线梭子穿递。织成花格土布常作为头帕、床单材料。

纺织的主要器具和设施有纺车、挽线架、线框架、经线夹、竹筒、绕轮、织布机、梭子、竹块等。土布作品有白土布、青兰土布、花格笆折土布、反纱布等。主要制成品有衣、裤、布鞋、围腰、头帕、垫单、棉被、背带等。

布依族纺织土布成品(张合胤　摄)

布依族土布纺织技艺是布依族农耕社会自给自足经济下的一种产物。其纺织过程蕴藏着物理学与化学等科学依据,是前人实践经验的总结,而且在历史的长河中由布依族妇女传承发展。其制作出来的土布作为一种民族文化符号,体现了布依民族的精神文化内涵和审美心理,是中国少数民族服饰文化中不可或缺的一部分。

用布依族土布制作的服饰是布依族文化的象征,为族人和外来宾客青睐,所以,目前保护传承布依族土布纺织技艺不仅可以让传承者增加收入,而且对于保护民族文化生态多样性,培育文化认同感,增强民族自尊心、自信心,建设社会主义新农村具有重要的社会意义。

蓝靛靛染工艺(望谟县)

蓝靛靛染工艺是指布依族世代相传的,选用白色土布床单,以本地蓝靛(Roomc)为染料,经过画线、缝线、叠图案、逢图案、染布、洗布、晒布、拆线等工艺,具有浓郁民族文化特色的床单染布技艺。

搅拌染缸中的蓝靛泥(龙青松　摄)

该工艺主要流传于望谟县。布依族有近千年的染布历史。1111 年,安隆州岑氏向王朝岁输布 3000 多匹;《宋会要辑稿》反映当时惠水县一带的布依族盛产有蜡染斑布,说明已经能用蓝靛染布,并且有相当水平的审美观念和工艺美术;元代的八番之韦番能岁输布 2500 匹,可知布依族手工纺织业很兴盛;明朝时的布依族服饰是"以青布一方包头,着细褶青裙","衣尚青色"延续到清初。改土归流后永丰州"妇人短衣长裙,首蒙青花手巾"(乾隆《贵州通志・苗蛮》)。乾隆年间,布依族妇女易裙为裤,仍然是"妇人衣着皆尚青,发挽高髻,斜插长簪"(乾隆《黔南识略(卷 11)》)。

布依族民间有《栽靛歌》《刺绣染布歌》等故事,以及关于蓝靛、扎染土布的谚语和民谣,这些文化遗产也可以说明布依族蓝靛染的技艺有悠久的历史。而今日的望谟,依然保存着这项技艺,几乎每个布依族家庭都有一个以上染缸。

蓝靛靛染工艺包括以下工艺过程。

(1)图案规划。即在白色土布上画线,根据面积大小和用户需求安排图案区域,其中落实主体图案最重要,最后到镶边的图案,以便成为一个完整的整体。

(2)绘制图案。

(3)根据图案缝线。

(4)根据设计手工"叠"动物图案,然后缝线。动植物有蝴蝶、玫瑰、牡丹、蜻蜓等。

(5)“玛岸挡”(Masaanlndangs)。做火灰的木架,以便生产碱水。Mas 的意思是安,Aanl 是架子的意思,Ndangs 即火灰的意思。

(6)“萨燃挡”(Sahramxndangs)。过滤碱水。用箩筐装火灰至大半框满,然后火灰压制成漏斗状,以便放水进入框内;放水的多少以满箩筐为准,不再加水,使之自然浸透到大锅内;待浸透结束后,又加水至满框停止。一箩筐的火灰的碱水每天只能生产一桶碱水,三天三桶,就要得换火灰。水要求是山中的水,不能染有盐或油。

(7)“泡珥”(Omseengl):泡蓝靛。染缸加蓝靛、碱水和土酒,一个染缸通常放2~3斤蓝靛,3 桶碱水和 1 斤土酒。浸泡时间为 3~5 天,但是 3 天以后才能搅拌一次蓝靛缸,假如无蓝靛泡,继续浸泡 5 天再搅拌;有蓝靛气泡(Fugfuz),就叫作“到”(Dauc,即生成的意思),同时蓝靛泥的颜色已经变成浅黄色,如此就可以进入染布阶段。

(8)第一次染布,目标是把白布染成“秉”(Bigt 即浅蓝色),时间为三天。先用温水泡白布,用圆形的竹片板隔离蓝靛和蓝靛水,以免布与蓝靛泥接触影响染色效果。第一天染布。搅拌蓝靛水,随即浸泡白布于蓝靛缸中,一天一次(不超过两次),每次 1 个小时;然后放在盆里。第二天染布,重复第一天的工艺过程。第三天染布,过程同上。第四天,拿布到河边清洗,叫作“唰”(Sag),晒干以备第二次染布。先舀出蓝靛缸的液体,再倒丢“格珥”(Geaseengl),即缸子的蓝靛沉淀物,但是继续使用蓝靛缸的液体。

(9)第二次染布。目标是把浅蓝色的布染成“詹”(Jamx)——天蓝色,时间为9 天。制作蓝靛缸液体:把第一次用过的蓝靛液体倒入缸中,再加入 3~4 斤蓝靛和 1.5 斤土酒。染布工艺同第一次,只是本次要染三回布,每回相距三天,每回都到河边清洗、晒干,再染。

拆除扎染的缝线(龙青松 摄)

(10)第三次染布。目标是把浅蓝色的布染成“詹劳”(Jamxlaaux)——深蓝色,时间为 9 天。过程同第二次一致。

(11)第四次染布。目标是把浅蓝色的布染成“佛”(Foonx)——黑色,时间为9天。过程同第三次一致。(如果不成为黑色,就继续以相同的方式完成染布程序,直至成为黑色)

(12)“达喝”(Dashes),即清洗晒干床单。

(13)“离曼佛”(Lidmaanlfoonx),即拆出缝床单图案的线,即形成产品。

蓝靛靛染工艺是本民族在一定历史阶段产生的文化产物,并在历史发展过程中形成具有本民族特色染布风格。它渗透着布依族的思想、道德、风俗、心态、审美、情趣、制度、行为方式、思维方式,以及语言文学中,并按照传统的方式沿袭、继承和发展。从根本上看,是劳动大众为了满足自身生活与生产的需要而制作的,都遵循了实用功能为主,并结合审美功能为一体的基本原则,从而具有简洁、纯朴、耐用的形态特征。

扎染床单(龙青松　摄)

近年来,由于市场经济条件下比价不合理,手工染布又缺乏商业品牌,传统的染布工艺日趋衰落;又由于贫困,布依族年轻人带着孩子或者丢下孩子外出打工,布依族传统文化连接发生断裂,蓝靛靛染工艺的传承现状令人担忧。

布依族糯食制作技艺

布依族糯食制作技艺是贞丰县境内布依族的一项历史悠久的传统工艺,其流传历史,可追溯到元末明初,与水稻大面积引入北盘江流域种植的历史大致相当。居住在田坝地区的布依族每年都要种植大面积的糯谷,糯谷加工成糯米,可以制成五色糯米饭、糯米甜酒、粽粑、糍粑、团粑、汤圆、圆糖粑、褡裢粑等。

贞丰布依族糯食制作技艺主要分布于县境内的珉谷、者相、龙场、北盘江、连环、挽澜、小屯、长田、平街等布依族居住乡镇。贞丰县地处云贵高原向广西低山丘陵过渡的斜坡地带,境内最高海拔 1966.4 米,最低海拔 324 米,高差 1642.4 米;全县山地占 69.46%,丘陵占 23.03%,坝子占6.50%,水域占 1.01%,属亚热带温和湿润季风气候,常年气候温和,无霜期长,降水充沛,年平均日照时数 1549.2 小时,年平均气温 16.6℃;境内流域面积大于 20 平方千米的主要河流有 14 条,小溪 59 条,全县有耕地 20628 公顷,其中,水田 6875 公顷,旱地 13753 公顷。独特的光、热、水、土条件和地形地貌特征孕育了丰富多样的动植物资源,适宜布依族糯食制作的主要原料水稻等亚热带作物生长。

贞丰布依族糯食制作技艺之淘米(毛天松 摄)

贞丰布依族糯食制作技艺作为中国珠江流域水稻产区糯食文化的一个重要分支,是一种古老的烹调工艺,其最早可追溯到 600 多年前,在明朝洪武年间,水稻种植技术随大量中原移民被带到贵州,米饭烹调技术也传到黔西南一带,历经百年的传承发展,布依族糯食制作技艺不断得到创新,如今贞丰布依族糯食制作技艺已经普及为一项跨越多民族、规模化生产、走向市场的大众美食制作技艺,并于 20 世纪中叶被收录入《贵州食谱》。

贞丰糯食涵盖糯米制成五色糯米饭、糯米甜酒、粽粑、糍粑、圆糖粑、褡裢粑等多种食品。

五色糯米饭:用糯米制成红、黄、紫、绿、白五色糯米饭。

粽粑:把芝麻秆、糯谷草烧成灰筛净,拌染糯米,加入猪油香料热炒拌和用粽粑叶包扎,放于锅中炖熟就成粽粑。

上甑蒸米饭(毛天松　摄)

油糯米饭制作之下锅拌油(毛天松　摄)

糍粑:将糯米蒸成糯米饭,倒于粑盆内用打粑棍打绒成粑粑团。

圆糖粑:布依人独有的的糯食品,形如包子。首先把糯米磨成面粉,加水捏成圆形,放芝麻糖做包心蒸熟。

褡裢粑:褡裢粑是七月半食品,把糯米面捏成扁形长条,用剪好的芭蕉叶包裹蒸熟制成。

糯米甜酒:糯米甜酒是布依族普遍酿制食品,是糯米蒸熟加甜酒曲制成。

五色糯米饭(毛天松　摄)

袋装贞丰油糯米饭(毛天松　摄)

贞丰布依族糯食制作过程基本上属人工操作,一直保留着传统的生产制作方式,布依族糯食制品历史上是一种节日供奉祖先或款待亲朋的地方特色美食,有其独特的民族性、适用性、传统性等特征以及民俗、历史、科学和文化等价值。

贞丰布依族糯食制作技艺经历几百年的历史进步和社会变迁却经久而不衰。随着水稻种植技术的推广普及和稻谷产量的不断提高,布依族糯米饭作为百姓餐桌上的日常食品,其制作工艺也为千千万万的普通家庭所掌握。

卷九　民俗

国家级非物质文化遗产

布依族查白歌节

查白歌节,俗称“赶查白”,是兴义市一带布依族的一个纪念性节日,深受滇、黔、桂三省布依族同胞热爱,于每年农历六月二十一日至二十三日在兴义市顶效镇的查白场举行。该节是为纪念古时当地一对为民除害与抗暴殉情的男女青年查郎、白妹而得名。每年这几天,周围远近各县和毗邻的广西、云南等地各族群众三四万人,前来参加,规模宏大,气氛热烈,蔚为壮观。查白歌节主要的活动内容有歌节赛歌、认亲访友、吃汤锅、赶表和祭山等,一般连续3天,第一天是高潮。歌会开始时,唢呐、长号同奏,铜锣喧天,鞭炮齐鸣,各路歌手登上歌台,用个人和集体对唱的形式一问一答的方法进行比赛,以问后对答不出时为输。歌节期间,未婚的男女青年借机寻觅情侣,一旦情投意合,便互赠信物,定下终身,意为“赶查白”。

布依族青年男女在对歌(张霆　摄)

“查郎与白妹”的故事流传在贵州省兴义市顶效镇查白村,查白村距兴义市区24千米,少数民族(主要是布依族)人口占总人口的30%左右。这里海拔1290米,为典型的喀斯特地貌。与“查郎与白妹”民间传说相关的风物景点有查白河、查白桥、查白洞、查白井、查白树、查白庙、虎场坝、松林坡等。

布依族口传民间故事《查郎与白妹》源远流长，关于《查郎与白妹》的起源时间，学界看法不一，在历史的长河中，用布依语创作并以口耳相传，同时每年农历六月二十一日到虎场坝赶场祭祀查、白的方式，一代又一代地流传至今。有的讲述人说故事发生在明代调北征南时期，还有人认为故事源于清嘉庆二年（1797 年）左右。

布依族青年用勒尤和树叶奏响美妙乐曲（张霆　摄）

1981 年，罗光汉、黄正书、罗汛河、黄仕贤等人搜集整理《查白场的来历》发表于《贵州民间文艺》。现查白场的故事已被编进布依族文学史《中国民间故事集成·贵州省黔西南布依族苗族自治州兴义市卷》。

相传明洪武年间，兴义黄草坝以南一带是虎狼成群的深山老林。一天，樵夫的独生女白妹上山砍柴，遭到猛虎的袭击。在这紧急关头，青年猎手查郎一箭将猛虎射死，搭救了白妹。从此，白妹牢记查郎的救命之恩，暗暗产生了对他的爱慕之情。六月初五这天，白妹在河边洗衣时，听到查郎吹木叶向她求爱。白妹也吹木叶表达衷情。他们通过对唱情歌，几番下来正式定下终身。不久，恶霸李山官乱施淫威，要娶白妹做他的第 9 个妻子。白妹执意不从。六月二十一日，李山官派人抢亲，白妹被迫跑到莲花坡躲起来。查郎听到消息，找到白妹，共商对策，做出提前结婚的决定。第二天，查郎正式当了白家的上门女婿。李山官知道后派人抢走白妹，又将查郎五花大绑关进牢房。当夜，查郎逃出牢房，从李家后院翻入，救出白妹。李山官闻讯，派家丁追捕。为掩护亲人逃走，查郎与家丁在路上生死搏斗，终因寡不敌众，昏倒被擒。李山官对查郎恨之入骨，将他押往虎场坪处死。因查郎系青龙下凡,连砍百刀不死。后李山官经大半年的查访,摸清了制服查郎的秘密。他命令刽子手用铁锤向查郎身上钉了许多铁钉,终将这个无辜的青年害死在虎场坪上。刚生小孩不久的白妹听到这个消息,跑到莲花坡连哭七天七夜。第七天晚上,她趁夜深人静,潜入李山官家,点起复仇的烈火,为查郎报了深仇大恨。当熊熊大火即将烧完大院,眼看家丁即将抓到自己时,白妹纵身跳进火海。莲花蓬莱岛上的碧云歌仙目睹白妹的行动,甚为感动。她立即腾云驾雾,赶到莲花坡上,一手指向快成灰烬的李家大院。忽然,一对白鹤从火海飞出,冲向云天。接着,歌仙又向布依村寨洒下甘露,甘露迅速变成清清泉水,流往千村万寨。从此,布依村寨"山清水秀,庄稼茂盛,五谷丰登"。喝了清泉水的布依人,个个成了出口成歌的歌手。后来,人们为了纪念查郎和白妹,将虎场坪改名为"查白场",规定农历的六月二十一日为场期。每当赶场这天,男女青年穿着节日盛装汇集这里,吹木叶、弹月琴、唱山歌、颂扬查郎和白妹坚贞的爱情。

1979 年以来,黔西南州、兴义市人民政府先后拨款整修公路,兴建歌亭歌台,并于 1982 年行文将这一民间活动正式定名为"布依族查白歌节"。

每年歌节来临之前,居住在查白场附近的布依人家都会打扫房屋、拆洗被帐,挂满村寨前后,象征白云缭绕,取意干干净净,清清白白。节日里,男女老少汇集查白场,同吃狗肉汤锅、五色糯米饭和冤枉坨,到查白井取水净心,到查白庙敬香,这一天查姓村民要请摩公、端公主持祭祀活动,中老年人在查白树下用布依古歌唱查白,祭查郎、白妹,以此传承查白故事。布依青年男女则穿着节日盛装,到查白桥、查白河、松林坡、查白洞、查白井等风物景点去吹木叶、打花包、"浪哨"交友。夜晚各农户家坐满亲友,通宵喝酒、唱歌。到二十三日,青年男女互送信物后依依不舍地离去。

节日活动的主要内容是赛歌,白天在歌场,晚上到住户的院里或屋里,主人供给"花米饭"(染成五色的糯米饭)、米酒吃汤锅。传说汤锅起源于炖吃查郎射死的老虎,后来是虎骨炖牛肉汤,多以山泉水大锅炖猪肉、狗肉代替。

与查白歌节有历史渊源的民间故事《查郎和白妹》是布依族人民代代相传的颂歌,具有广泛的群众性和民间传承性。通过地名、山名、水名、树木环境、风物和庙宇等,人们永远纪念查郎和白妹,并想象他们生前虽不能在一起,死后永不分离。同时,查白场成为布依族人民别具特色的一种"文化空间",既有庄严的祭祀活动,又为布依族人民提供感情自由交流的场所。

作为布依族的一个传统重要节日,查白歌节在布依族群众的社会生活中占有重要的地位,它是向外界展现布依族传统特色文化的一个窗口。民间故事《查郎和白妹》反映了布依族古代的历史和社会生活,表现了布依族人民的道德伦理观念,以及他们的思想感情,展示了人民生活的理想。同时,查白场为布依族传统文化的传承搭建了平台,在长期发展过程中,内容不断丰富,包括祭祀活动、节日饮食、商品交流、民间艺术、浪哨对歌和风物游览等,不仅形成了自己特有的固定模式,也使得布依族传统文化得以传承和发展。查白歌节不仅是纪念性节日,更是布依青年谈情说爱和求婚择偶的独特时机。节日里,年轻人不仅盛装出席,而且带着定情信物,跃跃欲试,盼望得到查郎与白妹那种忠贞不渝的爱情。小伙儿和姑娘来到查白场一展歌喉,相互对歌。对歌又称“四、六、八句”,多为情歌,讲究有问有答,而且严格要求合韵,答歌者必须用问歌者的最后一句歌词作自己歌的开头,并用这句歌词的韵脚起韵。由于商品经济的发展,人们在节日游乐外,还增加了旅游购物的内容。查白歌会规模极大,参加者多达数万之众,这也是布依男女进行社交的一种重要方式。查白歌节是布依族传统文化特色的展现空间,对于传承布依族优秀传统文化有重要价值。

布依族“三月三”

布依族“三月三”,是指农历三月初三这天,盘江流域的贞丰、望谟、册亨等地布依族全民族普遍参与的具有浓厚民族特色和地方特色的传统节日,它是集生产、宗教、娱乐为一体的文化形式。

农历三月,正是春耕生产即将开始、春旱现象较为严重、蚊蝇害虫正在萌动、火灾事故较为频发的重要时节,为了达到“禳灾祈福、寨子安宁、风调雨顺、五谷丰登”的目的,祖祖辈辈生活在南、北盘江江畔的布依族人民都要在农历三月初三这一天举行相应的祭祀活动。活动内容主要是通过舞草龙扫寨驱邪消灾、杀猪宰牛祭山拜神求雨、上山“躲虫”祈福等多种形式来实现平安、丰收的美好愿望。同时“三月三”也是布依族最热闹,青年男女最激情的情歌对唱、寻亲择偶、欢歌狂舞的节日。

布依族“三月三”以浓烈、古朴、神秘的方式表达了布依族人民对劳动致富的热情,对平安和谐的企盼,对幸福生活的憧憬,对粮食丰收的盼望,对美满婚姻的追求。凝聚着布依族同胞浓浓的亲情、寨情和乡情,传承布依族传统道德、伦理观念的重要文化符号,实现了调和人与自然、人与社会、人与人之间关系的功能,而且以独特的方式展现了南、北盘江流域布依族的文化艺术、审美观念、婚姻习俗,是一项原生态的民族文化遗产。

寨老携村民在寨门迎接远方的客人

“三月三”，布依语称为“庚香三”，传说在古时候，有一年三月初三这一天，掌管着农业生产的“山王神”出生了，随即把各种蚊蝇、蝗虫等害虫放了出来，当年庄稼受灾，人畜被虫叮咬，多人患病身亡。后来，每到三月三，都要举行“扫寨赶鬼”“祭祀山神”等活动，才保证了人畜平安、五谷丰登。布依族的“三月三”祭山活动，早在清朝乾隆年间《南龙志·地理志》就有记载，距今已有200多年的历史。

布依族信奉多神，他们把摆脱苦难、谋求幸福的希望寄托在各种神灵和“摩师”身上，认为神灵可以挽救众生，“摩师”是通向神灵的使者。这样就自觉或不自觉地产生原始的万物有灵观念、宗教信仰和自然崇拜，表现了远古时期的布依族先民把自身命运与自然、生活环境紧密地联系在一起，形成了吉凶、祸福、灾祥等人类早期的价值观念。“三月三”便是在这样的背景下形成的一种集宗教、生产、娱乐为一体的文化现象。

在布依族少部分地区，“三月三”是在三月中的第一个寅日过，称“三月虎”，寅日即“虎”日，意思是借虎的威猛来压邪。但不论是“三月三”或“三月虎”，内容基本相似，都要经过扫寨、祭山、躲虫、对歌这样的过程。

“扫寨”意为“驱妖魔、保丰收”，在节日未到的前几天或“三月三”当天早晨，寨子里要进行庄重神秘“扫寨”仪式，“扫寨”的程序是：先请来两个“布摩”（布依族的摩公先生），召集“扫寨”队伍，将事先编好的草龙（草龙又称“香火龙”）、龙船（又称“小火龙”）、印好赶鬼符章等准备到位。选定寨脚河边或沟边一个宽敞的地方，安置一张四方小桌，摆上一斗杂粮五谷，焚香燃烛化纸，敬上米酒，点大红公鸡冠血，由摩公颂念“布画”扫寨歌词，俗称为“开光”。礼毕，方由两个“布摩”手执法器带领寨老和身披蓑衣，头戴斗笠，脚穿草鞋的扫寨队伍舞着草龙，鸣锣击鼓，浩浩荡

祭祀队伍舞着稻草扎的龙"扫寨"

荡地一家一户进行扫寨。每到一家，主人要在大门口安放一张长条凳子，摆上三只盛饭小碗，三双筷，三个小酒杯，炒一碗苞谷花或黄豆，堂屋八仙桌上备一碗清水恭候，由摩公先在大门口念颂"摩经"和驱鬼咒语，打几个"阴阳卦"测算凶吉，再进屋里，打开各个房门，将豆粒杂粮五谷向屋里抛撒，意为扫除妖魔鬼怪，再抬起水碗口含清水向门外喷泼，走出大门，然后顺手将水碗扣在大门外左侧，走出大门，主人在屋里关紧大门。老摩公在门上画几笔、拍三拍，最后，在所有外门门框上方正中和猪、马、牛、鸡、鸭、鹅圈门上按人畜两类各贴一张赶鬼符章，贴在大门上的符章纸条上画有鬼符并写着"人来有路，鬼进无门"八字，完毕，扫寨人员食用苞谷花或黄豆，以示接受主家的酬劳。

每家每户扫寨完毕之后，返回河边故地，周围的人用水枪等向草龙泼水，场面热烈激情，表示风调雨顺，又称"戏龙"或称"草龙戏水"。最后在摩师的组织下，集中到寨外三岔路口或河边焚化草龙、龙船等各种东西，"扫寨"活动才算彻底完毕。

枫叶、五彩花米饭、长桌宴席

祭山活动是布依族"三月三"的主要活动之一。祭祀山神要在"扫寨驱邪"之后进行。中午时分，全村要举行祭祀山神活动，祭山神不分姓氏，不论亲疏远近，只要是同一村寨,就是一个团结的族群,共同享有一个山神,心目中就只有一个神圣的信念。山神布依语叫“墙苏”,在布依族人民的心目中,“墙苏”是全寨人丁、六畜的安全保护神,能保佑全寨人丁繁盛,六畜兴旺。山神住所多建于寨子上方,能俯瞰全寨的僻静之处,以木石建墙,盖瓦,高约八尺。并书写“保一方风调雨顺,佑四季老幼平安”,横批为“风调雨顺”的红对联。

祭祀吉时一到,各户的男家长,自带碗筷,香三炷,冥钱多张,主动到山神前集中,做力所能及之事,准备工作就绪后,由寨老主持祭神。寨老须由本寨中推选出来的德高望重之人,要求配偶健在,年满60岁以上的男性长者。在杀猪前,鸣放鞭炮,告诫全寨人不准喧哗,忌打闹,两位寨老穿着崭新的长衫,戴着花格头帕,洗净双手,虔诚地跪在山神门前,待宰猪刮净才起来原地静坐。祭品为全黑毛色过百斤大肥猪,大红羽高冠公鸡,意为供品纯洁干净,一尘不染,山神一诺千金,人们一帆风顺,所需一应俱全,办事一往无前。各菜肴供品准备就绪,由寨老主持并宣布“祭祀开始”,参加祭祀人员九跪三磕头祝福,烧香化纸,气氛肃穆,神色凝重,寨老祈求山神保佑。祭祀词义为:请山神老祖享用全寨人的供品后,保佑风调雨顺,五谷丰登,六畜兴旺,老幼平安等。祭毕,众人于山神前,十人一桌就地聚餐,听寨老宣读“议榔规”,征询众人意见并作保证,完毕鸣炮欢呼,大家共同用餐。用餐前,须由寨老一桌先动筷,尔后按顺序举筷,餐中吃肥食瘦,各有所需,看准后选择,不能挑三拣四,不能翻掀挑选,更不能抛撒于地。吃不完,可把肉分给各户,但不可将之食喂猪狗等牲畜,若大意撒于地,必须灶里焚烧,残汤剩饭必倒于人畜踩踏不到的高处,否则会受山神的惩罚。当日,在寨神前人人须衣着整洁,遵规守纪,言谈举止文明礼貌。

枫叶帽子和布依族长号手

特别要注意一切禁忌,不可高声喧哗,否则将受到主持祭供的寨老指责。随后寨老看看“鸡骨卦”预测来年的丰收情况,随后,把食剩的骨头等物掩埋好,即意思是封死各种苍蝇、蚊虫,保苗壮谷丰。

“三月三”节日的这天,寨里的每户,除了一个男家长去参加祭祀山神活动外,其余老少听到祭山神杀猪前鸣放的鞭炮后都要上山去“躲虫”,也就是躲避各种虫害、灾难和瘟疫。去“躲虫”时各家都煮好五花糯米饭、圆糖粑,蒸好香肠、腊肉等,用竹饭盒装到山头的大树下或草地上吃。寨里的老少去山地“躲虫”之后,参加祭祀活动的人,分头在各路口,插上标记,用龙竹建成寨门,门上系着一根绳索,索上夹起沾着鸡血的纸马,并扎一把木刀,横挡路口,以示禁止外寨人进寨和本寨去“躲虫”的人入寨,意为“封寨”,如有人入寨要严格罚款。寨内如有一些老年人在家,要禁止发出声响。总之要保持寨子安静,犯禁则遭受指责。上山“躲虫”的老少,要等山神里负责祭供的两个寨老把害虫“封死”后,派人到各路口传令或鸣放鞭炮发出信号,方可回家。回家之后,家家户户杀鸡杀鸭,煮五花糯米饭等愉快欢度“三月三”佳节。

在上山“躲虫”的过程中,也即是布依青年男女对歌“浪哨”的最好机会。“三月三”前后这三天,一般青年男女不做农活,并且借“躲虫”的良机,可远离寨子,远离父母尽情游玩,因此“三月三”成了布依青年男女谈情说爱、择偶论嫁的吉日良辰,给年轻人带来无限的快乐。在布依族婚俗中,同姓人同村人视为同胞兄弟姐妹,一般不对歌、不“浪哨”、不通婚,不同姓氏的同辈人则以表哥、表姐相称,方可对歌、浪哨、通婚。节日当天,年轻女青年身穿节日盛装,盘着头帕,拿着花包,三五成群相约聚集到离寨子 200 米以外的风景秀丽而幽静的“花园”里,用木叶吹奏动听的“木叶调”,召唤邻村的男青年前来相会,通过甩花包、吹木叶、吹勒尤、弹月琴、拉四弦胡,对唱竹筒情歌、对山歌等形式,选择自己心目中的情意人进行“浪哨”活动。

对歌场景

“三月三”对歌、浪哨活动表达爱慕的心仪,抒发热恋的感情,倾诉幸福的渴望,改变了过去布依族恋爱自由、婚姻不自由的状态,为布依青年男女恋爱,婚姻家庭建立及人类的繁衍生息创造了条件。

在“三月三”活动中,祭山神的关键人物是寨老。寨老从本寨最有声誉、威望的老年人中产生,是维系本寨村规、寨规的执行者,大公无私,一切以全族、本寨利益为重,是祭社神活动的主要传承者,而参与活动的青壮年人则是祭社神活动的继承者、接班人。唱歌、对歌则要通过口传心授进行传承。代表性传承人有布依民间摩师黄福寿、黄生禄、黄生吉等,布依民间歌手有蒙文福、谭丽、韦安芬等。

“三月三”作为布依族的传统节日,是集生产、宗教、娱乐为一体的文化形式,具有广泛的群众性,反映出布依族历史、文化发展的轨迹,具有“活化石”的作用。第一,“三月三”扫寨、祭山、躲虫的过程庄重神秘,是布依族风俗的一个缩影,代表着布依族的思维方式,伦理道德和观念形态,具有一定的人类学、民族学、民俗学研究价值。第二,“三月三”是布依族生产、生活、饮食、服饰、家庭婚姻、宗教信仰等物质文化和精神文化的综合表现,是促进全寨人团结友好的礼仪,便“村规民约”成为扭转社会成员诚信缺失、道德失范,维系全民族大团结社会和谐的重要纽带和桥梁。第三,“三月三”里的“舞龙”作为布依族民俗文化的载体能激发民族意志,弘扬民族精神,是布依族生生不息的动力。第四,“三月三”青年男女对歌、浪哨是布依族青年男女谈情说爱的方式,体现了布依民族追求美满婚姻,企盼幸福生活的强烈愿望,有助于激发群众对本民族传统节日的热爱,推动民族文化的发展。第五,“三月三”的议榔规在保护家乡、防火防盗、伦理道德、生态保护等方面发挥着布依族传统沿袭教育的重要职能和作用。同时,“三月三”祭山神活动,体现一寨人的凝聚力和召唤力,德高望重的主持者——寨老的声誉和威望对维护村规民约、乡村文明、社会和谐起了积极的作用。

布依族服饰

布依族服饰的主要传承地为兴义市和望谟县等布依族群众聚居的区域。布依族服饰代表着布依族人民的外在特征。虽然由于地方差异,语音不同,但同“仲家布”是分不开的。千百年以来,布依族人民在耕作之余总是不忘纺纱织布、精心巧绣出代表布依族人民审美情趣的服饰。虽随着历史进程的发展,人民着装不断改变,但布依族民众“衣尚青,以帕束首,妇人多纤好,以仲家布蒙”的习惯仍延续至今。

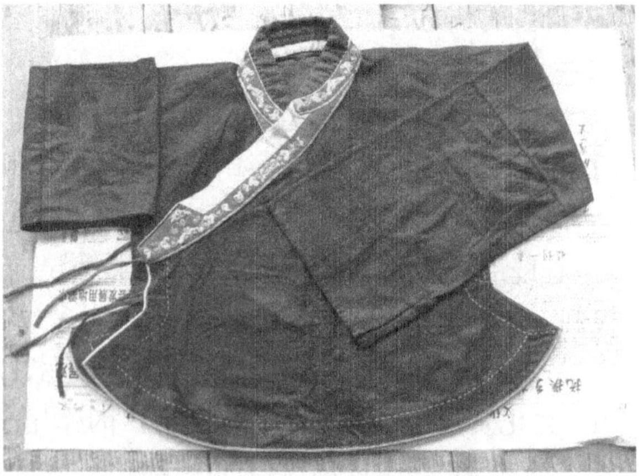

布依服饰之上衣(谭罗兴　摄)

布依族服饰文化源于原始社会采集生活时期,是布依族先民在长期的生产劳动中发现和创造出来的。从布依族古歌《造棉造布歌》中可以看出,远古时候“人人挂树叶,个个裹树皮”,后来在从事采集过程中发现“山上有种花,叶子真大张,叶片圆又滑真像大巴掌……拿花慢慢捻,丝丝细又长,结实不易断,好比蜘蛛网……大家快去拣,拣来野花花,姑娘就捻线,线子挽成团,就把布来编……”,由此可了解布依族地区步入种棉种麻自纺自织自缝服饰阶段。从古至今,布依族有着善织能绣的优良传统。

布依族的服饰最早可见于在今天黔西南州交乐汉墓出土的秦汉时期傩仪祭祀的图像,其中乐人头饰为史书记载的秦汉时期居住在牂牁江一带的布依族先民“僚人”的“椎形发髻”。布依族的服饰,尤其以妇女的服饰变化较大。据文献记载,唐代迄明代,妇女多以青布裹头、着裙、系彩绣围腰。根据《旧唐书·西蛮》记载:布依男子“左衽、露发,徒跣”。《新唐书·南蛮传》载:“自夜郎,滇池以西……有丝麻……有幅广七寸。”清乾隆《南笼府志》记述:布依族妇女“椎髻长簪,银环贯耳,项挂银圈,衣短裙长,衣色为青蓝,红绿花绣为缘饰。裙以青布十余幅为细褶,镶边,委地数寸,腰以宽长带数围结于后,带垂若翅”。可见,过去布依族妇女服饰都是“短衣长裙”。这种服饰一直延续到民国中期才陆续改变。1949年以后,布依族妇女由于生活习俗的改变和劳作的方便,已经“易裙为裤”。

布依族喜欢穿蓝、青、黑、白色的衣服。男装各地基本相同,式样比女装简单,制作费工少,朴素简便。而女装相对复杂得多,一套完整的布依族妇女盛装包括头帕、上衣、围腰、腰带、短褶裙、绣花鞋等。其色调多喜用蓝、青、黑、白等色,并以刺绣及其他颜色,配以银饰和铜扣等饰物,动感十足,在视觉、听觉上都能给人以美的享受。衣服襟沿领口镶花边,其图案多为“无数回环式的方形纹、几何纹、云纹、水纹、波纹、菱形纹”,反映了布依族的图腾崇拜。虽然布依族服饰源于心灵手巧的布依族妇女们通过纺纱、织布、染色、缝制、刺绣等过程制成,但黔西南州乃至整个贵州省的布依族妇女服饰都有所区别。

在贞丰县的百层、鲁贡和望谟县、册亨县北盘江沿岸地区,布依族妇女服饰有以下特点:婚前发辫缠头,婚后结发髻,并用马尾辫的网套束上后扎银簪,包土布花格头帕或青帕。上身穿镶花边盘肩、右倾开扣、窄领、镶素色花边的短衣，戴绣花围腰，下身穿青色长直筒裤，脚穿绣花船形鞋、布鞋等。手上喜爱戴手镯、银扣等饰品。

在晴隆县、兴仁县、普安县的大山等地区，布依族妇女头包青色头帕。上身穿青色服饰或窄领开口的大襟衣，衣长及腿。下身穿青色长裤，裤脚镶花边，脚穿布鞋。一身青色装束，和其他地区有所区别。

在册亨县的坡坪和贞丰县的者相、牛场、龙场、城关及兴义市等地，布依族妇女一般按不同气候选择土布帕包头，天气炎热时中青年妇女喜欢包盘盘头，天气冷时喜欢包角头。老年妇女一年四季多包角头，上装是窄领、胸宽、右侧开扣，肩部是青布盘肩并镶边。宽袖口，袖口上用五寸青布做成，衣长及臀部，边幅前后呈弧形。下身穿青色吊裆直筒裤，裤口尺许，毛边，无折边。腰上围红、绿色绣有花卉图案的短围腰，配以银质链条或花布条。脚上穿圆口白布鞋或绣花鞋，工艺精细。手上喜戴银、玉手镯及银蝴蝶等装饰品。盘肩镶花边，衣开长衩，包白帕，头后打结，两边盘旋于脑后。

布依族妇女头饰(谭罗兴　摄)

普安江西坡一带衣袖为三重袖，头饰很有特色，用帕做成帽子形式，前装点银饰，头后以多颜色丝带编织成圆果形状，垂悬于脑后。

在今天南盘江一带的巴结等乡镇，老年妇女(七八十岁以上的妇女)仍保留有传统布依族服饰，头缠蓝黑包布，身着青色的无领对襟短衣，身大袖宽，沿右衽无领衣缝处要镶一道两寸左右宽的边，上衣的下角边处还要镶绣各式的彩色绲边，习惯上内衣的袖口较外衣长而小，而外衣袖口则大而短。内外衣袖口处所绣织的花纹图案十分讲究，鲜艳美观，看上去两袖大小相同、长短协调，袖口外露的花色层次重叠和谐，格外醒目受看。当年老一辈多数均穿蓝黑色百榴长裙，有的也系青布围腰或绣花围裙，脚上还要穿一双十分精美的翘鼻子满花绣鞋，俗称“猫鼻子花鞋”（布依语叫“海兰高”）。

对妇女服饰而言，最有特点的当属她们系的围腰（也称围裙），大多样式统一：胸前有一块三角形的绣花，一般为浅色作底子，妇女们依据个人喜好，自主设计图案，如山野小花、栩栩如生的蝴蝶、羽毛艳丽的山鸡、水上鸳鸯等；下面则是彩色的花边延续向下一直到衣摆方向，艳丽的色彩在深色的背景上十分醒目。据民间传说，系于胸前的围腰胸花，绣有布依房舍楼阁、流水船帆、龙蛇鱼虾、山水草木、田园风光等代表布依家园，而胸花下往左右两边彩色栏杆绣条则表示南北盘江，系于身后打活结的两条围腰飘带表示南北盘江汇合后漂流的红水河。整块花围腰是布依族家园居住的南北江、红水河组成，其土地肥沃，水源丰沛，田园秀美。布依族妇女因有一件美妙的花围腰而自豪，受人夸奖。

围腰图案

黔西南州布依族妇女传统服饰的共同特点为：常以青色或花格子布做包头帕，盘辫，插银或铜质发簪（18～30 岁的妇女，还用小银链串联三五七枚银质别针插在发髻上）；上衣大都右开襟，宽袖齐臂，长至膝盖或臀部，有的服饰领口为圆领，襟沿领口镶花边，花边多以蓝色为底，上面绣以细花，襟饰银或铜扣；裤为大口镶边长裤，俗称“镶栏杆”或“大镶滚”；有的还穿青或黑色挑边百褶裙；腰上系织花围腰，脚穿绣花尖嘴翘头布鞋，戴银耳环和银或铜质手镯、戒指。整套服装可以说是集纺织、印染、挑花、刺绣等为一体的手工艺术品。正因为全身上下都是出自布依妇女灵巧的双手，因而筹集和缝制这一身服饰常常作为衡量一个布依族妇女是否聪慧能干的标志。

随着时代的发展，中年妇女的包头，有的已用白毛巾代替，上衣已改穿有领或矮领，并在沿右按前下方处镶嵌 2～3 道带色的布边，领前的结扣处喜用银泡纽扣作装饰，两手袖口处仍保持了老一辈传统的风格，下身已改穿长裤，唯独脚下的绣花鞋逐渐变成半月形或鞋尖处绣小花。改变后的布依族服饰仍显得净洁淡雅、古朴庄重。未婚女青年的服饰，除总体上与中年妇女相似外，还喜欢在包头布的末尾处镶绣极为鲜艳的花纹图案，袒露在头顶上方与护发银头簪之间，显得洒脱大方、俊俏美观。每逢盛大节日或宴会时，妇女仍喜佩带各式各样的耳环、戒指、项圈、发簪和手镯等银饰。杂居区的布依妇女，特别讲究包一丈五尺长的头帕，普遍仍穿蓝、青、黑、白等色的右衽大襟上衣，少数也系围腰。布依族妇女头饰有自己的特点，未婚女青年长辫，裹于头帕之中，生育小孩后的妇女则将头发在脑后挽成发髻，套上发网，插上簪子。

布依族妇女织布(张霆　摄)

布依族童装，除了体现男女区别外，都凝聚着母亲的爱心，其制作精细、色调活泼、引人注目。其中以童帽最具民族特色，童帽往往形状各异，花样喜人，有仿动物头面缝制的，如猫头帽、狮头帽、兔头帽等；有仿古代头盔的包耳帽，有仿古代文官的乌纱帽等。帽子面前，都要钉满银质罗汉或玉石罗汉，或钉上“长命富贵”等吉祥字样的玉扣；帽子背后，吊有彩色要须和数个银质的小铃铛，琳琅满目，惹人喜爱。一般有仿猫、虎、兔等动物头面缝制的避邪吉祥、健康美丽的图案，帽子前面订上一排银质或玉石罗汉，或订上刻有“长命百岁”“富贵吉祥”等字样的玉扣，帽后吊彩色要须和几个银、铜质小铃铛。制成一个满意的童帽，要花工数日。因为童帽是根据各位母亲的喜爱和艺术欣赏水平，气候特点和娃娃的脸型而选用各色布和绸缎缝制制成，大多选用鲜色的栏杆镶边，挑选鲜色的丝线刺绣。

布依族妇女除农忙时协助男人搞好农活外，多数时间用于纺纱织布及靛染，因为一家人穿戴全是自纺自织自染的土布，缝制衣服之前，至少要经历以下步骤。

首先，棉花加工。每当籽棉丰收进屋后，先要通过轧花机倾轧，挤出棉籽和各种杂物。得出皮棉后，还要放在竹席或平板上，用两根细小光滑的松花棍反复抽打，使棉团松散，把夹杂在棉花中的杂物除掉。将松花放在搭好的台上，用弦弓反复捶弹，把不纯的籽棉弹弃干净，使棉花的纤维完全松弛扩散成泡花。然后一点一点地撕下放于平板上，用搓花棍搓成手指一般粗细，长一尺五左右的花条，捆扎成把存放，以备纺线时使用。

其次,纺织。将备好的花条系在纺纱机上摇、拉成锭,把线锭回成线圈。脱下线圈用清水浸湿后,再放入白米浆中煮二小时左右,然后取出挂于长竹竿上风干。这样上浆的目的,是使棉线增强拉力和硬度。线风干以后,就拿套在线架上回裹在滚筒上成线锭,再把线锭一个一个排列在线架上进行牵引。要做多长多宽的布,牵引时,根据纱锭多少和棉线根数来决定。牵引的这些线都是经线,经线的多少决定布的宽窄和厚薄,经线历来都是偶数线头,不要单数,这是筘门固定好了的。竹筘中有360根线头、384根线头、408根线头、432根线头、456根线头、480根线头几种规格。选定筘门后,就把经线一根一根地进行钻筘上簾,随即将全部经线裹在滚轴上,然后装机纺织。

编布用木质结构织布机。在编织过程中,除平板白布是使用单梭、双簾、双踏板外,其余各种花布要用四把梭子、八匹经线八个踏板。编织花格布时,四把梭子各装上所需颜色的纬线摆在面前,编织者根据花纹图案的需要,更换梭子,两脚按一定的顺序蹬踩踏板,使经线张开所需的纬口,梭子从中来回有节奏地钻行,手脚要协调,动作要敏捷熟练自如,编成的布才紧密平整,花纹有条不紊,工艺才过关。

最后,靛染。靛染所用的靛是一种名为“蓝靛草”的草本植物制成。靛经过技术处理,可以把布染成深蓝、中蓝、浅蓝,灰、深灰、青色和月白色等色道。染布分大缸和小缸,大缸洗染,专业户方具有;小缸洗染80%的家庭都有。织前染色的有花篮格子头帕、头巾、白底花篮格子带等。织后染色是用早晨的阳光和露水等古老方法漂白后的布料,若染青布就在家庭小缸进行染制,若染其他颜色的需要到洗染专业户那里去染制。洗染前,首先把蓝靛放入大染缸,加适量的水、石灰、白酒、土碱等原料,通过化学反应后再放白布,要多次取放、冲洗,直到布已染成所需颜色。然后把牛皮熬成的胶上在布料上,用脚踩石滚把布滚平直至有光泽为止。

用小缸染青布,就是把蓝靛放于小缸中,放适量的水,加适量的石灰、土碱、白酒或酒精等原料,使其起化学变化之后,才把白布用水煮而后下缸。下缸后,每天取放三次,三天冲洗一次,这叫“头风”。好的染缸只需要三风,不好的染缸,则要染四风,才可“上药”。上药是取野糖梨树皮和红籽刺皮加清水熬成紫红色的水汁,把已染上色的布放于紫红色汁中浸染,取出

布依族妇女利用蓝靛染布(张霆　摄)

晒干，再次下染缸进行浸染，同样每天取放三次。三天后，经过最后一次冲洗，晒干后，即成理想的青布。

布依族服饰（谭罗兴 摄）

布依族妇女，自古以来都是缝制衣饰的巧手。布依族妇女善于在结构简单的织布机上编织出各种花纹和色彩斑斓的土布，布依族女子年届十一二岁时，就在母亲或姐姐的指导下，学习传统手工技艺，她们都是纺织和刺绣的能手。布依族服饰制作技艺，按布依族传统，服饰制作技艺传女不传男，并且以母亲传给女儿为主要传承方式。由于布依族没有文字，她们的这种传统手工技艺就在生活实践中口传心授，被一代一代的妇女们悉心掌握，在布依村寨世代传承下来。在今天南盘江沿岸一带的巴结、泥凼、仓更、洛万等乡镇，以及巴结移民区仍保存着布依族自纺自织自染自缝这一传统的手工技艺，以及布依族服饰的传统习俗。

布依族服饰历经3000多年的历史演进与传承，形成了具有自己民族特色的服饰文化圈，它包含了种、纺、织、染、绣、缝，以及凝结了纺织文化背景中的民俗文化特征，构成了以纺和织为母体的布依布，靛染、刺绣、挑花、镶缀、裁缝、服饰等系列纺织文化现象，是布依族文化精髓的集中体现之一。它是布依族女性智慧和情感的创造结晶，是典型的女性文化瑰宝。布依女性则是其服饰文化的主要载体。同时它又是布依族文化的一种符号与象征，成为极富民族色彩的族别标志。

布依族服饰不仅具有实用价值，而且极具审美价值，它反映了布依族人民的艺术追求和审美意识。布依服饰色调朴素、式样美观，特别是综合运用了蓝靛靛染和刺绣，既加强了服饰的装饰性，又丰富了服饰的色彩、线条和结构。其造型手法运用了丰富的想象，衣服图案的变化规律，或等距，或对称，或重复循环，结构极为严谨，不仅体现了精湛的刺绣工艺，更体现了布依族的几何学基础。

布依族服饰独特的文化生存背景，其艺术样式和所包含的深厚文化底蕴，使人强烈地感受到布依族服饰十分独特的魅力。它大量选用野草花卉、珍禽异兽，绿叶、飞蜂舞蝶，以及想象中的事物作为题材，还有所崇尚的鬼神等原始巫术宗教内容。古朴典雅，形象逼真，是人们认识布依族服饰艺术重要的参照背景。布依族服饰艺术中的靛染、蜡染、胸花、腰带、童帽等艺术珍品，成为众多国内外艺术家、国际友人偏爱的收藏。

省级非物质文化遗产

布依族丧葬礼俗

布依族丧葬礼俗主要流传于贞丰县北盘江流域的平街乡、北盘江镇、长田乡、者相镇、珉谷镇、白层镇及其他乡镇的布依族村寨。

布依族自古以来信仰多神，经历了从“自然崇拜”到“祖先崇拜”的进程。布依族先民进入文明时代以后，逐渐认识到父母（尤其是母亲）养育子女的艰辛，因此死后子女必须敬孝，不让遗体遭践踏，收拾尸体装殓入棺，然后聚众安葬。在安葬过程中，有的即兴默念祝福语，有的诵念安慰亡灵的诵语等，久而久之形成了一种礼俗——丧葬礼俗。传说，达摩祖师是最早倡导这种礼仪并口头创作仪式诵词（“摩经”，又称“殡凡经”）的人。随着时间推移和时代变迁，布依族丧葬礼俗经过世代摩师师徒口传心授保存和发展至今。

布依族丧葬礼俗主要包括以下内容：

（1）守气报丧。病危或弥留之际，由于忌讳逝于病床，特在正屋中堂一侧设简易床铺，将老人移坐简铺，子女撑扶或抱住，尽量安慰和勉励老人，倾听遗言。同时尽快通知未到场子女回来守着断气。老人咽气时，敲击铜鼓数声向寨邻报丧，然后用纸钱擦干老人的眼泪和涎液，整理其衣冠，同时烧“落气钱”。忌讳出声大哭及泪水沾滴逝者，有身孕女性及其丈夫忌讳接触遗体及冥物，并且不能做各种礼仪活动的主要角色。此间，派族人带一壶酒，三炷香，到死者的外家，面对祖宗牌位下跪，报告死者的死因及办丧的筹备情况，名曰“报丧”。

（2）沐浴穿戴。遗体易位呈坐姿或仰卧姿，男性递头，女性梳头，用洁净温水洗身，动作一律由下至上（忌讳由上至下）。之后折断剃刀或木梳，并丢弃浴盆。若口、眼未闭合，则用纸钱或白纸频繁按摩使之闭合。将特制衣物（奇数）逐一套好后穿在遗体上。男性穿长衫，女性穿短袄，全是靛染青黑色纯棉布料，头包青帕，脚穿布袜布鞋，麻绳系住双脚，白布或白纸盖脸，平躺在门板或笆篑上待殓。主人派出亲友迅速带上白酒、豆腐、丧帕讣告逝者外家，同时请来“摩师”主持丧事。

（3）备棺装殓。众亲友除尘洗棺，用松香石蜡熔液涂棺，用纯净稻草烧灰筛细装在棺底。摩师用白纸、长块纸钱铺在棺底草灰上，放一个草芯布套或纸套枕头，移棺至正堂屋梁垂直偏内位置，按不同姓氏用三根木棒或两张长凳垫棺。搁棺分横式和竖式两种，因姓氏而异。外家亲戚在场，摩师用长媳一段白布再铺棺底，并诵咒语作除臭仪式后即抬遗体入棺，同时鸣放鞭炮。由长子或摩师再次整理遗体衣冠，将预备碎粒纯银放在逝者口中或手掌中，并用香火将逝者

丧葬礼俗（一）

袖口烧成三个小孔，摩师口诵嘱词，叫逝者到阴间记住银圆和衣服记号并保佑孝子。接着，按长媳、次媳、众媳、侄媳、长女、众女、侄女、义女及孙女、孙媳等顺序，把每人一段白布作“瓦布”盖在逝者胸部至脚上，摩师诵词嘱告逝者，并叫逝者保佑她们万事顺意。子女全到场观殓，摩师诵念咒语再作除臭防腐仪式后即可盖棺。若子女未全部到场，摩师用纸钱暂垫棺盖虚掩以待。盖棺时，摩师用预制白纸剪图标签贴封棺缝、棺头、棺尾及两侧，再用三股篾绳捆扎灵柩。

（4）停柩守灵。摩师口诵咒语，用白色棉线缠绕棺头至棺尾数股（奇数），并南向中堂偏前处屋顶作“通天窗孔”。棺头点亮一盏菜油草芯“头灯”，放一碗上面立着一个鸡蛋的大米，称为“灵头”。棺上点一盏“天灯”，棺尾附近点一盏灵尾灯，并设一张达摩祖师祭桌。油灯香火常明。灵柩前放一张大方桌，上置香炉及一升米，米上放一个鸡蛋，插一张“新故显×老××灵位”纸牌，桌下放一只烧纸盆。灵柩头部附近悬挂大铜鼓，举行仪式时敲击。祖宗牌位及两扇大门蒙上一张大白纸，（象征亡人为大之意）。在灵柩与灵台之间设一堵纸糊篾壁作客坛（祭坛），上呈三殿瓦顶，两侧留有圆门，供孝男孝女出入；中间彩绘阴阳二界和天地万物图画，加挂多种纸扎饰品；灵柩背面留一圆孔，绘成八卦或太极花卉图案（兼作窗孔之用）。灵位上的祭坛贴有挽词，两侧贴有挽联，正堂中柱和大门贴上巨幅挽联。摩师在门前竖一根高大竹竿为丧家做幡竿，布依语称为“当篙”。用长麻绳把大束纸钱花高高吊起作为丧家的标志。纸钱花，按死者的年龄计算，一岁一张，另外加天、地、爹、妈四张，打南斗、北斗二星，扎成两束大白花纸，用笼毛竹分挑两头，吊于内秆顶，意为死者上天堂的“天梯”。择定葬期后，派人讣告逝者外家及众亲友。孝子、孝女、孝媳、孝侄、孝孙等腰缠麻线，身着简装旧服，脚穿破鞋。从逝者落气至安葬前夕，所有孝辈在灵堂内同进素餐、分睡席地。日夜灵灯长明。数日及数十日香火不断。

午晚二餐用一碗一碟素祭，由摩师诵经祭奠；每天清早及午晚二餐素祭时众孝女孝媳等哭灵。忌讳猫狗入堂越棺，孝辈不坐高如灵柩的凳椅，不许猜拳行令饮酒等。其间，请阴阳先生（摩师可代）择定墓地；众亲友相约前来预祭（男性点香烧纸用糖食果品跪祭，女性邀约妯娌姊妹集体哭祭）。

（5）集客堂祭。葬前三天三夜，摩师诵念“摩经”。葬前一天，丧家开堂奠祭，孝辈分成男女两列手持芦杖跪在屋前迎客逝者外家亲戚带八仙乐队、五彩花幡、旗、伞、钱乐、引调、灵房、纸马、香烛、鞭炮等，引导亡魂进入仙界的引魂之物前来吊丧，孝男孝女执用白纸缠绕的丧棍至寨边下跪迎接前来吊丧的客人，同时敬上“进寨酒”。摩师主持开堂仪式，先将外家祭品陈放在灵前，外家亲戚跪灵，再诵经禀请亡灵享用。所有来客按先后顺序进行祭奠吊唁。吊丧客人入堂祭奠时，女性到灵柩边痛哭（内容多为韵句），男性燃香点烛后作揖跪祭，丧家分给逝者外家和孝婿每人一件孝衣，一条孝帕和一双孝鞋；其他客人每人一条孝帕。所有客人跪拜在灵前戴孝。堂祭时，摩师诵经点明祭主及其祭品，诵请亡灵享用后保佑众亲友平安幸福。来客入丧家户和祭奠完毕要鸣放鞭炮，堂祭完毕后即入席就餐。其中，逝者外家亲戚优先就座，有条件的人家在楼上房间安排有雅座接待逝者外家来客。

（6）赶嘎杀牛。午后，几名摩师到寨边设置“赶嘎”（赶集）场地，场中竖一根大木桩，摆一张“祭市”神桌，上陈酒食果品，请逝者外家就座“押市”。同时陈放丧家送给“吃肉”孝婿备用的全套家具和炊具。外用谷壳米糠沿地撒出一个大圆圈，孝子、孝媳、孝女、孝婿等数十上百人沿地转圈“赶嘎”。其中主要孝辈换上红、绿、黄、蓝、青、紫色的布依古装。并在自己的外家亲戚陪同扛刀佩剑走在前面，其余孝辈随后行走，围观人群成百上千，壮观热闹。“赶嘎”有一个时辰，几名摩师宣布“赶嘎”暂停，让两代外家亲戚和众孝辈饮酒进食后，先回丧家“抢食”。孝女孝媳哭灵一次后，孝辈返回“赶嘎”场地“吃牛”。确定为“赶嘎”吃肉的孝婿持刀向“押市”外家法佬请示杀牛，经过一番精彩问答后获准杀牛。孝婿请刀手磨刀杀牛，刀手扛刀绕场三圈即举刀砍牛颈就离去，余下由孝婿家亲友自行剖牛煮吃（孝女、孝婿忌讳参加吃肉）。此时，丧家举行“分粮种”“奔新丧”“引冥路”等活动及着手筹备家祭事宜。

（7）闹丧婿祭。傍晚，各方来客的乐队吹奏唢呐长号敲击铙钹鼓镲到丧家“闹丧”。摩师主持孝子举行“家祭”，孝子跪灵，孝媳哭灵，用素肴祭奠，然后集体共进晚餐。之后摩师主持“婿祭”，众婿带上香烛、纸钱、鞭炮、白酒、豆腐等再次跪祭逝者，并将众婿带来的糯米蒸熟打成糍粑祭灵。这时，孝媳与孝婿可以进行“赎猪”“斗墨”（用锅烟打花脸）等游戏娱乐活动。半夜，“两祭”完毕，摩师开始诵经论丧，内容主要是诵述人生礼俗及历程等，大致分为：物源、年事、盘对、逆逃、爱恋、结偶、兴家、怀胎、育儿、卜门、病痛、讣报、奔丧、请师、祭吊、送葬、守孝、祭坟等。时近拂晓，摩师吟诵父(母)与子女阴阳两界悲恸离别的摩经词调，暗示即将辞灵出殡。

(8)辞灵出丧。诵经论丧结束，摩师主持举行“吃阴阳饭”仪式。孝子孝媳背对灵柩吃简易素食，与逝者永别。家族及亲友全到场，用丧家锅灶烧水蒸饭，预备热水、脸盆、扫帚等作出殡之用，同时拆除祭坛、画壁及内外挽联，迅速收拾发丧安葬用品。由一摩师或一男性亲友到寨中呼喊众人帮忙出丧抬灵，主管摩师诵经“解扰除邪”，向亡灵述告其驾鹤西去必经的路线(不同的姓氏，路线不同)，请亡灵释放阳魂，宣告亡灵和摩师各行阴阳归途，互不纠缠。屋外众亲友迅速收拾集中纸扎经幡、灵房、旗伞、牛马、车轿、钱乐、引吊等，备齐出殡抬灵用具(大杠、环担、篾绳等)。各方来客乐队集中至屋前，所有孝辈肃立堂中等候出丧。

(9)发丧安葬。吉利时辰一到，众亲友在摩师主持下手抬灵柩出堂，暂搁屋前长凳上。同时鸣放鞭炮，宰杀出丧肥猪，并将灶锅上的饭甑子转一圈，用热水洒扫刚出丧的灵堂地面。户外众亲友用大股篾绳捆扎灵柩，上捆一根大木杠和大把点燃的灵香，拴上一只大雄鸡押丧；大杠两端捆上木环担和小抬杠，形成八抬灵柩。灵柩起动时，再放鞭炮，孝子手捧灵位米升在前引路，另一孝子或侄子分撒纸钱，名曰“引路钱”。众亲友抬起灵柩跟随，众乐队送行。孝女孝媳携带逝者废旧衣物、席子、床垫等恸哭送灵，踏水过桥后烧掉就回家。灵柩送到墓地，先用高凳暂时支垫，由众亲友取土挖坑后，阴阳先生将坑底分成三段，用雄黄或朱砂粉拌米粒在中段撒画成八卦图或太极图，上段和下段写成“荣华富贵”等字样，牵押丧雄鸡下坑“跳井”啄米，将部分经幡和逝者外家的祭幛烧灰“暖井”等，下葬吉时一到便鸣放鞭炮将灵柩移放坑内。灵柩正位后，孝子持四根茅草茎跪在灵柩上口念嘱词为逝者“立柱”，并用一只小鸡击棺三下示意即起身回家。亡人适宜下葬和新坟适宜开向的，当即掩埋并用石块或石碑立成墓门，不宜者用一条篾绳垫棺底，只垒圆坟或只盖土而不垒坟，到适宜日辰才抽掉篾绳并用石块垒坟开向。坟丘上插残余的经幡纸吊和寿旌纸吊，并堆放各种纸扎彩染、旗伞、灵房、车轿、牛马等。安葬完毕，孝辈及众亲友将锄头与锄柄拆掉反装，然后念“叫魂词”，返回丧家举行“洗手礼”(意为“隔丧”)。

丧葬礼俗(二)

（10）葬后礼仪。将近午饭时，摩师主持“隔丧”礼仪，点香烧纸后，在煮熟的猪肉碗上口诵经文，众孝辈每人吃肉一片，并且默念“隔丧词”。主宾共进午餐后，主人备齐祭祀达摩祖师用品，派人送摩师回家之后。孝子特意挽留逝者外家亲戚另进一餐，备办猪肝、猪肠、猪肾、猪肚等菜肴和好酒盛情款待，之后主宾相送道别。实行“复山”的人家，葬后一二日送宴食到新坟燃香烧纸祭祀，祭后第三天举行新坟“复山”仪式，按亡人男左女右在坟侧垒成一小灶，用煮熟鸡肉和猪肉供奉逝者，同时鸣放鞭炮。不兴“复山”的人家，多于葬日当天下午开灶祭坟，祭品及方法与“复山”相同。老人逝后百日以内，孝辈不能剃头理发和洗孝服孝帕筹，百日忌结束，摩师主持众孝辈举行“脱丧”仪式（女性洗孝衣孝帕等，男性理发，逝者亲子剃光头发以示孝道）。葬后第二年和第三年，须在“社日”前举行新坟祭祀活动。其中，第三年最隆重，逝者外家亲戚、女儿女婿和其他亲友带鸡买酒前来参加祭坟。父母逝后守孝三年，其间禁办喜事或办喜事也不贴对联。每逢春节，所有孝辈所贴春联纸张颜色有限制，第二年用黄纸，第三年用绿纸，第四年才用红纸，有的只贴紫色春联，第五年才贴红底春联。以示守孝，怀念父母的养育之恩。

布依族特有的传统丧葬礼俗，全过程均用布依语诵述，各种礼仪集中体现了布依族的民间文学、音乐、舞蹈、绘画、建筑等艺术形式，通过布依族特有礼俗“摩教”表现出来。“摩教”由远古的“达摩祖师”创立，由于当时没有布依文字，全靠口传心授带徒弟的方式传承，至今已有数千年。近代以来，认识字的“摩师”用谐音汉字或特殊符号记录摩经，虽有些便利，但很难读懂。这种民间文化艺术形式大致可以分为两大派系。

（1）“高派”摩教。以贞丰县城北郊和东部几乡镇内为数不多的“摩师”为主体，“高派”摩师所诵经文内容博大精深，主要适用于较为隆重的葬礼。如珉谷镇顶肖村纳烙组的贺刚诸兄弟、者相镇平寨的向仕友和坡者的余国民、长田乡纳央的王永占、白层镇纳艾村的余保华等最有代表性（其中，余保华摩师具有“高派”和“平派”的兼容性）。

（2）“平派”摩师。以贞丰县东南和西北的摩教和摩师为主体，人数几十名。因所诵摩经内容较为简括扼要，其仪式比较简单，属于较为简易的丧葬礼仪，不能作为布依族葬礼的仪式代表性形式。

贞丰布依族丧葬礼俗再现了悠久的民族历史，各种礼仪具有布依族古老的祭祀文化和礼俗观念的原始记忆，是原生态的习俗。葬礼中的仪式和摩经中的内容，集中表现出古往今来不断传承和发扬光大的布依族精神理念和伦理道德。“亡人最大”“逝亲至上”等思想意识贯穿葬礼的始终，孝禁的规矩很严，家有亡人不穿艳服新装、忌食各种肉食、孝辈夫妻分寝、有身孕女性及其丈夫不接触灵柩及各种物，孝子迎接亲友和请求亲友办事时均行下跪礼等规矩，充分体现出布依族的高尚品德和民俗美学价值。布依族葬礼凝聚了丰富的艺术成分。摩经、咒语及礼仪辞令是具有文学（尤其是诗歌）的形象思维，并含有史诗、神话、寓言、童话、悲剧、喜剧等亦庄亦谐的多种艺术元素。诵经、哭丧、奏乐等的音调和语感有悲欢离合及生离死别的韵味，辞灵论丧兼有朴素的人生哲理，赶嘎的形式与内容富有戏剧和舞蹈的成分，符合农耕民族的生活实际和规律。各种丧葬纸扎工艺品和绘画图景意义深刻，即充分展示出布依族民间工匠的才华和智慧。按照布依族传统习俗和礼仪需要，在部分丧葬礼仪和器具使用方面吸收一定的汉学文化内容，如立幡、卜地、吹螺号、打击乐器种类等与汉族丧葬礼仪相似。

布依族“六月六”

自古以来，布依族多居住于江河、溪流沿岸的平坝上，以种植水稻为主，素有“布依水乡”和“水稻民族”美誉。“六月六”即是布依族人民在长期农耕稻作生产活动中形成的以娱神、娱人为内容，以祭祀、歌舞活动为载体，含有宗教性、生产性和文娱性内容的传统节日文化活动，主要流传于贞丰、望谟、册亨等地的布依族村寨。

“六月六”祭祀

“六月六”，布依语俗称“香若罗”（敬盘古）。相传生于六月初六的布依族祖先“盘古”发明了水稻种植技术，但是，他清苦贫寒，孑然一身，后来认识了海龙王的女儿并结为夫妻，一年后生一个儿子，名字叫新横，新横长大后因冒犯了母亲，使母亲怒而返回龙宫。“盘古”续弦，一年后又是在六月初六命终谢世。新横继承父业，不断改进生产技术，年年获得丰收，尽管这样，其后母仍然对他进行虐待。新横不服,便托梦给已故父亲盘古并发誓告到天庭,要毁掉水稻,绝其工技,以断后母生路。新横的后母只好认错,承认每年六月初六率子孙杀鸡、包粽粑、染五色糯米饭,敬祭盘古,才使水稻种植技术延续至今。

"六月六"有悠久的历史。据清乾隆年间李节昌纂的《南笼志·地理志》记载:"六月六栽秧已毕,其宰分食如三月然,呼为六月六。汉语曰过六月六也。其用意无非禳灾祈祷,预祝五谷丰盈……"布依族十分重视这个节日,有"过小年"之称。

在节日来到之前,每家每户都要争取早日结束夏季生产,以便安心过节,如果雨水来得迟,插秧还未结束,节日可推迟到六月十六、六月二十六等逢六之日过节均可,但必须以"关秧门"即插秧上坎为先决条件。布依族过"六月六"节日,不但要供祭水稻种植始祖"盘古"及自家的列祖列宗,还要祭祀寨神。六月初六的前日,祭寨神的准备活动就已开始,村寨里组织祭神的是寨老,另外还有十来个当事的青壮年,按规定组合成组,每年轮流当事。当事者在节日来到之前,走村串户收集各家捐的粮款,捐的粮食用以聚餐食用,捐的款主要是用以购猪买鸡祭神。节日的前一天,还要请摩公敲锣念咒扫寨驱鬼。"六月六"主要活动内容如下。

祭稻神。六月初六当日清早,各家各户都要拿着大红公鸡、纸马和铁芭茅杆以及祭祀用的香、纸、酒、肉、五色糯米饭、三角粽粑等菜肴、祭品到秧田边水进出口处去杀鸡祭田,布依语称为"Gac daangx"。杀鸡祭田时,要将鸡血滴在纸马上,再用杆子挂着纸马插在水田进出口处和田中央。凡属于自家的田块,每块田都插上此纸马标记,以示清除旱涝虫病之灾,期望庄稼获得大丰收,让驮马源源不断地将粮食谷物驮运回家,使得米粮堆满仓。祭词为:"前辈老祖先,发明功劳大;垦地造田苦,撒谷种庄稼;禾苗长势好,抽节又扬花;蝗虫自然灭,谷穗垂吊大;后世来下祭,带来酒鸡鸭;祭秧又祭祖,佑我子孙发。"杀鸡祭田,家长要带孩子去,一则可以提高孩子对农业田间管理的知识和兴趣;二则借机给孩子灌输水稻栽培的生产意识,教育孩子从小就热爱生产劳动,珍惜粮食。经济宽裕之家庭,一个连遍田要杀一只公鸡,经济较困难的人家至少也要杀一只公鸡。祭田完毕,回家备上丰盛的饭菜,虔诚地焚香化纸供奉祖先"享用",最后,一家人团圆就餐,企盼来年风调雨顺、五谷丰登、吉祥如意。

祭寨神。寨神布依语叫"墙苏",在布依族人民的心目中,"墙苏"是全寨人丁、六畜的安全保护神,能保佑全寨人丁繁盛,六畜兴旺。寨神住所多建于寨子上方,能俯瞰全寨的僻静之处,以木石建墙,盖瓦,高约八尺,并书写"保一方清洁,佑四季平安"、横批为"风调雨顺"的对联。祭祀当日,各户的男家长,自带碗筷,香三炷,冥钱多张,主动到寨神前集中,做力所能及之事,准备工作就绪后,由寨老主持祭神。祭词义为:请寨神老祖享用全寨人的供品后,保佑风调雨顺,五谷丰登,六畜兴

"六月六"祭稻神

旺,老幼平安等。祭毕,众人于寨神前,十人一桌就地聚餐。餐前,须由寨老一桌先动筷,尔后按顺序举筷,餐中吃肥食瘦,各有所需,看准后选择,不能翻掀挑选,更不能抛撒于地。饭毕,大家席地而坐,听寨老讲话或重申"议榔规"。

拜年。贞丰布依族过"六月六"要举行拜年。拜年是在"六月六"当天或第二天进行,礼物多用花糯米饭、圆糖粑或面条(面条表示天长地久),以及一只大母鸡等。"六月六"拜年主要是新建立婚姻关系的男方去女方家拜。返回时,女方要送给男方自织的布匹和布鞋,表示互敬互爱。有些人家,还借此佳节订婚或订结婚日期,送去礼金等。也有家里有小孩子的妇女带着孩子去外家拜年的,回来时,外家要送一只小母鸡拿回来喂养,寓意为鸡生蛋,蛋生鸡,可发家致富。

对歌、"浪哨"。"六月六"期间,农事稍闲,布依青年男女借助过节这样的大好良机,进行对歌、"浪哨"交往活动,这也是过"六月六"的主要活动之一。在布依族婚俗中,同姓人同村人视为同胞兄弟姐妹,一般不对歌、不"浪哨"、不通婚,不同姓氏的同辈人则以表哥、表姐相称,方可对歌、"浪哨"、通婚。"六月六"节成了布依族男女青年谈情说爱、择偶论嫁的一个良好吉日。

"六月六"当天,布依族小伙以最高礼仪欢迎客人

节日当天,男女青年身穿节日盛装,盘着头帕,拿着花包,三五成群相约聚集到离寨子200米以外的风景秀丽而幽静的"花园"里,用木叶吹奏动听的"木叶调",召唤邻村的男青年前来相会,通过甩花包、吹木叶、吹箫笛、弹月琴、拉二胡,对唱竹筒情歌、对山歌等形式,选择自己心目中的情意人,进行"浪哨"活动。

1977年岩鱼布依古寨举办了首届"六月六"布依族歌节之后,必克、挽澜、猫猫等布依族聚居的村寨也举办了歌节活动。随着改革开放的深入,人民物质生活的

布依族舞蹈（乔启明　摄）

提高，“六月六”布依族歌节的内容不断地得到充实和完善，参加人数不断增多。20世纪90年代中期，“六月六”布依族歌节移至如诗如画的三岔河风景名胜区举行，办节单位也由数个单位联办到县政府主办。2003年以来，“六月六”布依族歌节活动正式冠名为“贵州·贞丰‘六月六’布依族风情节”，活动内容发展为集民族歌舞演示、布依婚俗展示、民族特产展销、经贸洽谈、招商引资等为一体的大型风情节日活动，每届观众均达数万人，已形成了贞丰县乃至黔西南州、贵州省一张极具影响力的旅游名片。

苗族“二月二”

苗族“二月二”，指苗族人民以农历二月初二作为吉日，形成了“送亲”与“接亲”、“搭桥”与“祭桥”、“送纺车”与“送红纸伞”等为基本内容的传统节日，是苗族节日文化的活态再现，表现了苗族人民婚姻习俗中对出嫁的女儿在生育、生产、生活方面的关爱。同时，也是维系苗族族群互相往来的重要纽带，蕴含着丰富的民族历史和文化价值。

贞丰苗族“二月二”主要分布于珉谷镇的旗村、塔山、大碑、挽澜乡、长田、者塘；龙场镇的定塘；者相镇的纳窝、打春。

苗族民间传说曰：一个叫花螃蟹的老太与丈夫已年过70岁，仍没有生育一男半女，但她非常善良，总爱帮助别人。有一天，她与村里的一些妇女去打猪草，爬过几个山坡后，花螃蟹老太因年老无力而走不动了，便坐在一块大石板上休息，不久她睡着了。睡梦中她隐约看见一位全身穿白色衣服，白发长老对她说：“老太婆，你老而无子，你们这里有十二条河，十二匹坡阻挡人畜行走多不便。等到农历二月初二的那天，是黄道吉日，你把这块大石板搬到你们寨子东边的小河边，在人畜不好行走的地方架一座桥。架好后，要请‘日公’‘月母’和桥老、木凳老来吃一顿饭，将

"二月二"走亲的姑娘(毛天松 摄)

保佑你家儿孙满堂,全家平安,样样吉祥。"到二月初二那天,花螃蟹老太和丈夫商量,就按照长老的话去做了。后来,在花螃蟹夫妇75岁那年,诞下一对龙凤胎。从此,苗族人民就把每年的农历二月初二看成是好日子,家家户户都煮黄糯米饭吃,编织五色网袋染红鸡蛋给小孩玩。有的走亲,有的修桥补路,有的送纺车送红纸伞,总之,好事样样做。

清嘉庆年间苗族开始从黔东南迁入贞丰县境内,"二月二"走亲节也随苗族的迁入而在贞丰流传,至今已有两百多年的历史。

贞丰苗族"二月二"源于苗族人民的婚姻习俗,苗族婚姻习俗中的新娘挑水、回门、接新媳妇、领婚等独具民族特色。

新娘挑水:新娘拜过堂吃完饭后,由姑娘领新娘去井边挑水,挑进大门时,新娘上前走三步,自有姑娘接担子进屋。

回门:苗族新婚时,男女不同房,路程近的,当天就可回娘家,路程远的,新娘由伴娘陪同宿一至两夜后方回娘家,苗族称此为"回门"。

接新媳妇:婚后次年农历二月初二前,新郎的母亲邀一妇女为伴,携带一只鸡,一包糖前去接儿媳,无论路程远近,须住一宿。次日,新媳妇收拾行装随婆婆到丈夫家去。但一般只住3~5天又返回娘家,该年秋天再被接去帮助收割。部分富裕人家,二月初二邀五六个亲戚,备一只鸡、一块肉及糖果等,主动将姑娘送到男方家去。男方厚礼相待,家族叔伯兄弟也轮流请去做客,款待数日,方允返回。如此往返一二年,新媳妇才长期住在夫家,正式成家。

领婚:由男方秘密地将姑娘领到家成婚。苗语称"Yeel nieeb""叶涅",意为"领媳妇"。领婚都是男情女愿建立的家庭,幸福美满,离婚现象极少。领婚一般在晚上或姑娘外出赶场、作客等

盛装的苗族妇女在村口迎接客人

时候进行。事前男女定妥时间地点。领婚途中,不能随意到苗寨借宿,万一借宿,得先杀一只公鸡给主人家“挂红”。领婚成亲的当晚,夫妻即可同居。婚后8天之内,男方须请两人前去向女方家长言明领婚一事,尽力从中疏通,使女方家长承认这桩既成事实的婚事。

“二月二”具有鲜明的民族特色,表达苗族人民祈求万事大吉、传宗接代、人丁兴旺的强烈愿望,体现了苗族人民的凝聚力和团结友爱的民族精神,具有重要的民俗学价值和社会学价值。但随着历史的发展,社会的进步以及思想观念的改变,苗族婚姻习俗逐渐变革,“二月二”接送新娘等活动逐渐淡化,苗族“二月二”传统节日面临消失的危险。

布依族“报笨”习俗

“报笨”,是广泛流传于贵州省南、北盘江流域的布依族祭祀习俗,以黔西南州兴义市郑屯镇坡岗地区最为典型和集中,目前保存较为完整的也主要分布于坡岗地区。

“报笨”系布依语,意为“请摩公办事,摆桌子祭祀”,这一习俗形成于布依人民的生产生活之中。“报笨”习俗可考证的历史,据《天下郡国利病书》载:“僰(濮)人,衣尚青碧……自有番书卜日不同中国。”可见,秦汉时期布依族先民已使用占卜吉凶的方法来开展祭祀活动,祭祀活动由族中长老主持,主持者被称为“摩师”(摩公、老摩、布摩、报摩、掌摩、濮摩)。

祭祀(张霆　摄)

随着祭祀活动的发展,逐步出现了专门主持“报笨”活动的职业者。《新唐书·蛮夷列传》记载:唐时牂牁地区“祭礼杀牛马、亲联毕会,助以牛酒多至数百人”。说明盛唐时期布依族祭祀活动规模之宏大。清朝中叶以后,随着封建王朝对布依族统治的进一步加强,以及汉文化大量涌入,布依族“报笨”习俗在传统的基础上吸纳了不少汉族祭祀文化的成份,融合了大量汉族习俗元素。

布依族“报笨”祭祀活动因布依族崇拜自然、

崇拜祖先、信仰多神而种类繁多。每年正月初三到十五间有祭祖先、扫寨、祭洞、祭桥等活动，其主要内容由自然祭祀活动和社会生活祭祀活动两大部分组成。

一、自然祭祀活动

祭山（布依语为“报笨吗江东娥”）：农历三月的第一个蛇场（巳日），德高望重的寨老带领摩师，以及每家每户的长子或者幼子，携带着丰盛的供品前去祭祀山神。山神所在的地点最早由摩师选定，然后沿袭下来。大家将肥猪、雄鸡、糍粑、豆腐、果饼、花糯米饭等祭品供奉在石案上，由摩师给山神敬香，全体人员跪伏在地，磕头行礼，摩师念咒，祈求风调雨顺、六畜兴旺，以及全村平安。祭山期间，村民三天之内不允许上山和下地劳作，不允许动土，谓之“闲三”。青年男女可以浪哨、玩表，对唱山歌，寻找自己的意中人（“六月六”祭山与“三月三”祭山的习俗基本一样，只是村民一般会在“三月三”宰猪，祭祀间歇泉山神；“六月六”则宰牛，祭祀寨口大树处的山神）。

祭水（布依语为“报笨公温”）：每年“三月三”（第一个蛇日），村民要组织“二郎锁龙”的表演来祈求避免水灾。村民来到间歇泉边供奉祭品，摩师念咒，孽龙便出洞了——四个青壮男子舞起两条竹龙，村民纷纷用石块、树枝对孽龙进行象征性的攻击，或者用手掬水去洒孽龙，一番嬉戏打闹之后，扮演“二郎”的男子便手持“镇龙杆”出来，一下子把孽龙锁住，不允许它们兴风作浪。

面具祭祀制作（张霆　摄）

祭树（布依语为“报笨吗江东买”）：布依村寨的古树、大树、形状怪异的树，都会被摩师指定为树神，平时村民们会将红布条挂在树上祈福许愿。等到“三月三”和“六月六”祭山结束的时候，摩师即与几个村民携带香烛供品前去神树堡或其他地点祭树。另外有一种“种满月树”祈福的活动：村寨里小孩儿满月的那天，孩子的外婆要送来背带、花糯米饭、一只鸡（生女孩送母鸡，生男孩送公鸡）和红鸡蛋做贺礼，同时还要带来竹苗或树苗，请寨子里有福气的老年人来栽种，最后外婆将一根红丝线一头拴在竹苗或树苗上，另一头则牵到小孩儿的床头，将福气带给小外孙。

祭石（布依语为“报笨拜多林”）：坡岗布依人如果久病难愈，或遭遇了其他不祥之事,会被摩师认为冲撞了石神,必须到当地“簸箕营”(山名)祭祀大石消灾。祭石主要是通过在大石上表演舞狮来完成的,当地人叫作“上山狮”。上山狮是一种极具观赏性的祭石驱邪仪式,村民备好祭品,齐集到“簸箕营”,摩师在山前点燃香烛,念起咒语,禳灾祈福,再烧起一堆冬青叶,噼啪作响,烟雾缭绕,村民们敲锣打鼓,8 只憨态可掬的狮子先在山脚跳跃嬉戏,随后便沿着崎岖陡峭的山路攀爬而上。最后,两只战胜其他对手的狮子,捷足登上“簸箕营”的最高峰——一块狭小的岩石上,或临风站立,或探头悬崖,惊险万状,令人叹为观止。

祭洞(布依语为“报笨吗江报名保弯”):上坡岗有一溶洞,名“观音洞”,洞内钟乳丛生,怪石林立,布依村民视之为神,常有人来祭拜,祭洞历史久远,村旁现存有一石桥,名“还愿桥”,桥碑载清嘉庆年立,碑文记述当时王姓村民到“观音洞”求愿,实现愿望后修的还愿桥。这是历史上祭洞的佐证。布依习俗,祭洞大都是求后,求财、祈福、求平安,没有固定祭日,拜祭活动由摩师对具体人和“蛋卜”测定。

祭祀所戴面具(张霆　摄)

祭桥(布依语为“报笨吗嫁冉姑”):祭桥的目的一般是久婚不育者祈求子嗣,或者为体弱多病的小孩儿寻找保爷(干爹),其过程大致是主人家请摩师看个时辰,然后携带香烛、纸马、雄鸡、豆腐,以及一丈二尺蓝布,来到水沟边,摩师敬香、念咒,杀鸡后用鸡毛蘸鸡血涂在蓝布上,将蓝布搭在水沟上,然后用石块搭一座便桥。若是为孩子求保爷,主人家便在那里等候第一个路过石桥的人。还有一种叫“搭花桥”的仪式:青年女子出嫁后不久,为祈求早生贵子,要请摩师用竹子扎一个“花桥”,其桥柱须用娘家母亲送来的金竹做成。摩师带领女子来到水边,献祭念咒之后,女子即用一根白丝线将花桥牵到水中漂行,沿途如果见到水中昆虫,便是龙王送子来了,将虫子放进花桥中,将花桥带回家,挂到新房的门头上。

祭田(布依语为“报笨吗江东啦”):“六月六”“闲三”之后,第四天,布依人家要请村里的摩师剪纸马,摩师在纸马上画“飞龙娘娘”“山神”“六畜神”“粪神”等天地诸神,叫作“黄泉甲马”,然后将其粘在竹竿上,插到田地里面,并供奉祭品,摩师敬香、念咒,驱除虫灾、鼠灾,祈求庄稼丰收。

二、社会生活祭祀活动

祭牛王:十月初一“牛王节”要祭祀牛王,其形式是犒劳家中辛苦了一年的耕牛。布依人打好糍粑，然后来到牛栏前，将两团糍粑挂在耕牛角上，再用拌上食盐的糍粑喂耕牛吃。

正月祭祖：正月的家祭分为“迎老祖”“陪老祖守岁”，以及“送老祖”“老祖回访”一系列仪式，从腊月二十九一直持续到大年初三。

正月杀狮祭祖：从正月初三到正月十五，坡岗村寨的布依人家要请舞狮人到家中表演杀狮祭祖。主人家在朝门迎接两只威风凛凛的狮子进入家中，狮子在院子里绕场一周，然后来到堂屋里，主人家的桌子上用竹筷摆着二字或四字的吉祥语，狮子围绕桌子表演，然后用桌子上的竹筷一根不多、一根不少地摆出另一句吉祥语，村民谓之“竹筷拆字”；接着狮子要跳上桌子表演，并叠起罗汉将主人家用红线吊在房梁上的红包取下来，村民谓之“金线吊葫芦”；最后主人家在桌子前放一盆水，狮子跳过水盆，并做出舔水的样子，这时扮演大头和尚的人将其中一只狮子的头按住，用刀对着狮子比划，狮子倒地，并将红颜料投入水盆，造成血水横流的效果，以此祭祀祖先。

七月半鬼节：七月半鬼节主要祭祀家族亡灵，这天家家户户打糍粑，供饭，焚香烧纸，请老祖们回来享用。

祭官厅：三月三“祭官厅”主要是祭祀历代寨老的亡灵，“官厅”是寨老主事的地方，祭祀寨老的亡灵象征对人间权力和秩序的尊重。

做马郎：“做马郎”，是丧主家的大姑爷祭奠岳父（母）。

“报笨”习俗是布依族人民交往、交流的重要形式，是千百年来约定束成的节日庆典，是联系布依族人民的精神文化纽带，通过“报笨”活动，加强了村寨间的相互联系，加强了本族人的团结。同时，它也是布依族人民制定乡规民约的过程，三月初三祭山祭树祭田之后，三天不得劳作，集中制定本季度乡规民约，处理重大事情和备耕事宜；六月六“报笨”活动祭祀自然诸神后同样如此，讨论秋种之事。这种祭祀民俗具有很强的约束力和“行政力”，利于乡村的管理。

祭祀舞蹈（张霆　摄）

从可持续发展的角度来讲，布依族“报笨”习俗也有着重要的意义。其精神内核是“万物有灵”，对山石树木花草水源的崇拜,就是对自然的崇拜,借助神灵意识来对村民进行约束。不得攀折树木花草,不得污染水源,不得在山上敞放牲畜,防止山地石漠化等,这早已具备了"人与自然和谐"的意义。由于"报笨"民俗活动的长年不衰,布依族居住区山清水秀,植被繁茂,社会宁静祥和。在环境遭到严重破坏的今天,布依族"报笨"民俗更显出其重要的现代价值,保护这种"报笨"习俗,自然就保护了环境。

另外,许多"报笨"活动具有很强的艺术性和观赏性,表现了该民族的审美情趣与艺术价值。其中祭石仪式中的"跳山狮"活动,八头雄狮嬉戏着跳上山崖,进行打斗、攀缘表演,或威风凛凛,或神气十足,或憨态可掬,一派生气勃勃的热闹场面,其形式独一无二,具有震慑人心的艺术力量;正月里杀狮祭祖活动中金钱吊葫芦,竹筷拆字等的游戏,展示了布依人的聪明才干与智慧。

布依族铜鼓习俗

铜鼓是兴仁县布依族群众在祭祀活动中必不可少的"神器",是布依族人民崇拜的三大主神之一与心中拟人化的民间俗神信仰。

布依族铜鼓信仰是布依族先民们在历史发展的长河中,在生活生产中逐渐产生的一种敬畏自然、诠释生命的民间崇拜习俗。铜鼓及其使用起源于青铜器时代的中、晚期,在秦汉时期就已铸造成鼓面有图纹的布依铜鼓,是布依族历史发展的产物。布依族的摩经《多任篇》,曾记录祖先制造铜鼓的经过,认为铜鼓是最古老,最具有民族特点的乐器。布依铜鼓是有声的语言,与布依族人民的生活息息相关,其历史文化内涵极为丰富,它充分反映了古代濮越部落原始的政治、经济、军事、文化、生产和生活方式。

自古以来,布依族这个没有文字的民族通过铜鼓、摩师、古歌的传统教育方式,建立了一个能够与其他民族关系融洽、和睦相处,并能吸收优秀文化为己用的民族群体。同时,也造就了布依人"精明强悍、热情好客"的民族性格特征。现布依铜鼓已成为布依族最有代表性的民族文化现象,布依人民相信,通过对铜鼓这一有灵性神器的崇拜与运用,就能达到平安和谐、祈福消灾、沟通神灵的作用。

兴仁县布依族人民共同生活在第一、三土语区,并互相融合。从史料考证及县内一些布依家族谱系记载和布依族沿袭至今的古老习俗中证明,兴仁县布依族属土著民族,是兴仁这块兴旺之地、仁义之乡的较早开发者。该县是贵州省黔西南州

铜鼓信仰(一)

保存布依铜鼓年代最古老、数量最多、分布最集中、布依铜鼓文化底蕴最深厚的地区。据初步调查统计,黔西南州现有布依铜鼓240多面,兴仁县就拥有160多面,占全州总数的66.7%以上。2006年6月3日(即农历五月初八日),贵州省布依学会批准成立了黔西南州布依学会屯脚布依铜鼓文化研究会,并授予兴仁县为贵州省"布依铜鼓之乡"荣誉称号。

从远古时起,由于战争和祭祀等原因,铜鼓就逐渐由一般响器上升为布依人的敬重物,成了铜鼓占有者身份和地位的化身,《续资治通鉴长编》"家有铜鼓者,子孙秘传,号为右族"。铜鼓的价值斐然,相传诸葛侯时"价值牛马数以百计,富者、倾产市之不恤也"。兴仁境内保存下来《布依铜鼓十四首》《十二首》《布依铜鼓九首》以其完整的音节、音调韵律更是世间所独有,可以说它是布依族先民最原始的音乐脚本,是布依民族初始文明的伟大集成。它的传承脉络是研究布依族历史发展运动的轨迹,是研究遍布于珠江流域的骆越子孙的历史演绎及世间相传的"夜郎"文化发展的活化石。

铜鼓是布依族最古老最具有民族特点的乐器,远古时候,布依先民打得野兽,人吃肉,皮作披挂。厚的象皮、牛皮用来蒙鼓,闲时娱乐助兴狂欢,庆祝某种胜利等。特别高兴时,锅、碟、盆、瓢都一起敲响了。这就发现锅的声响大而悦耳,猛兽也远离了。从此以后,皮鼓增加了金属响器。

布依摩经《多任篇》中记载"古代铜鼓材料从滇、黔、川、桂布依人去与瑶人、汉人交易得来。用竹篮挑来,拿到田坝中建炉,用兔皮、虎皮、狮皮做成双管活塞式大风箱,找来耐燃物,一层又一层,横置炉中,放进铜矿石,用风箱鼓风,经过多次反复炼制,初期炼成模仿锅形的响器,后逐渐铸造成了铜鼓"。

20世纪80年代黔西南州兴义、万屯、兴仁、交乐汉墓出土的文物中就有铜鼓、铜车马、摇钱树、连枝灯和许多珍奇的铜制品,由此可知,布依族铜鼓起源于青铜器时代的中晚期,大约在西周的时候,铸造成仿锅的造型,经过多次铸造发展,在秦汉时期已经铸造成鼓面有图纹的布依铜鼓。

铜鼓是布依族有声的语言,正如先秦杂家《尸子》言:"钟鼓之声,怒而击则武,忧而击则悲,喜而击则乐,其意变,其声意变。"

铜鼓信仰(二)

铜鼓是布依族历史发展的产物。它具有驱散凶残猛兽、防御外敌侵入、驱赶凶神恶煞,以及祭祀超度亡灵时"开天庭,破地府"的功能。它还用于传递消息,喜庆丰收,欢度节日等。因此,铜鼓从一般的响器上升为布依族敬重的崇拜物,成了铜鼓占有者身份和地位的化身,是遍布珠江、南北盘江流域的骆越子孙的历史演绎,以及世代相传的"夜郎"文化发展的活化石。

铜鼓是布依族人民的精神支柱、心目中的神灵,内容极为丰富,含意极为深刻。就铜鼓面纹而言,不同的纹理有各种象征意义。

(1)太阳纹(鼓心为太阳、太阳芒):象征布依部落的领导核心、祖先头领,核心照耀,光芒四射;

(2)芒间纹:表示核心周围互相联系;

(3)云雷纹:表示布依部落的天地山水;

(4)节纹:表示布依人的自卫武器;

(5)里圈乳钉纹:表示布依族人民紧紧围绕和保卫领导核心;

(6)游旗纹:表示布依部落的营垒设施;

(7)回旋纹:表示布依地域内与其他民族的相互往来;

(8)二圈乳钉纹:表示共同保卫布依部落区域内的各兄弟民族;

(9)地域标志纹:表示根据不同住地,有山、水、鱼、虫各不相同的图纹;

(10)外圈乳钉纹:表示大范围的兄弟民族;

(11)鼓胸、鼓腰、鼓脚和各种图纹:表示布依族的服饰纹样。

兴仁的布依族人把铜鼓其视为神灵。铜鼓在谁家保管,谁家就要设灵位祭供。《布依铜鼓九首》只能在祭祀时专用,闲人不可击,否则是对祖不孝,必遭报应。布依铜鼓在祭祀活动中必须敲击铜鼓鼓谱"九首"。"九"是至高无上的九重天,敲击铜鼓鼓谱"九首",才能"开天庭,破地狱",才能为亡灵、烧灵超度升天,找到归宿。

布依族铜鼓鼓谱内容极为丰富,每首曲调都有其特定的内涵,音调古朴、高昂、雄浑、奔放,节奏鲜明、韵律流畅,具有古老的民族音乐特点,是布依族人民智慧的结晶,是我国民族民间艺术中不可多得的一颗璀璨的明珠。铜鼓鼓谱全靠老一辈的口传心授，根据鼓槌敲击的各个部位（鼓心、鼓腰、鼓边）轻、重、快、慢发出的音响，用心记录。在民间流传有用汉文字音记录鼓谱的手抄本，是几千年来铜鼓鼓谱得以传承至今的重要因素，鼓谱音调雄浑粗犷、古朴深沉、气势磅礴、恢宏高昂、热烈欢腾、绚丽奔放。其声音穿透力强，传播辽远，辐射面广，真有“惊天地，泣鬼神”之架势，具有原生态民族古老的器乐特点较为突出。

铜鼓信仰（三）

布依族铜鼓是有声的语言，鼓谱有《祭祀专用铜鼓九首》和《祈福调铜鼓十四首》，反映的内容极为丰富、深刻，不同的鼓谱在不同的特定环境、不同的事，表达不同的思想感情，“其意变，其声意变”，具有强烈的号召力。这就是兴仁县布依铜鼓区别于其他地方布依铜鼓鼓谱的奥妙所在。

布依铜鼓“钟鼓之声，怒而击则武，忧而击则悲，喜而击则乐。其意变，其声亦变”，这一多功能的特点，能“传递消息、驱散凶残猛兽、防御外敌侵入、驱赶凶神恶煞、超度亡灵”等。由此体现出布依铜鼓是布依族赖以生存，主宰命运的崇拜物，也是布依族人民心中的神鼓，是远古时期布依族历史文化的真实写照，是一部较完整而源远流长的民族文化历史档案。

布依族婚俗

布依族婚俗，是布依族人生仪礼的重要组成部分，是布依族个人成家的重要仪礼，主要流传于贵州省黔西南、安顺、贵阳、黔南、六盘水等布依族聚居村寨。

《古歌·洪水潮天》唱词中有布依族先民曾经经历过“血缘家庭”阶段。《贵州省志·民族志》记载：“大约在旧石器时代，布依族先民处于母系氏族社会。当时婚恋可能按辈分划分……到春秋时期，布依族进入阶级社会门槛，婚俗开始向一夫一妻制过渡。”唐末时期，《通典·南平蛮典》载有“婚法，女先以货求男”。明代“婚姻,男女自主”(《大明一统志》)。明弘治《贵州图经新志》载有“歌唱相悦者,然后论姿色妍媸,索牛马多少为聘礼”。民国年间,大部分布依族地区形成了包办婚姻。《贞丰县志》也有布依族婚俗的记载,贞丰布依族传统婚俗历史久远。

布依族婚姻礼俗是布依族人生仪礼的重要组成部分,是个人成家、族群认同的标志性仪式。布依族人婚姻都是一夫一妻制,且同姓人不得结婚,并崇尚恋爱自由,重视婚姻礼俗,有“无礼无体统”之说。一般情况下,年轻人到十七八岁就借逢年过节、红白喜事、赶集等时机外出“浪哨”,寻找意中人,这是婚俗的基础。其婚姻礼俗基本内容按程序包含请媒、开庚、吃小酒、请期、过礼、亲迎、回门、坐家八个程序。

(1)请媒。男女青年通过“浪哨”认识后或者素不相识经朋友或亲戚介绍,男方就请“阿亚”(媒人)到女方家提亲。通常,媒人到女方家问亲得“三回九转”。一是布依族村寨有“一锄挖不成窝,一刀削不成筷……问亲要多来”的古老习俗,也成为大家约定俗成的规矩;二是通过多次的问亲,给女方家提供充足的时间探访男方的各方面情况。

媒人问亲一般都不是直接和女方家询问,常含蓄隐喻地说:“你家姑娘心灵手巧,勤快又善良,将来一定是个相夫教子的好女人……。”通过几次来回,如果女方同意就到下一步开庚。如果不同意,父母则找借口如“姑娘还小,还玩几年”等回绝媒人。

(2)开庚,即对八字。问亲成功后,男方就马上请布摩(占卜先生)与媒人一道,带上公鸡两只,酒肉各五斤等礼物前往女方家开庚。

首先,女方父母在家神前方桌上摆上熟鸡、“刀头”(方块猪肉)、酒等祭拜祖宗,祈求祖宗保佑晚辈合得好八字。

册亨县弼佑乡秧佑村布依族婚俗“开庚”(对八字)场景(韦腾荣　摄)

其次,女方家请媒人、布摩一道入席用餐,并请村寨德高望重的长辈或内亲作陪。其间,女方父母呈上女儿生辰给布摩现场合八字。如果八字合,女方父母便会拿一尺二红布、12 元钱及几粒米(代指女方魂魄)随庚书带给男方家。若八字不合,父母不同意其女出嫁,就此告结。如果女方家还是同意许配,男方得请布摩"关煞"化解。然后将男、女双方的庚书分开放置带回男方家。

(3)吃小酒,即订婚,布依族叫"庚醪勒"。开庚后,男方家及时请布摩择定订婚吉日。是日,男方请一村寨德高望重且能说会道者当"布事"(即押礼先生),领着订婚队伍 8~12 人(双数),带上礼金、女生服饰衣料、烟、酒、鸡、一方一走(即半边猪身肉,一只猪腿)、水果、糖和糍粑(女方内亲及家族各一份)、香烛火炮纸钱等彩礼,准备礼封(即红包。有斟酒礼、司仪礼、开封礼、点收礼、厨师礼等)前往女方家。到女方家门口,即放鞭炮打招呼。进屋后,"布事"就和女方司仪商量举行订婚仪式,将带去的彩礼一一摆放在堂屋家神前的八仙桌上,点烛焚香供奉祖先,双方点交彩礼。同时,男方穿上女方家赠送的衣服在家神前跪拜行礼,改口叫女方父母"爹和妈",以此代表女方家族已认同男方为姑爷。同时,如果女方有未婚兄弟的,男方要当场赠送一套衣服给其兄弟。最后,燃放鞭炮祝贺仪式结束。

接下来就在家神前八仙桌上摆好酒菜开席。"布事"被推坐上席,女方族中长辈陪坐,其他按辈分顺序交叉就座。席间,双方相互介绍相互认亲、互相敬酒,并划拳庆贺。等酒足饭饱后才离开,返回时,女方家回赠两床土布床单等。

订婚这天,女方家要宴请亲戚朋友前来玩耍,不送礼,所以布依族村寨一直把订婚约定俗成叫作"吃小酒"。订婚后,男女双方家族从此便结成了亲家。日后若有红白喜事,就相互来往,互相帮忙等。

(4)请期,即将婚期日子报告给女方家。按常规,订婚一年后方可择婚期。届时,男方家请布摩根据男女生辰八字择定婚期吉日吉时,然后由媒人告知女方家征求意见,应许后,男方就请两位福寿双全的长辈去"报日子",并含蓄地说:"某月某日是好日子,我们来领姑娘去吃一顿饭。"

请期后,男方家得及时送商定好的给女方家置办服饰、床铺用品、家具等嫁妆的彩礼钱,以便女方家早安排早准备。

(5)过礼。清早,女方家就将姑娘的嫁妆整齐地摆在堂屋两边供亲戚朋友观看。并摆筵席招待前来道贺的亲戚朋友。这天一早,男方家在"布事"的带领下,由新郎、媒人、伴亲童男童女 2 对,中年妇女 2 人,寨邻青壮年约 20 人、布依八音乐队 12 人组成的接亲队伍,抬着各种和订婚差不多一样的彩礼,在悠扬的《走路调》伴奏中,浩浩荡荡前去接亲。接亲的队伍刚进女方村寨,常被设卡阻拦,得用带去的糍粑打点才能通行。到女方家门口,即放鞭炮打招呼,女方家也放火炮迎接。进

册亨县弼佑乡秧佑村布依族婚俗的“过礼”场景(韦腾荣　摄)

门前,有拦门酒,“布事”得对上“封赠”女方家的四言八句,喝酒并在门上挂红后才能进入。进屋后,主人家将安排八音队在侧屋就座,适时奏乐。过礼的主要环节有交礼、发八字、发嫁妆。

交礼。首先,“布事”按订婚一样的规矩,将所有彩礼摆放在家神前的八仙桌上,焚香点烛供奉祖先,找童男童女到八仙桌前交手抓茶盐米豆,以示祝福未来生活美满幸福。然后新郎跪拜天地、祖宗和岳父母,女方家马上给新郎穿上新衣服,并且女方近亲长辈分别给新郎挂一缎红绸祝福新郎。同时,女方家点收彩礼,最后燃放火炮结束仪式。

发八字。下午吃饭后,女方家在嫁妆的平柜上将8碗酒摆成圈,并在其中一酒碗下藏着装有女方生辰八字的小红封,任由男方陪郎猜找,如果端到的碗下没有红封,要将酒喝下,直至端到有红封的酒碗为止。拿到生辰八字后,交由男方接亲一童子小伙带回,并要求途中不允许同他人搭话。

发嫁妆。女方长辈清点所有嫁妆交接给“布事”后,由男方寨邻青壮年抬到男方家摆好。

(6)亲迎。主要环节如下。

发亲。凌晨,新娘虽然唱着哭嫁歌,但也得事先梳妆准备好。吉时一到,新娘在家神前焚香烧纸,依次跪拜告别祖宗、父母及其他长辈。八音队《发亲调》奏起,新娘和母亲相拥而哭,泣不成声,都不忍分开离去。但在大家的拉拽下,由其哥(或弟)背出大门,同时,新娘将事先准备好的一把筷子向后抛到屋中,以示早生贵子。出门后,新郎走前,接亲的童女打着红伞与伴娘一起簇拥着新娘,在八音队的音乐声中出发了。路途中,为显示新娘的金贵,凡遇过桥、下坎、爬坡、跨沟等地方,新娘故意不走,待男方走路礼(即新郎给予红包或背过)才往前走。

进亲。这是婚礼仪式中的重要议程。迎亲队伍到男方村寨后,先安排女方送亲的三亲六戚在男方邻居家等候休息。进亲吉时一到,新娘换好一双新鞋才进门。进门槛时,为驱邪除污,新娘要跨过一盆炭火、一盏菜油明灯、一匹马鞍。这时,堂屋中家神上香烛通明,新郎、新娘在一司仪(村寨德高望重男老人)的主持下,在家神前跪拜天地、祖宗。最后,新郎新娘双双入洞房鸣炮仪式结束。接下来,新郎亲

贞丰县者相镇纳孔村布依族婚俗之接亲队伍(邓国城 摄)

自赶到邻居家将女方送亲的亲戚请进家门,以示尊重。一般情况下,在拜堂过程中,新郎一家老小都得离家回避,以示以后新娘能与之和睦相处。这天,男方家大摆筵席招待前来道贺的宾朋,八音乐队还扮金童玉女说唱八音道贺主人家,一天音乐不断,欢笑声不断。当晚,新娘与伴娘同宿。

认亲。次日上午,新郎家要召集近亲长辈举行认亲仪式,新娘认亲都要给各长辈送上一双鞋或鞋垫,同时各位亲属长辈也会给新娘一个红包。认亲后,新娘随同伴娘、送亲客在新娘兄弟前来相请下转回娘家。当晚新娘又在伴娘的陪同下回到男方家。

(7)回门。第三天,新娘及伴娘由新郎相陪同回女方家,新娘留在娘家,新郎独自回家中。

(8)坐家。过去,布依族妇女结婚后一般都有"不落夫家"的习俗,婚后往往要一两年后才"坐家"(布依语叫"戈然")。在这一两年间,逢年过节或农忙期间,男方家才去接新娘来家团聚、帮忙农活。起初,新娘推辞不来,即使来了也不在夫家过夜。

若想新娘早日落夫家,得举行戴"假壳"(即以笋壳为架,用青布包扎制成形如畚箕的女帽)仪式。届时,新郎家选择吉日,由母亲、嫂子或姐妹提着鸡、酒,于黄昏时分潜伏在新娘家附近,待新娘单身一人出来时,上去把新娘抱住,强行把假壳戴在她头上,并带回男方家中。随后母亲即出面将鸡、酒送给亲家,以表安慰。从此新娘才渐渐在夫家小住,直到有了身孕,才到夫家长期居住。

1949 年以前,由于有的结婚早,年龄小,在布依族村寨,十几年不"坐家"的都有。1949年以后,随着社会的进步,特别是改革开放后,布依族青年男女多是自由恋爱,结婚之后双方随即共同生活。

布依族婚俗是在其历史发展过程中,逐渐产生的一系列对于男女之间的婚恋行为,以及定亲、接亲等方式进行限制和要求的习俗,得到本民族的认同和社会的认可。人们在参与或观望的过程中受到影响和熏陶,一代接一代地传承至今。婚俗活动中,"普视"(押礼先生)是本村甚至几个村寨中能言善辩、智识超人且道德高尚者,又是山歌、"谷温"能手中的佼佼者。他们大多是说亲时的媒妁人,接亲时的主持者,一台婚事能否圆满成功,与押礼先生有很大关系。参与活动的青壮年是婚俗活动的继承者或接班人,唱山歌、"谷温"则是通过口传心授的方式传承。

历史上,布依族不和外族人通婚,而且近亲不通婚,他们在与他民族文化交融中,始终坚持传承自己的文化根脉,布依族婚俗呈现出流传的长时性、礼俗的程式性、区域的整体性、民族的包容性和文化的多样性等特征。

庆　坛

庆坛习俗流传于北盘江流域的晴隆县、普安县、六枝特区等苗族聚居村寨。自称为"喇叭苗"的苗族支系,主要聚居在晴隆县的长流乡、中营镇和花贡镇,人口约6万人。长流乡是"喇叭苗"最集中的乡镇,距县城100多千米。

苗族是一个古老民族,晴隆县的"喇叭苗"自明朝洪武年间"调北征南"时由湖南迁入晴隆,距今已有600多年历史,庆坛习俗也随着"喇叭苗"的迁徙传入晴隆。

"喇叭苗"供奉的主神为"鼎州桃源独脚宝山娘",关于"宝山娘",据郑奇志收藏的清朝道光十五年抄本《师门拆坛科》记载:"我娘坐在江西泰和县,住了九年六个月后来迁徙到洞庭湖,经过江西镡木县,过界牌、油作、长塘、双井、宝庆府、邵城县,到了武冈,在武冈水南桥卖酒三年,又沿路返回江西,因江西已无立坛之地,故又复至武冈立坛,后又到云南立庙立库。"这段材料与湖南城步巫傩沿用的"'娘娘'由江西泰和县迁至宝庆立坛,后归江西,无立坛之地,又在唐氏仙娘率领下,统兵一万上武冈"的传说如出一辙。两地供奉坛神的一致及其"用大竹筒贮米豆数事为峒以栖神"的形制,表明了湖南"庆娘娘"与贵州晴隆"庆坛"源流关系,"庆坛"是"庆娘娘"的异地传承。

庆坛习俗是原始宗教信仰和巫医文化在"喇叭苗"群体中的集中体现,其中既

庆坛习俗中坛班安于堂屋家神侧的傩公傩母装束

（陈玉平 摄）

有原始的信仰崇拜和追祖溯源、聚族寻根的活动，又掺杂了佛道文化的元素，根据流派的不同，分为“大牛角”和“小牛角”。其中，“大牛角”又称为“张赵二郎坛”，“小牛角”又称为“王母坛”。“大牛角”一般有56项仪式，主要有：“开坛启请”“统兵出外”“城隍前请神下马”等。“小牛角”在保持“大牛角”主体仪式流程上，将“大牛角”的主体内容简化和浓缩，增加了“拜星辰”“差兵追魂”“推星”“背钱”等仪式，渲染了巫术气氛。“庆坛习俗”主要用于酬神还愿、消灾解难场合。“庆坛习俗”是傩文化的一种表现形式。

“庆坛习俗”中坛班法师正在吹开坛牛角

（陈玉平 摄）

庆坛习俗具有独特的民俗形态，在苗族人民及其他民族群众中具有较深的影响力：首先，庆坛习俗是在明朝“调北征南”时期，由“喇叭苗”从原居住地湖南的迁徙传入晴隆的。仪式活动有追祖溯源、聚族寻根的目的，在保留原有传统仪式和形态上有所发展和变异。其次，庆坛习俗具有原始的宗教信仰和神秘色彩的傩文化，是古时巫医文化的再现。最后，“喇叭苗”供奉的主神为“鼎州桃源独脚宝山娘”，以及“桃源三霄神”，其中三霄神（云霄、山霄、水霄）为宝山娘娘手下的神将。庆坛习俗的仪式中用于消灾解难时的“吊斗”“推星”“钻甑子”等环节具有地方独特性。庆坛习俗仅存在于“喇叭苗”群体中。

庆坛习俗是原始宗教信仰和巫医文化在“喇叭苗”群体中的集中体现，不仅保存了苗族古老的历史文化信息，还传承了苗族原始的宗教信仰和傩文化。由于主要依靠口传心授的方式代代相传，故而完整传承存在一定的局限性。

目前，“庆坛”的传承和发展受到现代文化、现代医疗技术和生活方式的影响，

庆坛习俗中坛班法师正在开展庆坛仪式(陈玉平　摄)

加上“庆坛”仪式的神秘感和流程较复杂,并需要一定的技能,使得现今能够完整传承整个“庆坛”仪式的人在年青一代中已日趋减少。目前,熟悉庆坛习俗仪式的人主要集中在四十岁以上的中老年人,晴隆县境内掌握完整“庆坛习俗”仪式的“法师”已不足10人。“庆坛”活动的传承和发展也面临很多困难,亟待扶持和保护。

布依族“二月二”铜鼓节

兴仁布依族“二月二”铜鼓节,既是布依族传统“祭祖铜鼓”的习俗活动,又是布依族传统的喜庆节日活动,主要流传于兴仁县西南部和东北部布依族聚居的村寨及周边的安龙、贞丰、晴隆等布依族聚居的村寨。布依族是稻作民族,是贵州的土著民族,与铜鼓有着深厚历史渊源。

布依族有着悠久的历史和民族文化,铜鼓是布依族崇拜的三大神祖之一,是布依族心中具有灵气的神鼓,是神的化身,家有铜鼓必设灵位供奉。

铜鼓节祭祀活动(哈兴华　摄)

传说,在西周至秦汉时期,凡布依山寨,高山处都有悬挂铜鼓的“瞭望亭”(即今的“官厅”)。每亭常年都有四人值守,各布依山寨,山水相连,互相依托,紧密相靠。为防范外敌入侵,顺布依山寨所设的“瞭望亭”,都规定不同的击鼓信号,如遭不幸,击鼓便知,使之相互响应,相互支援,共同抗敌。

关于布依族“二月二”铜鼓节的节日缘起,还有相应的故事传说:有一年春节,各布依村寨喜庆新春刚结束,人们正忙于备耕,不料“二月二”这一天,外敌入侵布依族山寨,偷袭“瞭望亭”。在激烈的争斗中,一个布依族人受伤倒地,但他拼命挣扎,爬到铜鼓前,尽全力敲响铜鼓后,不幸牺牲。顿时各布依村寨的“瞭望亭”铜鼓齐鸣,四方防卫民众闻讯赶来,团结一致,打退了来犯之敌。布依山寨欢歌喜庆胜利,是铜鼓神保护了布依山寨,保佑了布依人幸福吉祥、安宁。从此“二月二”这一天,就成为布依人祭祖“铜鼓抗敌获胜”之日,也是对牺牲者的怀念之日。

祭拜铜鼓习俗活动(哈兴华 摄)

“二月二”铜鼓节这一天,是布依族人喜庆胜利的节日,也是布依族人祭祖“举行神宴”的日子。

“二月二”铜鼓节这一天,布依山寨的男女老少,节日盛装打扮,从四面八方云集寨中广场,台上数十面铜鼓悬挂在鼓架上,鼓手们敲响了“铜鼓十四调”。台下姑娘小伙子们,踩着铜鼓的节奏,跳起欢快“刷把舞”,时而出现姑娘优美的“织布舞”,时而又是姑娘小伙子们有趣的“糠包舞”。老人们也不示弱,提着长板凳舞起了“板凳术”,时而又是巴捧舞、筷子舞,随着又是刚健有力的布依武术。铜鼓声、欢呼声振动着布依山寨,犹如舞的天地,人群欢腾的海洋。

临近傍晚,布依村寨男性老少,跟着“摩师”来到“官厅”前,官厅内中央置一张四方条桌,四方摆着长板凳,上方为神位,两侧为寨老位,前为“摩师”请神位。祭台放着敬供的猪头、雄鸡、净茶、香酒。“摩师”点燃香、蜡、纸,倒上净茶、敬酒,设神宴,请祖先神、天神、山神、树神、铜鼓神、土地神等各路诸神以及为布依族捐躯的先民们,前来赴宴。“摩师”念“摩经(请神经)”,请各路诸神归位,人们跟着“摩师”跪拜,请诸神入宴,祭祀完后,布依族人共享诸神赐给的盛宴。

祭祀人员按传统习俗,在村寨各路口,插上纸花马,表示寨门已关。祭祀要达三天。祭祀当晚,全村寨要停止一切文娱活动,禁止每户人家人声喧哗,让诸神安息,以祈求布依村寨全年风调雨顺、五谷丰登、人畜兴旺、人民团结、天下太平、幸福安康。

“铜鼓节”是“祭祀铜鼓神”的传统习俗活动,也是布依族喜庆的节日活动,每年都是由各布依村寨集资,轮流值年主办。多以铜鼓为主,展现布依族多种形式的传统舞蹈、武术等,具有广泛的群众基础。布依族的传统节日活动与宗教习俗活动,具有无法割舍的联系。在“二月二”铜鼓节中,家有铜鼓必设灵位奉供。

在当代大环境的影响下,布依族地区青年多外出打工,文化观念随之发生较大的变化,特别是对本民族铜鼓文化的认同感在逐渐减弱。“二月二”铜鼓节的传承,亟须采取进一步的保护措施。

布依族火箭节

布依族火箭节主要流传于兴仁县西南部和东北部布依族聚居的村寨及周边的兴义、安龙、贞丰、晴隆等布依族聚居的村寨,每年的农历七月十五日主要在兴仁县的大新布依寨举行。

传承人王彪传承火箭节的核心价值(哈兴华　摄)

据记载,大新寨布依族原住在晴隆小王寨(布依语“纳坝”),在封建领主(土司)的残酷压迫和掠夺下,难以生存,被迫迁居到封建统治阶级鞭长莫及、土地极贫薄的荒僻山区——兴仁县大新寨(布依语“满弥勒”)开荒、种田、辛勤劳动,创建家园。过了一段安静的生活,同样摆脱不了封建统治阶级,残酷压迫剥削。清军经常到大新寨进行抢夺钱财、粮食、强迫布依人去做苦役。为了民族的生存,布依人在头领(兵目)王銮、王宾、王银等人的带领下,决定组织布依人进行反抗,并商定建大营盘一座、小营盘一座,利用山上大小洞穴,作为寨中老弱病残、儿童、藏身、藏物之用。还设岗哨六处(巫床上、纳档也、弥社哪、拜吉纳、拜波侈、拜波榴),寨外至高处建一个瞭望所,每一个点各都悬挂铜鼓。用不同的鼓声作为通报、传递信号。寨内青年男女都配备刀、枪、剑、戟、棍、棒等,并以森林作为屏障。副首王银还请来铁匠,建红炉十盘,打造弓箭若干支,箭头上绑着棉花,准备好油,使用时箭头蘸上油,并准备干柴若干捆。王银还派人到邻近的小新寨、旧寨、坪寨、下岩、上坝、黑岩、烂滩,又到黄草坝(兴义市)、南龙(安龙县)、永丰(贞丰县)、安南(晴隆县)联络布依族亲友们前来支援,并在“官厅”进行周密部署。这样一来就形成了统一体,随时准备迎战敌人。

清朝顺治(甲申)年农历七月十五日,天下着绵绵细雨,得知大批清军又来夜袭大兴寨。头领王銮命令击鼓三声,并向空中射出三支火箭,通知寨邻和前来支援的布依族亲友们,做好战斗准备。等清军靠近时,头领一声号令,万箭齐发向敌人射去,照得大地通明,做到有敌放矢,接着点燃的一捆捆干柴向敌人滚去。铜鼓齐鸣、亲友冲杀过来,内外夹击、杀声震天。几个回合打得敌人人仰马翻,闻风丧胆,死伤无数,残部大败而逃。从此,清朝政府不敢再贸然行事,布依族人民取得了决定性的胜利。人们欢呼、歌唱,杀猪宰羊,感谢亲朋好友大力支援,整个山寨喜气洋洋。

火箭节小打音乐(哈兴华 摄)

以后每年夏季利用农闲时间,家家户户到山上采集野生苦蒿,做成75厘米左右的箭杆,晒干后将一头约20厘米锤碎,交界处用白黏土做成球形待用。各家各户祭拜祖宗后,全寨男女老少及亲朋好友,将上万支火箭会集在寨中广场中央。谁家的火箭做得多,象征着家庭来年五谷丰登、人丁兴旺、和睦美满、幸福安康。

火箭节这一天,寨中男女老少,清晨忙于收拾打扮,穿上节日盛装、成群结队步入广场。男女对歌声,歌声清脆响亮,在对歌声中寻找意中人。铜鼓声奏响了胜利的喜悦,声声在山间回荡。姑娘们手执小铜鼓跳起欢乐的铜鼓舞,小伙子们在一旁看得心花怒放,纷纷加入姑娘的舞队中,对姑娘传递爱慕的目光。小打音乐奏起了“迎亲调”,姑娘在“郎箫”声中寻找自己心爱的对象。唢呐长号吹起了“迎客调”,姑娘们唱起酒歌,向贵客敬上布依美酒,祝贵客幸福安康。狮子锣打出了丰收的喜悦,姑娘小伙子们狂欢起舞,心情无比欢畅。姑娘们的歌声优美、琴声动听、盛装漂亮,吸引着小伙们爱慕的目光。整个山寨歌声、琴声、唢呐声、号声、铜鼓声、狮子锣声振动着山寨。在欢歌欢舞中,一对对青年男女在树林中、草坪上谈情说爱,互相倾吐爱慕之情。

晚上,万支“火箭”不断划破夜空,像流星雨一样,不断往下坠落,照得大地通明,人们尽情狂欢。广场七堆篝火熊熊燃烧,年轻人们围着篝火欢歌欢舞,直至深夜。参加人数达万人以上,场面壮观、盛况空前热闹非凡。

节日后,由“摩师”带领一帮人手持刀、枪、剑等,到全寨家家户户进行“扫寨”仪式:用茅草扭成绳子,中间粘上佛章,拴在寨外,表示寨门已关、邪气已出,保佑布依村寨,平安吉祥,子孙发达,幸福安康。

火箭节展现了布依族人民结一致、勇敢善战、不畏强暴、不怕牺牲的英雄气概,彰显了布依族人民的聪明才智和顽强精神,是布依族抗暴斗争的历史见证,也是布依族人民宝贵的精神财富,更是布依族人民的精神动力。

如今,火箭节已成为布依族多种形式的传统文化艺术、民族盛装、民间习俗等展演的天然舞台,也是布依族青年谈情说爱、寻找配偶的重要场所,场面壮观、盛况空前。参加人数达万人以上,呈现了布依族文化多方面的价值。

苗族跳花节

苗族跳花节(也称“欧道”),流传于兴仁县境内的晴隆、普安、安龙等县的苗族聚居村寨。

跳花节历史悠久,苗族青年在历史发展的过程中,在“包办婚姻”这一传统婚姻关系的制约下,婚姻不自由。跳花节表达了苗族青年的心声和希望,是苗族青年追求婚姻自由的一种呼唤,也是对传统婚姻关系的一种挑战。

传说苗族远古时期,不知是哪个年代,苗族后生杨信,看中了意中人李梅,二人情投意合,相互表达了忠贞的爱慕之情。可双方父母各都为他们定了背带亲,眼看难以和意中人相守,二人哭泣、求父母开恩、成全婚事。怎奈"父母之命、媒妁之言",必须从命。杨信、李梅二人在一起的决心已定,并发誓生死也要相依为命。正月初八这天,二人相约到远离村寨的一座山上,杨信吹起芦笙倾诉对李梅的爱慕之情,李梅拨动着口弦,也表达生死相随的真情。二人抱头痛哭后,双双吊死在一棵杉树上。为纪念他们争取婚姻自由、追求坚贞纯洁爱情的英雄事主,后人把正月初八定为跳花节。这一节日习俗遍及全县苗族聚居村寨,沿袭至今已有上千年的历史。每年正月初八这一天,主持人在花场中央竖起一棵花树,树上挂有各色花带,树的上端挂有酒和肉。

跳花节的重要标志——花树(哈兴华 摄)

跳花节清晨姑娘们忙于收拾盛装,小伙子们吹起"出寨曲",姑娘们听到"出寨曲"后,跟着小伙子们来到小溪旁,对着清澈见底的小溪精心打扮,穿上节日盛装,吹起芦笙、木叶成群结队步入"花场"。各寨的姑娘小伙们也盛装打扮,欢歌欢舞、吹起芦笙纷纷云集"花场"。

小伙子们围着花树跳起芦笙舞,姑娘们在外圈随着芦笙的节奏,跳起欢快的舞蹈。男女青年数百人,一圈套一圈的欢歌欢舞,在欢跳中几个小伙子跳出圈外,对着心爱的姑娘跳起"二龙吐珠""双鸭戏水",表达小伙子对姑娘的爱慕之情。如果姑娘有意,姑娘便弹起口弦,跟着小伙子双双到舞场外谈情说爱。无意者继续跳舞。接着又有一个小伙子跳到花树前,为得到姑娘的爱心,背起芦笙到花树前,向花树顶端攀登,到顶后拿出芦笙,吹一段芦笙舞曲,取下酒和肉,头朝下,滑至树脚站立(芦竹舞蹈技巧"爬杆"),在场观众拍手叫绝。接着小伙子到姑娘面前跳起"彩蝶双飞"向姑娘求爱,姑娘弹起口弦跟着小伙子翩翩起舞像彩蝶双飞一样双双到花场外,倾吐爱慕之情。这时花场上一片欢腾,有的小伙子也不示弱,在地上将五个碗摆成圆圈,小伙子头顶地、腰弯曲、吹起芦笙围着碗圈滚翻(芦笙舞蹈动作"滚山珠"),场外观众无不拍手叫好。在欢腾声中,姑娘主动将自己精心刺绣的花带赠给小伙子,小伙子高兴地接过花带吹起芦笙翩翩起舞，双双到花场外谈情说爱。有的小伙子更不示弱，跳起高难度的芦笙舞蹈“刀过丛中”“悬羊击鼓”“钻梯眼”等以求得姑娘的爱慕。数十对姑娘小伙子们跳起欢乐的芦笙舞(采鼓舞)。舞蹈舒展优美，小伙子们在吹跳中寻找意中人，时时向姑娘投去爱慕的目光。男女对歌声，歌声优美动听，吸引了不少的观众，小伙子们在对歌声中找到了自己的意中人，情投意合，谈笑风生。

射弩场上更是引人注目，射弩第一者佩戴大红花。小伙子英俊帅气，姑娘们都会主动送上一杯美酒，表达对小伙子的爱慕之情。

斗牛场上观众达数千人，非常拥挤。各寨的牛印上村寨标记，气氛热烈紧张，斗牛时欢呼声不断，获第一者，牛头上佩戴大红花并获牛王称号。养牛者也戴上大红花并获奖励，姑娘也会投向爱慕的目光。

此外，斗鸡、斗鸟场，吸引了不少的爱好者全神贯注地看着，一阵欢呼声，获第一者荣获奖励，村寨姑娘小伙子们，跳起欢乐的芦笙舞，表达对获奖者的祝贺。有的在草地上唱起苦情歌，诉说苗家的过去，人们听得津津有味。

情歌对唱(哈兴华　摄)

千百年来，苗族青年在民间传统文化艺术活动中，以“跳花节”这一较为特殊的活动方式，展现苗族青年渴望幸福、追求婚姻自由的迫切愿望，是苗族青年精神世界的突出反映，彰显了苗族社会深厚悠久的精神内涵和核心价值。跑花场不仅是苗族青年寻找意中人的重要场所，也是苗族民间传统文化艺术、民族盛装、射弩等展演的天然舞台。

苗族婚俗

贞丰苗族婚姻习俗包含自主婚和包办婚两种，20 世纪 70 年代以前多以包办婚为主，现存多以自主婚为主，包办婚随着时代的发展逐渐消失。其主要分布于贞丰县珉谷镇的左旗村、塔山村、大碑村、白腊村，挽澜乡的挽澜村、长田村、者塘村，龙场镇的定塘村、者相镇的纳窝村、打春村等中部方言区苗族聚居村寨。不论是自主婚还是包办婚姻，都要经过择偶、说亲、订婚和结婚等过程。

珉谷左旗村竹棒刺道礼俗——最为原始的结婚证
（龙成高　摄）

在贞丰苗族婚俗中男方与女方讲聘礼时，是与女方的舅父讲，而不是女方的父母。此习俗源于姑表亲，而姑表亲习俗是古人以亲族感情和继承特权为其依存基础而形成的传统习俗，源至于原始社会古老的亚血缘婚，于汉唐以后逐渐被禁止。在婚俗中的刺道仪式，有固定的歌唱及表现形式，历史文化亦很久远，特别是破开的竹符，成为最为古老的“结婚证”。贞丰苗族婚俗中的“不落夫家”习俗，具有母系氏族向父系氏族过渡，从妻居婚向从夫居婚过渡的遗风。贞丰苗族婚俗以生育为直接目标，婚姻要直到生育后才稳定下来，这直接体现了生育至上的原始婚姻观念。贞丰苗族婚姻习俗的基本内容包括如下。

（1）择偶。有青年男女自由择偶和父母包办择偶（亲友撮合）两种方式。其中自由择偶还包括领婚习俗。

（2）提亲。即“说媳妇”“讨媳妇”，由男方找媒人到女方洽谈婚事，试探女方家是否有意与男方家结亲。

（3）定亲。即双方审定婚姻是否合适，最后交纳彩礼、正式订婚。

（4）催婚。男女长大后，婚前三年男方每年春节后挑糍粑到女方家“走亲”催婚或直接由媒人出面催婚。

（5）交礼。于婚前择日交付女方结婚所用的银饰、衣物布料、聘礼及女方父母养育子女辛苦费等。

（6）婚庆。一般为期三天，整个过程包括请帮、接亲（男方）、送亲（女）、哭嫁、进门、拜堂、开柜、闹新房、新娘挑水、回门、谢帮。

（7）不落夫家。新娘当天回门，婚后借“二月二”、农忙等时间接来暂住，直到新娘生育后方正式到男方家居住，整个婚俗方定。

新娘挑新水
（龙成高　摄）

“二月二”节日这天，新娘哥弟
送新娘到夫家（毛天松　摄）

贞丰苗族婚俗历史久远、古老、文化底蕴深厚，是现实存在的一部苗族婚姻文化“史书”。苗族婚俗内容丰富、表现形式多姿多彩，整个婚俗体现的过程，既是个体婚姻缔结的过程，也是一定范围内苗族群体间相互交流、沟通思想、增进了解、加深感情的带有喜庆色彩的社交活动过程。

附录

附录一 贵州省国家级非物质文化遗产名录

第一批

项目名称	申报地区或单位
民间文学	
苗族古歌	贵州省台江县、黄平县
刻道	贵州省施秉县
传统音乐	
侗族大歌	贵州省黎平县
侗族琵琶歌	贵州省榕江县、黎平县
铜鼓十二调	贵州省镇宁布依族自治县、贞丰县
传统舞蹈	
苗族芦笙舞(锦鸡舞、鼓龙鼓虎—长衫龙、滚山珠)	贵州省丹寨县、贵定县、纳雍县
木鼓舞(反排苗族木鼓舞)	贵州省台江县
传统戏剧	
花灯戏(思南花灯戏)	贵州省思南县
侗戏	贵州省黎平县
布依戏	贵州省册亨县
彝族撮泰吉	贵州省威宁彝族回族苗族自治县
傩戏(德江傩堂戏)	贵州省德江县
安顺地戏	贵州省安顺市
木偶戏	贵州省石阡县
曲艺	
布依族八音坐唱	贵州省兴义市
传统美术	
苗绣(雷山苗绣、花溪苗绣、剑河苗绣)	贵州省雷山县、贵阳市、剑河县
水族马尾绣	贵州省三都水族自治县
传统技艺	
苗族蜡染技艺	贵州省丹寨县
苗寨吊脚楼营造技艺	贵州省雷山县
苗族芦笙制作技艺	贵州省雷山县
玉屏箫笛制作技艺	贵州省玉屏侗族自治县
苗族银饰锻制技艺	贵州省雷山县
茅台酒酿制技艺	贵州省
皮纸制作技艺	贵州省贵阳市、贞丰县、丹寨县

民俗	
苗族鼓藏节	贵州省雷山县
水族端节	贵州省三都水族自治县
布依族查白歌节	贵州省兴义市
苗族姊妹节	贵州省台江县
侗族萨玛节	贵州省榕江县
仡佬族毛龙节	贵州省石阡县
水书习俗	贵州省黔南苗族布依族自治州

第二批

项目名称	申报地区或单位
民间文学	
仰阿莎	贵州省黔东南苗族侗族自治州
布依族盘歌	贵州省盘县
珠郎娘美	贵州省榕江县、从江县
苗族贾理	贵州省黔东南苗族侗族自治州
传统音乐	
苗族民歌(苗族飞歌)	贵州省雷山县
布依族民歌(好花红调)	贵州省惠水县
芦笙音乐(苗族芒筒芦笙)	贵州省丹寨县
布依族勒尤	贵州省贞丰县、兴义市、镇宁布依族苗族自治县
传统舞蹈	
毛南族打猴鼓舞	贵州省平塘县
瑶族猴鼓舞	贵州省荔波县
彝族铃铛舞	贵州省赫章县
传统戏剧	
黔剧	贵州省黔剧团
传统技艺	
陶器烧制技艺(牙舟陶器烧制技艺)	贵州省平塘县
苗族织锦技艺	贵州省麻江县、雷山县
枫香印染技艺	贵州省惠水县、麻江县
彝族漆器髹饰技艺	贵州省大方县
传统医药	
传统中医药文化(同济堂传统中药文化)	贵州省同济堂制药有限公司
瑶族医药(药浴疗法)	贵州省从江县
苗医药(骨伤蛇伤疗法、九节茶药制作工艺)	贵州省雷山县、黔东南苗族侗族自治州
侗医药(过路黄药制作工艺)	贵州省黔东南苗族侗族自治州
民俗	
苗族独木龙舟节	贵州省台江县
苗族跳花节	贵州省安顺市
苗年	贵州省丹寨县、雷山县

扩展项目

传统音乐	
多声部民歌（苗族多声部民歌）	贵州省台江县、剑河县
侗族大歌	贵州省从江县、榕江县
传统舞蹈（2项2处）	
狮舞（布依族高台狮灯舞）	贵州省兴义市
铜鼓舞（雷山苗族铜鼓舞）	贵州省雷山县
苗族芦笙舞	贵州省雷山县、关岭布依族苗族自治县、榕江县、水城县
传统戏剧	
花灯戏	贵州省独山县
傩戏（仡佬族傩戏）	贵州省道真仡佬族苗族自治县
传统美术	
剪纸（苗族剪纸）	贵州省剑河县
苗绣	贵州省凯里市
泥塑（苗族泥哨）	贵州省黄平县
传统技艺	
侗族木构建筑营造技艺	贵州省黎平县、从江县
蜡染技艺	贵州省安顺市
银饰制作技艺（苗族银饰制作技艺）	贵州省黄平县
传统医药	
中医传统制剂方法（廖氏化风丹制作技艺）	贵州省遵义市红花岗区、汇川区
民俗	
苗族服饰	贵州省桐梓县、安顺市西秀区、关岭布依族苗族自治县、纳雍县、剑河县、台江县、榕江县、六盘水市六枝特区、丹寨县
侗族萨玛节	贵州省黎平县

第三批

项目名称	申报地区或单位
民间文学	
亚鲁王	贵州省紫云县
传统美术	
侗族刺绣	贵州省锦屏县
传统体育、游艺与杂技	
赛龙舟	贵州省铜仁市、镇远县
民俗	
布依族“三月三”	贵州省贞丰县、望谟县
侗年	贵州省榕江县
歌会（四十八寨歌节）	贵州省天柱县
月也	贵州省黎平县
苗族栽岩习俗	贵州省榕江县

扩展项目

传统音乐	
侗族琵琶歌	贵州省从江县
苗族民歌(苗族飞歌)	贵州省剑河县
彝族民歌(彝族山歌)	贵州省盘县
传统戏剧	
花灯剧	贵州省花灯剧团
傩戏(荔波布依族傩戏)	贵州省荔波县
传统美术	
苗绣	贵州省台江县
传统技艺	
蜡染技艺(黄平蜡染技艺)	贵州省黄平县
银饰锻制技艺(苗族银饰锻制技艺)	贵州省剑河县、台江县
苗族织锦技艺	贵州省台江县、凯里市
民族乐器制作技艺(苗族芦笙制作技艺)	贵州省凯里市
民俗	
火把节(彝族火把节)	贵州省赫章县
农历二四节气(石阡说春)	贵州省石阡县

第四批

项目名称	申报地区或单位
传统音乐	
土家族民歌	贵州省沿河土家族自治县
传统舞蹈	
布依族转场舞	贵州省册亨县
阿妹戚托	贵州省晴隆县
传统医药	
布依族医药(益肝草制作技艺)	贵州省贵定县
民俗	
仡佬族三幺台习俗	贵州省道真仡佬族苗族自治县
布依族服饰	贵州省
侗族服饰	贵州省黔东南苗族侗族自治州

扩展项目

传统舞蹈	
苗族芦笙舞	贵州省普安县
传统戏剧	
傩戏(庆坛)	贵州省金沙县
传统美术	
剪纸(水族剪纸)	贵州省黔南布依族苗族自治州
传统技艺	
都匀毛尖茶制作技艺	贵州省都匀市

民俗

三月三(报京三月三)	贵州省镇远县
苗族鼓藏节	贵州省榕江县
民间信俗(屯堡抬亭子)	贵州省安顺市西秀区
规约习俗(侗族款约)	贵州省黎平县

附录二　贵州省省级非物质文化遗产名录

第一批

项目名称	申报地区或单位
民间文学	
苗族“刻道”	施秉县
苗族“古歌古词”神话	黄平县
苗族古歌与古歌文化	台江县
中国水书——水族信仰记忆纲文化	黔南州
传统音乐	
侗族琵琶歌	榕江县
侗族大歌	黎平县
洪州琵琶歌	黎平县
布依铜鼓十二则	贞丰县
盘江小调	关岭县
铜鼓十二调	镇宁县
双倍嘎	从江县
传统舞蹈	
苗族格哈	丹寨县
锦鸡舞	丹寨县
畲族粑槽舞	麻江县
反排木鼓舞	台江县
鼓龙鼓舞长杉龙	贵定县
布依族“雯当姆”	荔波县
瑶族打猎舞	荔波县
松桃瓦窑四面花鼓	松桃县
莲花十八响	沿河县
苗族板凳舞	安龙县
彝族撮泰吉	威宁县
苗族芦笙技巧舞“滚山珠”	纳雍县
苗族大迁徙舞	赫章县
彝族铃铛舞	赫章县
采月亮	仁怀县
传统戏剧	
侗戏	黎平县
思州傩戏傩技	岑巩县

福泉阳戏	福泉市
思南花灯	思南县
德江傩堂戏	德江县
石阡木偶戏	石阡县
布依戏	册亨县
安顺地戏	安顺市
曲艺	
布依族“八音座唱”	兴义市
传统体育、游艺与杂技	
勾林	天柱县
侗族月牙铛	天柱县
侗族摔跤	黎平县
隆里花脸龙	锦屏县
传统技艺	
苗族蜡染	丹寨县
石桥古法造纸	丹寨县
剑河锡绣制作工艺	剑河县
苗族服饰文化	雷山县
苗族银饰工艺	雷山县
苗族芦笙文化	雷山县
思州石砚制作工艺	岑巩县
布依族土布制作、扎染工艺	罗甸县
水族马尾绣	三都县
牙舟陶器制作技艺	平塘县
玉屏箫笛制作工艺	玉屏县
小屯白棉造纸工艺	贞丰县
乌当手工土纸制作工艺	贵阳市乌当区
花溪苗族挑花制作工艺	贵阳市花溪区
彝族赶毡制作工艺	威宁县
马场乡苗族大筒箫的制作与演奏	盘县
茅台酒传统酿造工艺	贵州茅台酒股份有限公司
千户苗寨建筑工艺	雷山县
德江土家舞龙	德江县
民俗	
六枝梭嘎箐苗文化空间	六枝特区
占里侗族生育习俗	从江县
平秋北侗婚恋习俗	锦屏县
水族婚俗	都匀市
茅坪花苗婚俗	湄潭县
四十八寨歌节	天柱县
社节	天柱县
报京三月三	镇远县
苗族姊妹节	台江县

思南上元沙洲节	思南县
仡佬族敬雀节	石阡县
安顺屯堡文化	安顺市
苗族茅人节	榕江县
稿午苗族水鼓节	剑河县
苗族牯藏节	雷山县
注溪娃娃场	岑巩县
清水江杀鱼节	福泉市
水族端节	三都县
水族卯节	三都县
查白歌节	兴义市
赶毛杉树	安龙县
大狗场吃新节	平坝县
水城南开三口塘苗族跳花节	水城县
侗族萨码节	榕江县
哥蒙的“哈冲”	黄平县
独山愿灯	独山县
布依族扫寨	都匀市
仡佬族毛龙节	石阡县
盘县地坪乡彝族毕摩祭祀文化	盘县
月也	黎平县
苗族弄嘎讲略	黄平县
古思州“屯锣”	岑巩县
锣	万山特区

第二批

项目名称	申报地区或单位
民间文学	
苗族神话叙事歌《仰阿莎》	剑河县
苗族《古歌》	施秉县、普定县、龙里县
苗族口头经典“贾”	丹寨县
侗族民间文学《珠郎娘美》	榕江县、从江县
布依族摩经	贞丰县、关岭县
苗族历法	丹寨县
苗族民间文学《阿蓉》	榕江县
布依族口传史诗“布依族盘歌”	六盘水市
传统音乐	
苗族多声部情歌	台江县、剑河县
苗族飞歌	雷山县
苗族芒筒芦笙祭祀乐	丹寨县
侗族大歌	从江县小黄乡、榕江县
布依族民歌《好花红》	惠水县
布依族勒尤	贞丰县、兴义市、镇宁县

侗族河边腔	黎平县
河边腔苗歌	锦屏县
十二诗腔苗歌	锦屏县
侗族歌鼟	锦屏县平秋镇
土家族打镏子	沿河县
龙灯钹	铜仁市
布依族婚俗音乐	贞丰县
薅秧歌	金沙县、红花岗区
船工号子	思南县、赤水市
苗族阿江	普定县
凤冈吹打乐	凤冈县
黔北打闹歌	余庆县
布依山歌十八调	贵定县
绕家呃嘣	都匀市
高腔大山歌	桐梓县
仡佬族哭嫁歌	道真县
苗族"游方歌"	施秉县
屯堡山歌	安顺市
传统舞蹈	
苗族铜鼓舞	雷山县
苗族芦笙舞	雷山县、关岭县、凯里市、榕江县、水城县、乌当区
苗族长鼓舞	贵定县
苗族猴鼓舞	花溪区
毛南族打猴鼓舞	平塘县
瑶族猴鼓舞	荔波县
苗族板凳舞	凯里市
苗族踩鼓舞	镇远县
土家族摆手舞	沿河县
金钱杆	江口县
阿妹戚托	晴隆县、兴仁县
苗族烧灵舞	兴仁县
彝族酒礼舞	威宁县
彝族铃铛舞"恳合呗"	钟山区
苗族花鼓舞	乌当区
卡堡花棍舞	乌当区
矮人舞	余庆县
响蒿舞	独山县
苗族夜乐舞	罗甸县
素朴金钱棍	黔西县
四桐鼓舞	威宁县
仡佬族踩堂舞	遵义县
传统戏剧	
阳戏	天柱县

文琴戏	黔西县、铜仁市、遵义市、乌当区
花灯戏	普定县、独山县、黔西县、福泉市、花溪区、遵义市、余庆县、石阡县、印江县
仡佬族傩戏	道真县
黔剧	贵州省黔剧团
思州喜傩神	岑巩县
镇远土家族傩戏	镇远县
蓬莱布依地戏	白云区
马路屯堡地戏	长顺县
曲艺	
嘎百福	剑河县、台江县、榕江县、雷山县
君琵琶	黎平县
安顺唱书	安顺市
水族双歌	三都县
传统体育、游艺与杂技	
麻山绝技	望谟县
布依族高台狮灯	兴义市
仡佬族高台舞狮	务川县、道真县
寨英滚龙	松桃县
瑶族民间陀螺竞技	荔波县
仡佬族打蔑鸡蛋	平坝县、道真县
苗族射弩	织金县、普定县
古典戏法	贵州省杂剧团
传统美术	
苗族剪纸	剑河县
苗族百鸟衣艺术	丹寨县
梭嘎箐苗彩染服饰艺术	六盘水市
石氏面塑	兴仁县
通草堆画	遵义市
苗族“嘎闹”支系服饰艺术	丹寨县
传统技艺	
苗族织锦	麻江县、雷山县
苗族泥哨	黄平县
苗族银饰	黄平县
侗族鼓楼花桥建造技艺	黎平县
造林习俗	锦屏县
侗族鼓楼营造技艺	从江县
苗族马尾斗笠制作技艺	凯里市
苗族堆花绣	凯里市
大方漆器制作技艺	大方县
屯堡石头建筑技艺	平坝县、西秀区
枫香染制作技艺	惠水县、麻江县
蓝靛靛染工艺	册亨县、贞丰县、黎平县

水族石雕	榕江县
土法造纸工艺	三穗县、盘县、惠水县、长顺县
傩面具制作工艺	德江县
竹编工艺	三穗县
木雕工艺	镇远县
印染工艺	印江县
故央——传统手工水磨制香技艺	安龙县
窑上古法制陶	贞丰县
砂陶制作工艺	织金县
安顺蜡染	安顺市
高坡苗族银饰制作技艺	花溪区
布依族纸染绣花制作技艺	花溪区
罗吏目布依族龙制作技艺	乌当区
绥阳旺草竹编技艺	绥阳县
长安布依族土布扎染制作技艺	惠水县
布依族土布制作技艺	关岭县
民间火纸制作技艺	岑巩县
烟火	金沙县
董酒酿制技艺	遵义市
洞藏青酒酿造工艺	镇远县
传统医药	
瑶族医药	从江县
廖氏化风丹制作技艺	红花岗区、汇川区
苗族医药	雷山县、黔东南州民族医药研究所
侗族医药	黔东南州民族医药研究所
布依族防治肝病益肝草秘方	贵定县
水族医药	三都县
同济堂医药文化	贵州同济堂制药有限公司
民俗	
苗族“四月八”	贵阳市
苗族独木龙舟节	台江县、施秉县
苗族祭尤节	丹寨县
河灯节	习水县
赶苗场	习水县
谷陇九月芦笙会	黄平县
布依族丧葬礼俗	贞丰县
仡佬族婚俗	务川县
杜寨布依族丧葬砍牛习俗	贵阳市
新化舞狮	锦屏县
仡佬族吃新节	金沙县、平坝县
土家族过赶年	印江县
下洞祭风神	印江县
余庆龙灯	余庆县

镇远元宵龙灯会	镇远县
瑶族服饰	麻江县
桐梓苗族服饰	桐梓县
安顺苗族服饰	西秀区、关岭县
布依族服饰	贞丰县、册亨县
箐苗服饰	纳雍县
黔东南苗族服饰	剑河县、台江县、三穗县
屯堡服饰	平坝县
榕江侗族服饰	榕江县
贵阳苗族服饰	花溪区、乌当区
摆贝苗族服饰	榕江县
四十八寨侗族服饰	黎平县
黄平 僅家服饰	黄平县
偏坡布依族服饰	贵阳市
水族服饰	三都县
土家族婚庆夜筵	岑巩县
屯堡“抬亭子”	西秀区
仡佬族宝王祭拜	务川县
青山界四十八寨歌会	锦屏县
土家族“八月八”唢呐节	镇远县
仡佬族丧葬习俗	石阡县
水族婚礼	三都县
平秋重阳鞍瓦	锦屏县
起房造屋习俗	遵义市
苗族招龙	雷山县
仫佬年	麻江县
彝族婚嫁习俗	盘县
瑶族隔冬	麻江县
苗族三月坡	雷山县
苗族扫寨	雷山县
苗族吃鼓藏	从江县
侗族民俗“悄悄年”	石阡县
凤冈茶饮习俗	凤冈县
玉屏赶坳	玉屏县
赶社	岑巩县
彝族年	赫章县
高坡苗族射背牌	花溪区
苗族跳场	花溪区
化屋苗族文化空间	黔西县
小广侗族娶亲节	剑河县
龙鳌祭祀	岑巩县
新场苗族祭天神	都匀市
“6.24”民族传统节——二郎歌会	福泉市

布依族“六月六”	关岭县、贞丰县
“划筷奠祖”苗俗	纳雍县
侗族款约	黎平县
仡佬族三幺台习俗	道真县、务川县
瑶白摆古	锦屏县
彝族咪古	毕节地区文化局
仡佬族吃新祭祖习俗	遵义县
天柱宗祠文化习俗	天柱县
苗族采花节	盘县
大屯三官寨彝族祭祀	毕节市
说春	石阡县
水族祭祖	三都县
甘囊香苗族芦笙节	凯里市
畲族凤凰装	麻江县
苗族苗年	丹寨县、雷山县
苗族吃新节	雷山县
苗族跳花节	安顺市
从江侗族老人节	从江县
侗族祭萨	黎平县
都柳江苗族鼓藏节	榕江县
侗年	锦屏县
岜沙苗族成人礼	从江县
侗族北部方言歌会	天柱县
苗族翻鼓节	丹寨县
竹王崇拜	镇宁县

第三批

项目名称	申报地区或单位
民间文学	
《苗族史诗—亚鲁王》英雄史诗	紫云苗族布依族自治县
布依竹筒歌	关岭布依族苗族自治县
彝族古歌	盘县
苗族十二路酒歌	施秉县
苗族民间故事	水城县
布依族民间故事	望谟县
金汉列美	黎平县、从江县
丁郎龙女	榕江县
布依族叙事诗	望谟县
传统音乐	
土家族高腔山歌	印江土家族苗族自治县、沿河土家族自治县
仡佬族情歌	石阡县
苗族三眼箫音乐艺术	织金县、六盘水市六枝特区
彝族《莫嵩亩》	赫章县、六盘水市钟山区

布依族吹打乐	关岭布依族苗族自治县、惠水县、水城县、兴仁县
姊妹箫	关岭布依族苗族自治县、长顺县、六盘水市六枝特区
侗族哆耶——踩歌堂	黎平县
侗族芦笙谱	榕江县
侗族牛腿琴歌	从江县
苗笛	从江县
苗族酒礼歌	雷山县
彝族山歌	盘县
布依族小打音乐	普安县
布依勒浪	册亨县、贞丰县
布依族"谷温"	贞丰县
布依族十二部古歌	望谟县
哥蒙芦笙乐	黄平县
苗族直箫乐	盘县
传统舞蹈	
瑶族长鼓舞	从江县
苗族芦笙蹉步舞	毕节市
苗族斗脚舞	习水县
苗族斗角舞	修文县
彝族嗨马舞	普安县
苗族芦笙棒舞	普安县
围鼓舞	兴义市
布依族转场舞	册亨县
水族铜鼓舞	三都水族自治县
水族弦鼓舞	三都水族自治县
苗族斗鸡舞	黔西县
羊皮鼓舞	盘县
苗族夫妻舞	平坝县
传统戏剧	
丝弦灯	凤冈县
仡佬族滚龙戏	正安县
端公戏	金沙县
曲艺	
布依族说唱"削肖贯"	望谟县
围鼓	正安县
传统体育、游艺与杂技	
傩技—上刀山	松桃苗族自治县
赛龙舟	铜仁市、镇远县
赤水独竹漂	赤水市
长坝狮灯	金沙县
布依族铁链械	贵阳市花溪区
抵杠	平坝县

攀崖技艺	紫云苗族布依族自治县
苗族武术	麻江县
游氏武术	赤水市
布依族棍术	贞丰县
布依族器乐演奏绝技	平塘县
民间棋艺	正安县、望谟县
岩鹰高跷	黄平县
传统美术	
水族剪纸	都匀市
布依族刺绣	兴义市、望谟县
侗族刺绣	锦屏县
布依族织锦	关岭布依族苗族自治县
传统技艺	
黄平蜡染	黄平县
水族九阡酒酿酒技艺	三都水族自治县、荔波县
都匀毛尖茶制作技艺	都匀市
云雾贡茶手工制作技艺	贵定县
油茶制作技艺	正安县、玉屏侗族自治县
西山虫茶制作技艺	息烽县
苗族酸汤鱼制作技艺	麻江县、凯里市
独山盐酸菜制作技艺	独山县
豆制品制作技艺	大方县、习水县
布依族糯食制作技艺	望谟县、贵定县
荞酥传统制作技艺	威宁彝族回族苗族自治县
青岩玫瑰糖制作技艺	贵阳市花溪区
晒醋制作技艺	赤水市
龙溪石砚制作技艺	普安县
鸟笼制作技艺	丹寨县、贞丰县、黔西县
焰火架制作技艺	印江土家族苗族自治县
粮仓建造技艺	望谟县
安顺木雕	安顺市西秀区
传统医药	
火龙丹	金沙县
罗氏瘰疬疗法	关岭布依族苗族自治县
民俗	
布依族服饰	安顺市西秀区、水城县、兴义市
苗族二月二	兴仁县、贞丰县、松桃苗族自治县、黔东南州
布依族三月三	册亨县、贞丰县、望谟县、安龙县、贵阳市乌当区、惠水县、开阳县
苗族婚俗	丹寨县、习水县
侗族婚俗	黎平县、榕江县
瑶族婚俗	麻江县
苗族斗牛习俗	施秉县、凯里市、开阳县

苗族栽岩习俗	榕江县
苗族卧堆习俗	榕江县
苗族命名习俗	平坝县
侗族鼓楼习俗	从江县
布依族“报笨”习俗	兴义市
布依族铜鼓习俗	兴仁县
彝族毕摩习俗	赫章县
彝族丧葬习俗	金沙县
记间习俗	黎平县、榕江县
稻鱼并作习俗	天柱县
造林习俗	天柱县
苗族祭桥节	三穗县、台江县、黄平县
彝族火把节	大方县、赫章县
求雨祭典	黎平县
侗族芦笙会	黎平县
水族敬霞节	三都县
清镇瓜灯节	清镇市
玩水龙	施秉县
布依族坐夜筵	开阳县

扩展项目

民间文学	
苗族刻道	黄平县
珠郎娘美	黎平县
苗族古歌	凯里市、兴仁县
布依族摩经	兴仁县
传统音乐	
布依族铜鼓乐	关岭布依族苗族自治县
侗族琵琶歌	从江县
苗族民歌(苗族飞歌)	剑河县、纳雍县
传统舞蹈	
苗族芦笙舞	罗甸县
木鼓舞	榕江县
传统戏剧	
花灯戏	贵州省花灯剧团、开阳县、镇远县、金沙县
傩戏(印江土家族傩戏)	印江土家族苗族自治县
荔波布依族傩戏	荔波县
织金穿青人傩戏	织金县
江口傩戏	江口县
阳戏	沿河土家族自治县、息烽县、黔西县、罗甸县、开阳县
地戏	开阳县
侗戏	榕江县、从江县

黔剧	安龙县
曲艺	
布依八音	平塘县
传统美术	
苗族剪纸	台江县
苗绣	黄平县、台江县、紫云苗族布依族自治县、水城县
苗族织锦	凯里市、台江县
传统技艺	
皮纸制作技艺	务川仡佬族苗族自治县、印江土家族苗族自治县、安龙县
竹编技艺	铜仁地区万山特区
苗族芦笙制作技艺	贵阳市花溪区、丹寨县、凯里市
苗族蜡染	紫云苗族布依族自治县
苗族银饰制作技艺	剑河县、关岭布依族苗族自治县、台江县
砂陶制作技艺	盘县
布依族土布制作技艺	望谟县
民俗	
侗年	榕江县
苗族跳花节	赫章县、大方县、金沙县
鼓藏节	台江县
社节	黎平县
侗族萨玛节	从江县
仡佬族"吃新节"	六盘水市六枝特区
苗族杀鱼节	开阳县
苗族四月八	息烽县
依族六月六	开阳县
竹王崇拜	紫云苗族布依族自治县
苗族服饰	习水县、开阳县、修文县、纳雍县、金沙县、黄平县、从江县、凯里市、水城县、兴仁县
屯堡服饰	平坝县、安顺市西秀区
侗族北部方言歌会	三穗县、锦屏县

第四批

项目名称	申报地区或单位
民间文学	
簪汪古歌	清镇市、修文县
播州杨应龙传说	汇川区
布依族浪哨歌	册亨县
苗族"巴狄熊"口传经典	松桃苗族自治县
传统音乐	
布依族土歌	南明区
花山布依古歌	紫云苗族布依族自治县

水族“夺咚”	都匀市
布依族莫歌	独山县
侗族笛子歌	黎平县
注溪山歌	天柱县
启蒙侗歌	锦屏县
瓦寨锣鼓	江口县
薅草锣鼓	石阡县
普宜乐都莫轰	七星关区
苗族山歌	望谟县
传统舞蹈	
布依族铜鼓舞	关岭布依族苗族自治县
苗族雷公舞	贵定县
苗族搓梗仔采阿诗舞	瓮安县
苗族古瓢舞	雷山县
苗族水鼓舞	剑河县
踩亲舞	黄平县
布依竹鼓舞	册亨县
布依族展稍	望谟县
布依族板凳龙舞	兴义市
传统戏剧	
马马灯	正安县
茶灯	松桃苗族自治县
布依族“丫面”	册亨县
苗族武教戏	普安县
灯夹戏	瓮安县
传统体育、游艺与杂技	
土家族高台狮灯	沿河土家族自治县
布依族武术	安龙县
温水小手拳	习水县
传统技艺	
雷家豆腐圆子制作技艺	云岩区
民间纸扎技艺	正安县
墨石雕刻技艺	正安县
湄潭翠芽茶制作技艺	湄潭县
“遵义红”茶制作技艺	湄潭县
湄潭手筑黑茶制作技艺	湄潭县
空心面制作技艺	绥阳县
水族银饰制作技艺	都匀市
水族豆浆染制作技艺	三都水族自治县
苗族谷蔺布制作技艺	惠水县
苗族古瓢琴制作技艺	雷山县
天柱宗祠浮雕彩绘技艺	天柱县
道菜制作工艺	镇远县

煨酒酿造技艺	从江县
石阡苔茶制作技艺	石阡县
土家熬熬茶制作技艺	德江县
花烛制作技艺	思南县
金沙酱香型白酒酿造技艺	金沙县
清池贡茶制作技艺	金沙县
彝族彩布贴花	水城县
古方红糖制作工艺	兴义市
传统医药	
遵义王氏中医推拿	遵义市
胡三帖	贵定县
半枫荷熏浴疗法	凯里市
黔西王氏食疳医药	黔西县
民俗	
龙泉推推灯	凤冈县
铁水冲龙	普定县
苗族跳洞—数巴	龙里县
草塘火龙	瓮安县
水族历法	三都水族自治县
苗族舞龙嘘花习俗	台江县
圣德山歌节	三穗县
巴冶土王戊	三穗县
壮年	从江县
瑶族度戒	从江县
瑶族嫁郎	从江县
羌历年	江口县
布依族婚俗	册亨县、贞丰县
庆坛	晴隆县
布依族二月二铜鼓节	兴仁县
布依族火箭节	兴仁县
彝族服饰	赫章县
苗族祭鼓节	清镇市

扩展项目

民间文学	
布依族摩经	册亨县、望谟县
传统音乐	
高腔大山歌	正安县
侗族牛腿琴歌	黎平县
苗族民歌(苗族飞歌)	台江县
苗族多声部情歌	黄平县
布依族铜鼓乐	六枝特区
布依族勒尤	册亨县

布依族小打音乐	晴隆县
传统舞蹈	
苗族板凳舞	黄平县
金钱棍	岑巩县
传统戏剧	
花灯戏	息烽县、沿河土家族自治县
阳戏	正安县
傩戏	湄潭县、石阡县、纳雍县
地戏	关岭布依族苗族自治县
曲艺	
君琵琶	榕江县
布依八音	册亨县
传统体育、游艺与杂技	
苗族武术	剑河县、松桃苗族自治县
赛龙舟	沿河土家族自治县
布依族高台狮灯	贞丰县、册亨县
传统美术	
苗族剪纸	施秉县
侗族刺绣	镇远县
苗绣	丹寨县、松桃苗族自治县
布依族刺绣	册亨县
传统技艺	
竹编工艺	赤水市
苗族蜡染	平坝县、纳雍县、织金县
水族石雕	荔波县
苗族银饰锻制技艺	丹寨县
豆制品制作技艺	江口县
印染工艺	石阡县
砂陶制作工艺	印江土家族苗族自治县
布依族土布制作技艺	册亨县
蓝靛靛染工艺	望谟县
布依族糯食制作技艺	贞丰县
传统医药	
苗医药骨髓骨伤药膏	麻江县
民俗	
苗族跳场	乌当区
苗族服饰	清镇市、息烽县、龙里县、贞丰县、晴隆县、普安县
苗族跳花节	绥阳县、兴仁县
水书习俗	榕江县
苗族招龙	榕江县、剑河县
月也	榕江县、从江县
苗族姊妹节	剑河县

彝族婚嫁习俗	赫章县
苗族芦笙节	从江县
苗族翻鼓节	凯里市
仡佬族吃新节	务川仡佬族苗族自治县
苗族婚俗	贞丰县

参考文献

[1]布依族简史编写组.布依族简史[M].贵阳:贵州人民出版社,1984.

[2]韦兴儒,周国茂,伍文义.布依族摩经文学[M].贵阳:贵州人民出版社,1997.

[3]黎汝标,黄义仁.布依族古歌[M].贵阳:贵州民族出版社,1998.

[4]何琼,西部民族文化研究[M].北京:民族出版社,2004.

[5]秦咏诚等.中国民族音乐大观[M].沈阳:沈阳出版社,2008.

[6]王恒富.贵州戏曲大观[M].贵阳:贵州民族出版社,1997.

[7]万辅彬.中国古代铜鼓科学研究[M].南宁:广西民族出版社,1992.

[8]蒋廷瑜,廖明君.铜鼓文化[M].杭州:浙江人民出版社,2007.

[9]杨诗超.浅谈布依族铜鼓及其社会功能[M]//贵州省布依学会,黔西南自治州民委.布依学研究(之九).贵阳:贵州民族出版社,2008.

[10]蒋英.从布依族"摩经"探讨铜鼓铸造的历史渊源[M]//贵州省布依学会,黔西南自治州民委.布依学研究(之九).贵阳:贵州民族出版社,2008.

[11]黄正书.布依八音和布依戏诞生于黔西南[M]//贵州省布依学会,黔西南自治州民委.黔西南布依学研究(之三).贵阳:贵州民族出版社,1993.

[12]陈思思.布依八音展演互动及社会功能研究[D].北京:中央民族大学,2013.

[13]安龙县志编纂委员会.安龙县志[Z].贵阳:贵州人民出版社,1992.

[14]《中国少数民族简史丛书》编辑组.布依族简史[M].贵阳:贵州人民出版社,1984.

[15]王伟,李登福,陈秀英.民族知识丛书——布依族[M].北京:民族出版社,1991.2.

[16]兴义县史志编纂委员会.兴义县志[M].贵阳:贵州人民出版社,1988.

[17]《中国少数民族简史丛书》编辑组.布依族简史[M].贵阳:贵州人民出版社,1984:135.

[18]田兵.等.布依族文学史[M].南宁:广西民族出版社,1983.

[19]苏君.布依族祭祀仪式与古歌展演[J].贵州民族学院学报(哲学社会科学

版),2012(2).

[20]肖琳.布依族节日文化的心理探析[J].社会研究,2010(1).

[21]余未人.查白歌节,传统与现代的交汇[J].当代贵州,2010(13).

[22]余未人.高台上的布依族狮灯舞[J].当代贵州,2010(21).

[23]耿国彪.查白歌节布依族的爱情颂歌[J].绿色中国,2007(3).

[24]黄德林.布依族古歌的宗教性及其社会价值[J].上海市社会主义社会学院学报,2012(2).

[25]胡云学.走进中国布依族古歌之都——望谟[J].初中生辅导,2011(20).

[26]阚波.移民视野下的查白歌节[J].魅力中国,2011(11).

[27]葛继红.布依族节日礼俗的特征及功能[J].毕节学院学报,2007(25).

[28]吴文定.文化事业下的布依族“四月八”[J].民族论坛,2009(3).

[29]周国茂.民族文化名片视域下的布依族六月六节日研究[J].贵州社会科学,2010(11).

[30]王磊.闲话贵州布依族糯食[J].食品与健康,2006(7).

[31]汪立新.试析布依八音在歌舞剧作品中的延展[J].广东科技,2012(7).

[32]杨毅.身份认同与布依族铜鼓文化研究[J].兴义民族师范学院学报,2013(1).

[33]周茂萍.浅谈布依铜鼓文化研究的价值和意义[N].黔西南日报,2007-10-16.

[34]杨世章.黔西南苗族服饰文化概论[J].贵州民族研究,1992(1).

[35]梁小丽.八音坐唱——布依族儿童的启蒙之音[J].教育文化论坛,2012(2).

[36]朱梅,吴一文.365 天无尽的快乐——品味贵州民间节庆习俗[J].当代贵州,2007(5).

[37]龙国静.从布依族神话、古歌看布依族的生活习俗[J].凯里学院学报,2011(5).

[38]白源源.布依八音坐唱的艺术魅力[J].兴义民族师范学院学报,2012(2).

[39]王鸣明.黔西南布依戏调查综述[J].贵州民族研究,2005(2).

[40]杨军.彝族舞蹈“阿妹戚托”传承问题研究——以贵州省晴隆县三宝彝族乡为个案分析[J].贵州师范大学学报,2011(5).

[41]席占田,胡素霞.论舞蹈的健身价值[J].中山大学学报,2001,4(2).

后　　记

作为贵州三个民族自治州之一的黔西南布依族苗族自治州（以下简称“黔西南州”），是贵州非物质文化遗产的富矿区，其已经进入国家级、省级名录的非遗项目基本涵盖了文学、音乐、舞蹈、戏剧、曲艺、武术、美术、传统手工技艺和民俗等领域，在贵州非遗家族中有着重要的地位和影响。对于其系统的田野调查和梳理，源于知识产权出版社 2012 年出版基金年度项目《贵州省非物质文化遗产田野调查丛书》的立项和同年因之而申报的贵州省教育厅人文社科基地项目《黔西南州非物质文化遗产》。项目由以上两个项目的负责人杨军昌教授及其研究生（现供职于黔西南州文体广电新闻出版局）周梅女士共同完成。

非遗项目的调查与丛书的写作是一个知识积累、兴趣养成、成果体现的艰辛过程。作为《贵州省非物质文化遗产田野调查丛书》九卷本之一的黔西南卷，在《丛书》项目总体设计、调查方法、书写体例，以及完成时间表的统一方案下，项目执行者即开始了前后二年左右的田野工作，不仅在省、州非遗中心，以及黔西南州各县文化部门的帮助下较为全面收集、整理了黔西南州的非遗资料，而且在黔西南州非遗的概貌特征、文化内涵、传承保护、价值影响等方面进行了较为深入的分析和思考。其中，周梅不仅撰写并公开发表了《非遗视野下贵州民族文化的价值判断——以黔西南布依族苗族自治州为例》《非物质文化遗产的经济价值及其实践途径探微——以黔西南州为例》等学术论文，还以《贵州民族“非遗”生产性保护研究——以黔西南州民族“非遗”为例》为题进行硕士论文的开题与写作，并因持续在其家乡黔西南州坚持田野调查，既为其硕士论文的完成及顺利通过答辩提供了保证，又为本书的撰写积累了翔实的资料素材。

书稿的完成集聚着集体的智慧和多人的心血。不论是在田野调查或是在成书的过程中，贵州省非物质文化遗产中心、黔西南州文体广电新闻出版局非遗科等单位负责人，以及各市县文化部门工作人员给予了积极的帮助和指导，并无偿提供大量非遗资料图片；部分代表性传承人在我们的采访中，毫不保留地倾诉自己的家世身世，坦诚地表达自己对非遗保护工作的认识体会，使我们获得了难得的教育与启发，既为传承者们的绝活惊叹，又受部分传承人在困境中不言放弃、斩棘前行的传承精神所激励,他们的精神成了我们排除干扰,克服困难完成课题的精神动力。特别要说明的是,书中参考的资料,特别是部分图片资料,因时间或非遗活动间断性举行,我们未能及时拍摄或未征集于案,选用了贵州民族民间文化资源信息网、贵州非物质文化遗产网、贵州文化网、贵州百科信息网、兴义之窗、亮点黔西南、价值中国网等网站,以及《贵州日报》《黔西南日报》《贵州都市报》等媒体图库中的相关照片,尤其要说明的是,源于上述网站的图片中有的因信息原因未曾标注作者姓名,在此仅向相关网站和图片作者致以深深的歉意并恳请凉解、海涵。

本书出版之际,谨对每一个支持我们的政府部门、非遗实体、文化网站及帮助过我们的每一个人由衷地致以真情的谢意!

因学识水平有限,本书在体例安排、资料取舍、文字表达、观点提炼、图片选取等方面都程度不同地存在诸多问题和缺陷,恳请读者、识者批评指正,不吝赐教。

编著者　杨军昌　周梅

2015 年 9 月